THE MOBILE
INTERNET ERA

移动互联网时代

LBS+O2O客户定位与营销实战

周旭阳◎编著

中国铁道出版社有限公司
CHINA RAILWAY PUBLISHING HOUSE CO., LTD.

内 容 简 介

本书是移动互联网 O2O 时代的 LBS 营销经典著作，系统地总结了 LBS 的应用范围、营销思路和技巧，并通过大量案例来进行辅助说明，为各类企业在移动互联网时代从 LBS+O2O 模式中掘金提供绝佳指导、实战策略，上手即用。

本书主要内容有：LBS 成为移动互联网的新入口、探索 LBS 的多样营销模式、BAT 三巨头的 LBS 应用、移动社交、精准营销、社区营销等。

本书结构清晰，案例丰富，实战性强，适用于对 LBS 感兴趣的个人或企业；互联网与移动互联网营销行业的从业者；转型和借力互联网、移动互联网营销的传统企业等。

图书在版编目（CIP）数据

移动互联网时代：LBS+O2O 客户定位与营销实战 / 周旭阳编著 . —北京：中国铁道出版社， 2016. 5（2022. 1 重印）
ISBN 978-7-113-21346-6

Ⅰ. ①移… Ⅱ. ①周… Ⅲ. ①电子商务-网络营销 Ⅳ. ①F713. 36

中国版本图书馆 CIP 数据核字（2016）第 013352 号

书　　名：移动互联网时代：LBS+O2O 客户定位与营销实战
作　　者：周旭阳

责任编辑：张亚慧　　　编辑部电话：（010）51873035　　　邮箱：lampard@vip. 163. com
封面设计：MXK DESIGN STUDIO
责任印制：赵星辰

出版发行：中国铁道出版社有限公司（100054，北京市西城区右安门西街 8 号）
印　　刷：佳兴达印刷（天津）有限公司
版　　次：2016 年 5 月第 1 版　　2022 年 1 月第 2 次印刷
开　　本：700 mm×1 000 mm 1/16　印张：20.5　字数：389 千
书　　号：ISBN 978-7-113-21346-6
定　　价：58.00 元

前言 Foreword

写作驱动

位置服务（LBS）已经成为移动互联网行业稳定的标准配置。探索LBS的商业模式，建立创意产业和兴趣产业，已成为下一个热点。在移动互联网的天下，移动互联网的核心，不论是O2O，还是APP，若是大数据，它们精准定位与营销的核心就是LBS。

本书紧扣LBS+C2O的角度，系统地总结了LBS+O2O客户定位与精准营销的基础知识、方法和技巧，并通过大量案例来进行辅助说明，为各类企业在移动互联网时代从LBS+O2O模式中掘金提供绝佳指导，实战策略、上手即用。

内容特色

本书主要特色：最完整约内容介绍＋最丰富的案例说明＋最全面的行业应用。

完整的内容介绍：首先着眼于LBS+O2O实战应用，然后探讨深层次的技巧问题，其中，基本知识、营销技巧、商业模式、行业应用等内容讲解全面、详细。

丰富的案例说明：安排了70多个LBS+O2O实战实例，以实例＋理论的方式，进行非常全面、纸致地讲解，让读者深入了解，可以边学边用，并且能产生共鸣。

全面的行业应用：在实践操作上，深度解密了来自酒店、旅游、餐饮、社交、社区、租房、物业、医疗、交通、家政等十多个行业的LBS+O2O成功经验，极具实战指导意义。

读者定位

（1）对LBS感兴趣的个人或企业。

（2）互联网与移动互联网营销行业的从业者。

（3）转型和借力互联网、移动互联网营销的传统企业等。

作者售后

　　本书由周旭阳编著，参与编写的还有刘焰萍等人，在此表示感谢。由于作者知识水平有限，书中难免有错误和疏漏之处，恳请广大读者批评、指正，联系邮箱：itsir@qq.com。

编　者

2016年1月

目录 Contents

第1章　LBS成为移动互联网的新入口

第2章　探索LBS的多样模式

第3章　深度挖掘LBS的营销技巧

第4章 BAT三巨头的LBS应用

第5章 LBS中的社交应用

第6章 LBS+使想象变成可能

第7章　精准营销：LBS成为移动营销神器

第8章　结合营销：LBS+O2O消费半径上的营销

第9章　社区营销：LBS+社区的营销实战

第12章 其他行业：LBS+O2O的营销案例

第1章

LBS成为移动互联网的新入口

位置服务（LBS）已经成为移动互联网行业稳定的标准配置。探索
LBS的商业模式，建立创意产业和兴趣产业，成为下一个热点。那么
在几轮发展浪潮之后，LBS在移动互联网应用中是否还有新的发力
点？主要集中在哪些方向？本章将介绍LBS的基础知识以及商业价值
和发展。

1.1 了解LBS的基础知识

LBS包括两层含义：首先确定移动设备或用户所在的地理位置；其次提供与位置相关的各类信息服务。意指与定位相关的各类服务系统，简称"定位服务"，另外一种叫法为MPS-Mobile Position Service，也称作"移动定位服务"系统。

例如，找到手机用户的当前地理位置，然后在某市多少平方公里范围内寻找手机用户当前位置处几公里范围内的宾馆、影院、图书馆、加油站等搜索名称和地址。所以说LBS就是要借助移动互联网，在固定用户或移动用户之间，完成定位和服务两大功能。

1.1.1 追溯LBS的起源

LBS基站定位（Location Based Service，LBS）一般应用于手机用户，它是基于位置的服务，通过电信、移动运营商的无线电通信网络（如GSM网、CDMA网）或外部定位方式（如GPS）获取移动终端用户的位置信息（地理坐标，或大地坐标)，在GIS（Geographic Information System，地理信息系统）平台的支持下，为用户提供相应服务的一种增值业务。

LBS的概念虽然提出的时间不长，但其发展已经有相当长的一段历史。LBS首先从美国发展起来，起源于以军事应用为目的所部署的全球定位系统（Global Positioning System，GPS），随后在测绘和车辆跟踪定位等领域开始应用。当GPS民用化以后，产生了以定位为核心功能的大量应用，直到20世纪90年代后期，LBS及其所涉及的技术才得到广泛的重视和应用。

从另外一个角度来看，LBS起源于紧急呼叫服务。在20世纪70年代，美国颁布了911服务规范。基本的911业务（Basic 911）要求美国联邦通信委员会（FCC）定义的移动和固定运营商实现一种关系国家和生命安全的紧急处理业务。

和我们熟知的紧急电话110或120一样，该服务规范要求电信运营商在紧急情况下，可以跟踪到呼叫911号码的电话的所在地。在有线时代，这一要求实现起来相对容易一些。随着无线通信技术的发展，美国联邦通信委员会（FCC）于1996年公布了E911（Emergency-911）的定位需求，要求在2001年10月1日前，各种无线蜂窝网络系统必须能提供精度在125 m内的定位服务，而且满足此定位精度的概率不能低于67%，并且在2001年以后，提供更高的定位精度和三维位置信息，这实际上就是位置服务的雏形。

随后，在定位技术和通信技术发展的双重推动下，西欧及东亚等国家相继推出了各具特色的商用位置服务。美国的Sprint和Verizon Wireless、加拿大的Bell Mobility、日本的NTT DoCoMo和KDDI、韩国的SKT和KTF相继推出了各自的LBS服务。世界许多国家都以法律的形式颁布了对移动位置服务的要求。

至2009年3月，基于用户地理位置信息的手机社交服务网站Foursquare在美国上线，短时间内Foursquare注册用户规模便超过100万人，到2011年3月则达到750万。其用户规模发展态势超过当年的微博服务网站Twitter，Foursquare已跃然成为移动互联网业界、媒体、投资者重点关注的焦点，并掀起了一股Foursquare模式的模仿热潮。

美国本土涌现出Loopt、Bright Kite、Yelp、Where、Gowalla和Booyah等LBS社交网络服务商。Google、Apple、Facebook、Twitter等更具竞争力的领先企业也加入LBS市场的角逐之中。可以说Foursquare掀起了LBS市场的新一轮竞争，这种全新的基于位置的社交服务体验给LBS市场带来了新的商机，也影响和改变了用户的工作和生活方式。

我国的LBS商业应用始于2001年中国移动首次开通的移动梦网品牌下的位置服务。2003年，中国联通又推出了"定位之星"业务。用户在使用这项服务时，只要在手机上输入出发地和目的地，就可以查到开车路线；如果用语音导航，还能得到实时提示，该项业务还能够实现5~50米的连续、精确定位，用户可以在较快的速度下体验下载地图和导航类的复杂服务。

2006年初，中国移动在北京、天津、辽宁、湖北4个省份进行"手机地图"业务的试点运行，为广大手机用户提供显示、动态缩放、动态漫游跳转、全图、索引图、比例尺、城市切换及各种查询等位置服务。

2006年，互联网地图的出现加速了我国LBS产业的发展。众多地图厂商、软件厂商相继开发了一系列在线的LBS终端软件产品。此后，伴随着无线技术和硬件设施得到完善，LBS行业在国内迎来一个爆发增长期。

艾瑞市场咨询研究数据显示，我国LBS服务个人应用市场2008年市场规模为3.35亿元，2009年突增为6.44亿元，2010年达到9.98亿元，同比增长135%。同时，在Web 2.0浪潮的冲击下，受Foursquare模式的启发，国内也涌现出了诸多新兴的LBS服务提供商，他们专注于基于手机的LBS服务，利用LBS手机软件或Web站点向用户提供个性化的LBS服务。

1.1.2　LBS的主要特点

LBS是一种基于位置为中心的服务方式，通过确定用户的准确位置，然后为用户提供基于他所在位置的准确地理服务，其服务理念的中心都是围绕着这个"位置"展开的，这样的服务对于用户来说更具有价值，对于商家来说针对性也更强，与我们未来生活的方方面面密不可分。

LBS主要包括两个特点，如图1-1所示。

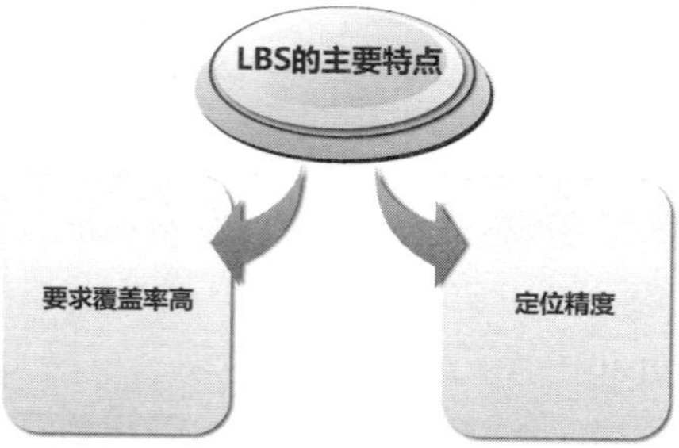

图1-1　LBS的主要特点

1．要求覆盖率高

一方面要求覆盖的范围足够大。另一方面要求覆盖的范围包括室内。用户大部分时间是在室内使用该功能，从高层建筑和地下设施必须保证覆盖到每个角落。根据覆盖率的范围，可以分为三种覆盖率的定位服务：在整个本地网、覆盖部分本地网和提供漫游网络服务类型。

除了考虑覆盖率外，网络结构和动态变化的环境因素也可能使一个电信运营商无法保证在本地网络或漫游网络中的服务。

2．定位精度

手机定位应该根据用户服务需求的不同提供不同的精度服务，并可以提供给用户选择精度的权利。例如，美国联邦通信委员会（FCC）推出的定位精度在50米以内的概率为67%，定位精度在150米以内的概率为95%。

定位精度一方面与采用的定位技术有关，另外还要取决于提供业务的外部环境，包括无线电传播环境、基站的密度和地理位置，以及定位所用设备等。

移动位置服务被认为是继短信之后的"杀手级"业务之一，有着巨大的市场规模和良好的盈利前景，但实际进展比较缓慢。不过，随着产业链的完善，移动位置和位置服务市场有望日益壮大。自2008年开始全球LBS运营市场将会开始加速成长，但是在开展的同时要非常注意业务和网络性能的平衡点，应该在保障网络性能的同时最大可能地保证业务的开展。

　　基于LBS的服务业务也得到了蓬勃的发展，各种开放式API得到了广泛的使用，如西桥科技的Cobub服务，就为用户提供了开放式的API服务。注册用户可以根据不同的需要来使用对应的服务，例如通过IP查寻经纬度、通过Wi-Fi MAC地址查寻、通过手机基站信息来查寻地址、通过经纬度查寻地址、通过地址查寻经纬度等服务。

1.1.3　LBS的发展趋势

　　从现在的发展来看，集成高精度GPS定位技术的混合定位技术A-GPS将成为LBS发展的主流方向。在LBS与GPS产业竞合的过程中，LBS将会逐步对后者产生极大的替代效应。

　　LBS业务的发展趋势体现在以下几点，如图1-2所示。

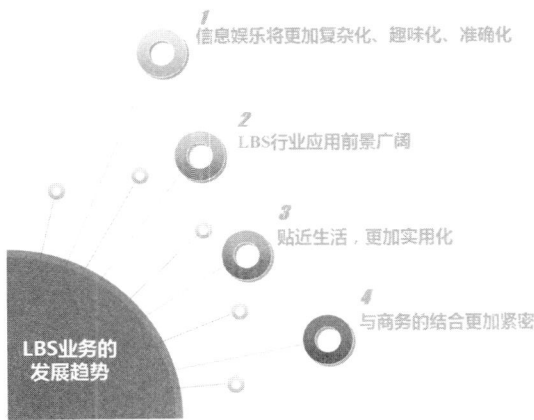

图1-2　LBS业务的发展趋势

1．信息娱乐将更加复杂化、趣味化、准确化

　　高精度定位信息将更加实用化，同时游戏、聊天、交友、聚会、社区、微博等，将通过WAP、JAVA/BREW等形式，提供更加丰富的互动服务。

2．LBS行业应用前景广阔

　　与传统行业融合也将是LBS业务的重要发展方向。基于位置的服务将会促进物流、交通、安全、城市规划、农林渔等众多传统产业的精确信息化管理，衍生价值无限。运营商将会充分与传统产业开展合作，全面打造和扶持基于

LBS的融合性行业应用，促进LBS产业价值链的多元化，拓宽行业市场容量。

3．贴近生活，更加实用化

在海外，位置服务的最大市场是跟踪、导航服务，今后在位置导航、路线导航、交通导航、紧急求助等方面将涌现出大批新业务，活跃在安全救援、交通、旅游等贴近大众生活的行业。

4．与商务的结合更加紧密

基于位置的定向广告推送，为用户提供随时随身的服务。

在高速发展的移动互联网时代，LBS将会发展成为基于移动网络本身的核心应用，移动互联网上的一个业务亮点。与GPS技术的无缝集成，网络条件质的飞跃，4G终端的普及，信息内容的丰富，各方面条件的改善会促使LBS实用性的优势得到充分体现与释放。

1.2　解读LBS的应用范围

随着手机地图成为移动互联网入口级应用后，LBS的空间已然变得更大，越来越多的移动应用会与位置紧密相关。特别在用户对交通出行、定位、生活服务、移动电子商务等旺盛的需求驱动下，位置服务几乎与所有的移动互联网细分产业的横向融合进程都在加速，如图1-3所示。当然，以刚性位移需求为主的用户需求，也更进一步加快了国内位置服务产业的发展，使其市场潜力巨大。

图1-3　LBS的应用范围

1.2.1　行业应用：实现智慧城市目标

智慧城市之"智慧"的实现，离不开LBS技术，必将带动LBS行业和个人应用的发展。与个人应用类似，LBS行业应用的未来前景也将走向智能化，其中主要行业如图1-4所示。

（1）公交行业。例如，城市的道路经常因车流量太大而引起各种事故、堵塞等，致使某一路段长时间无车到站或同时多辆车进站的情况发生；某些路

段车辆过于频密而其他路段又过于稀
疏，致使车辆呈现出不合理分布。

针对这一系列问题，LBS能够为公
交调度监控管理系统实时提供各路线车
辆的行驶情况，调度监控系统就能根据
LBS提供信息来自动生成最优化的行车
新计划调度车辆和管理车辆。

（2）出租车行业。如今，我国的
城市租车数量迅速增长，但是行业管理
的相对落后带来了种种弊病：效率低，费用高，实时性差，调度分散，资源浪
费，行业发展受阻。

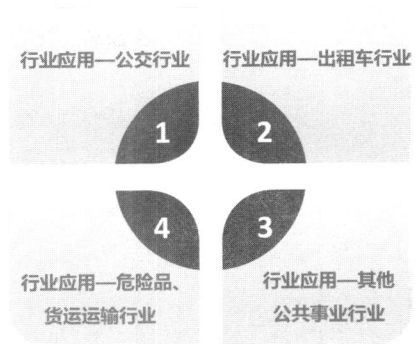

图1-4　LBS的"智慧城市"行业应用

现代化LBS管理可以更好地监管、调度出租车辆，并建立一个统一、高
效、通畅、覆盖范围广、带有普遍性的出租车监控调度系统，使出租车行业更
加适应城市交通的不断发展及改善社会治安。

（3）危险品、货运运输行业。在公路上运输危险品时，存在着重大的潜
在危险性，如抢劫、火灾、爆炸、泄漏、中毒、污染等，其灾难性后果波及面
广，影响十分严重。

另外，货运司机在车辆驾驶过程中经常存在超速、超载等违规行为，车辆
行驶过程中不按照预定路线行驶或违规进出目标区域，无法及时获取危险品货
物状态信息等问题。针对这些问题，LBS技术的应用可以最大限度地减少危险
化学品在运输过程中给社会、环保、经济带来的损失。

（4）其他公共事业行业。例如，110、119、122、120等公共单位车辆可
以应用LBS定位迅速获取事发地点位置，通过LBS监测现场状况，可以调度相
关警备车辆第一时间到达救援现场，极大地提高工作效率。

1.2.2　休闲娱乐：为企业积累潜在用户

LBS休闲娱乐应用主要有"签到（Check-In）"模式和"大富翁游戏"
模式。

1．签到模式

"签到"（Check-In）模式主要是以Foursquare为主，国外同类服务还有

Gowalla、Whrrl等，而国内则有嘀咕、玩转四方、街旁、开开、多乐趣、在哪等。该模式的最大挑战在于要培养用户每到一个地点就会有签到（Check-In）的习惯。而它的商业模式也是比较明显，可以很好地为商户或品牌进行各种形式的营销与推广。

国内比较活跃的街旁网现阶段则更多地与各种音乐会、展览等文艺活动合作，慢慢向年轻人群推广与渗透，积累用户。

2．大富翁游戏模式

大富翁游戏模式的主旨是游戏人生，可以让用户利用手机购买现实地理位置里的虚拟房产与道具，并进行消费与互动等将现实和虚拟真正进行融合的一种模式。"大富翁游戏"模式的特点是更具趣味性，可玩性与互动性更强，比"签到"模式更具黏性，但是由于需要对现实中的房产等地点进行虚拟化设计，开发成本较高，并且由于地域性过强导致覆盖速度不可能很快。

在商业模式方面，除了借鉴"签到"模式的联合商家营销外，还可提供增值服务，以及类似"第二人生"（Second Life）的植入广告等，如图1-5所示。

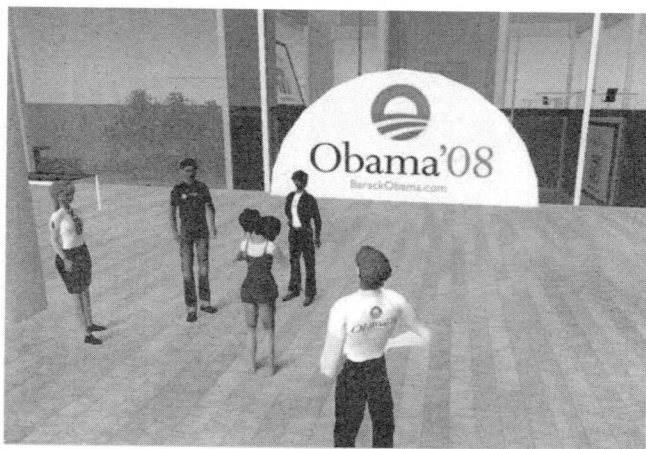

图1-5　在游戏中植入广告

1.2.3　生活服务：便利人们的生活

LBS移动互联网化的应用正在慢慢渗透到生活服务的方方面面，使我们的生活更加便利与时尚，如图1-6所示。

（1）指南服务。基于用户的地理位置，向用户提供新闻、天气等实时信息，用户可以通过相应的**LBS**应用查询火车、公交、当地黄页类的信息。如图**1-7**所示，为通过手机自动定位用户查询，所在城市当地的天气情况。主要体验在于工具性的实用特质，问题在于信息量的积累和覆盖面需要比较广泛。

图1-6　LBS生活服务的应用

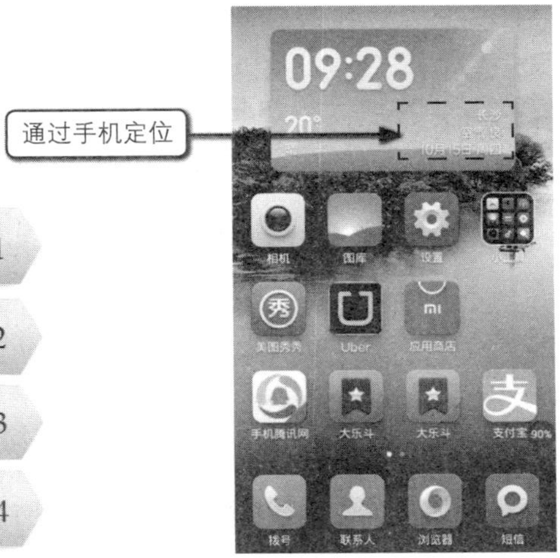

图1-7　查询用户本地的天气情况

（2）周边生活服务搜索。以生活信息类网站与地理位置服务结合的模式，基于用户当前位置获取附近的餐饮、酒店、娱乐等场所，或者根据某个位置查询其附近的场所，主要应用如图1-8所示。另外，用户也可以分享特色的餐饮、娱乐、停车位等相关信息。

（3）旅游信息标注分享。LBS在旅游方面的应用，具有明显的移动特性和地理

图1-8　周边生活服务搜索

属性，用户可通过LBS应用分享旅游攻略、旅游心得，并能够上传旅游景区图片，以及旅游景区签到，分享攻略和心得体现了一定的社交性质，如图1-9所示。

（4）会员卡与票务模式。LBS应用可以捆绑多种会员卡的信息，实现一卡制，同时电子化的会员卡能记录消费习惯和信息，充分的使用户感受到简捷的形式和大量的优惠信息聚合，如图1-10所示。

图1-9　旅游信息标注分享

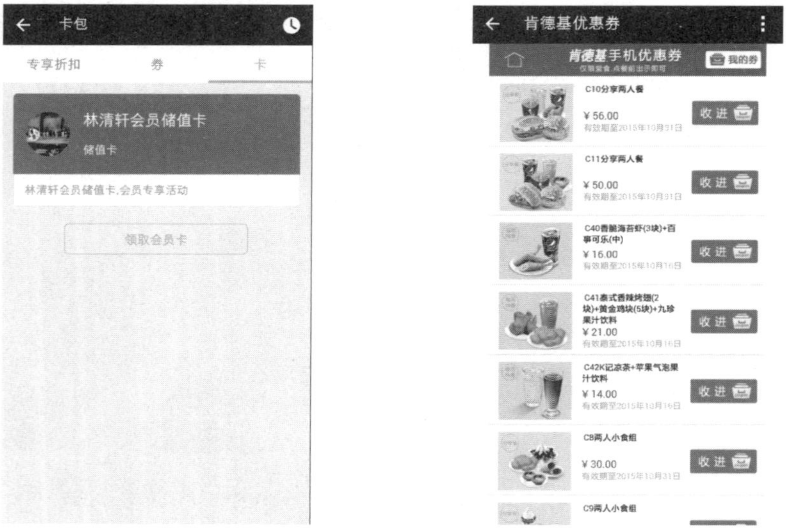

图1-10　会员卡与票务模式

1.2.4　SNS社交：改变人们的关系

　　如今所说的LBS是LBS与Web2.0应用（如SNS、UGC）以及相应的商业、娱乐元素的结合，这大大推动了LBS的应用空间和实际价值，如图1-11所示。有些人将LBS认为是一种SNS，这确实言之有理。基于LBS技术的核心其实是人与人之间的互动，是实实在在的Social Network Service（社交网络服务）。

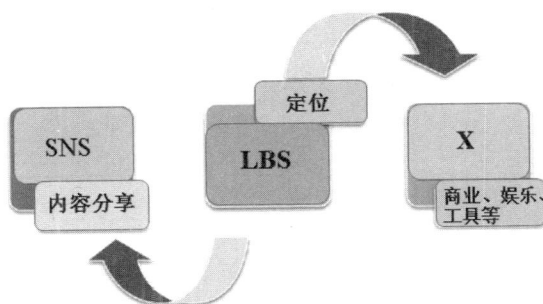

图1-11　LBS与其他应用的结合

与此同时，LBS又是一种轻游戏，人们在LBS上不停地签到，占山为王，成为一个地方领主，玩得不亦乐乎。游戏性增加了LBS作为一种SNS的趣味性，也提高了其黏度。

在互联网时代，人际关系的演变要经历4个过程：陌生人→熟悉的陌生人/陌生的朋友→熟人圈子→生活或工作中的朋友。通过SNS应用，两个陌生人之间有了初次的接触，并成为一般的朋友；这些一般的朋友关系要进一步发展，则需要一对一的沟通，这时就需要类似MSN、QQ这类沟通工具，从而成为较为熟悉的朋友；从熟悉的朋友再到生活或工作中的朋友，在这个过程中可以借助LBS应用形成更多的沟通与联系。

如果说传统的SNS是以人际关系作为维度，那LBS则是以空间关系作为维度。在SNS上，我们告诉别人我是谁，在微博上透露自己关心什么，而通过LBS可以告诉别人我在哪里、我喜欢做什么。

互联网的本质是虚拟经济，然而近年来随着人际关系与网络的结合，团购的盛行，未来互联网的趋势之一就是与实际相结合。无论是博客，还是SNS和微博客，更不用说之前的看网页聊QQ了，这些人际关系的交互行为都是发生在互联网上的虚拟行为，而LBS则成为人们虚拟关系在现实世界的突破口与汇集点，如图1-12所示。基于LBS，虚拟网络世界的人际关系已经得到一次全新的构造，向现实世界迈进了。

（1）地点交友、即时通信。基于用户的当前位置，查询当前、曾经到过这里的用户，如图1-13所示。可以向在线的周边用户发起好友邀请，可以与好友聊天，可以对好友的照片评论，可以查看好友的足迹。

- 签到：告诉朋友们"我在这里"
- 攻略：吃喝玩乐生活指南
- 同步分享：向朋友分享图片、趣事、活动等
- 城市探索：搜集徽章、奖励头衔

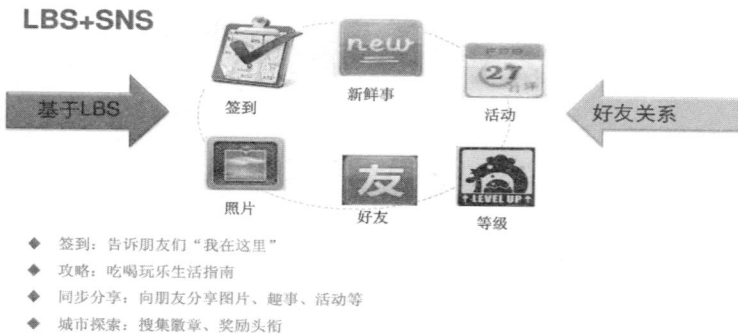

图1-12 "LBS＋SNS"的结合

图1-13 地点交友

（2）小型社区。地理位置为基础的小型社区，同一地理位置的小区可以发布新鲜事、召集社区活动、查看社区用户、邀请成为好友、分享家庭趣事等。

1.2.5 商业应用：连接线上与线下

LBS是一种基于位置为中心的服务方式，通过确定用户的准确位置，然后为用户提供基于他所在位置的准确地理服务，其服务理念的中心都是围绕着位置这个"位置"展开的，这样的服务对于用户来说更具有价值，对于商家来说针对性也更为强烈，成为连接线上与线下的桥梁。笔者认为，LBS营销的商业价值主要有以下两方面。

1. 协助本地商家推广

Millennial Media公司总裁兼CEO保罗·帕美瑞（Paul Palmieri）说过：
"手机可以把消费者直接领到你的店里。你没法一边用笔记本电脑一边逛商场，但你手里可以拿着智能手机。"

传统的APP移动广告通常是帮助品牌提升形象服务，而LBS定位式的APP移动广告则是帮助本地企业和社区商家找到推广渠道。LBS营销的最大优势在于它能够直接推动用户进行消费。

例如，星巴克官网在全美七大城市推出基于地理定位（LBS）服务的APP——Mobile Pour。用户只需在自己的智能手机上安装Mobile Pour应用，确定自己的位置即可随时下单订购自己喜欢的星巴克咖啡，稍后踩着踏板车的咖啡配送员会很快将咖啡送到用户手中，如图1-14所示。

图1-14　通过Mobile Pour可以随时随地订咖啡

据悉，星巴克之所以推出这项服务，主要是为了满足那些想喝星巴克咖啡，但又在附近找不到星巴克门店的用户。为了保证速度，星巴克在这7个城市的每平方英里范围内都安排了两名咖啡配送员。

另外，在美国，Sparkle平台上的手机优惠券应用Cellfire能够根据用户所在的位置，将该处店里正在参与活动的优惠券以彩信的形式主动发送到手机，用户在结账时出示手机便可获得折扣。笔者认为，这种主动的服务连同心动的折扣势必会唤醒用户的购买欲望。

由此可见，LBS应用可以发挥位置化服务特色，将身边有价值的信息及时推送给用户，贴心的提醒不仅不会让他们反感，反而能很好地体验到品牌的亲切和服务价值，刺激购买冲动，促进销售，拉近商家用户之间的距离。

2．实体商家与线上平台结合

如今，越来越多的商家开始关注移动广告的潜力，不断开发提升“顾客忠诚度”的APP应用。LBS作为一种新兴的应用，它依托GPS定位等新技术，能够极大地方便人们的生活，并为用户带去实惠。

例如，当你准备出门去上班时，此时能做的应该是走到公交站台，等待公交车的到来，或者是在路边和别人一起“抢出租”。

如果是LBS用户呢？这时他就可以掏出手机，登录LBS客户端，搜索一下附近有哪些公交站点，哪一路公交车最快、最近。同时，搜索一下附近的出租车，直接通过手机预约。几分钟之后，出租车来了，你还可以享受比其他顾客更多的优惠价格。

智能手机和LBS让整个现实社会正在发生一种神奇的转变：现实的商店，可以看成一个个网站；现实世界中人们的活动，则因为可被跟踪与服务，变成了互联网中的流量；人们的现实活动，对比在互联网上从一个网站跳到另一个网站，其实并没有太大区别。

专家提醒

对于商家来说，基于用户的位置推送周边的广告信息，一方面将极大地提高广告的精准营销程度；另一方面，商家可以结合LBS推出一些促销活动，如对那些经常签到的顾客提供优惠等。

1.3　LBS与移动互联网的结合

通过移动终端访问云端数据或者应用，LBS本身就是基于移动互联网的一种应用，基于地理位置提供实时信息，包括消费、地图、路况等，也有些是根据地理位置提供娱乐服务，LBS是目前移动互联网比较热的一种应用。

1.3.1　LBS是移动互联网最核心服务

高德发布2015年“LBS+”开放平台战略，面向用车软件、O2O、智能硬件、公益环保等多行业推出整合“工具+数据+服务”的一体化LBS解决方案。同时，高德LBS开放平台还宣布和神州租车达成战略合作，全面支持神州旗下的租车、专车、拼车等多项互联网用车软件业务发展。

如果说地图代表的是整个世界的位置，则对每个手持移动终端的个体来说，GPS让你拥有了随时定位自己位置的能力。而定位自己，最终仍要回到与整个世界的位置匹配中，浩瀚的世界无法装在小小的手机里，只能根据自身的需求，用移动互联网去随需接入，这就使得移动上网成为必须。

LBS让移动上网在各种现实场景中，成为真正"有用"的能力。找餐馆、查询路况、临时寻觅厕所，这些在传统互联网中无法解决的需求，成为了移动互联网之所以产生颠覆效应的原因——这也是LBS成为移动互联网核心服务的原因。

LBS（基于位置的服务）是移动互联网区别PC互联网的最大变量。移动互联网领域的下一波创新产品，例如O2O、智能硬件、公益环保等都离不开LBS的支持，高德等专业地图导航厂商提供的LBS开放平台将成为这股热潮的重要支撑。

因此，LBS成为移动互联网到来时一种新的基础服务。这是移动互联网再也不用遵循传统互联网玩法的全新领域，对智能手机用户而言，它又使人能在现实中拥有超过PC时代的全新能力。

同时，移动互联网时代，各种应用都成为互联网入口，入口分散在削弱传统互联网公司能力的同时，却又因为不可忽视的移动特性，对位置服务的依赖增强。

LBS是互联网演变过程中一种全新的基础能力，具有广阔的发展空间，而对传统互联网来说，这种能力的加入又将对其现有业务模式产生重要影响，甚至颠覆掉原有的许多模式。

除了提供专业的LBS能力支持，高德LBS开放平台还承诺未来将专注于LBS技术的研发，专注于支持开发者垂直应用服务创新，不与开发者争利，更不会像友商一样，既做裁判员又当运动员。随着"LBS+"的发布，高德LBS开放平台将帮助开发者、创业者们加速利用LBS能力，打造更智能、更高效、更具想象力的移动产品或服务。

1.3.2　LBS在移动互联网应用中的新发力点

目前，位置服务（LBS）已经成为移动互联网行业稳定的标准配置。探索LBS的商业模式，建立创意产业和兴趣产业，成为下一个热点。那么在几轮发展浪潮之后，LBS在移动互联网应用中新的发力点在哪，主要集中在哪些方向？

不管与哪个实践行业结合，未来LBS在移动互联网的新出发点，都离不开前端功能表现和后台的数据化服务这两个维度。

在LBS应用的前端，LBS服务的对象是个体用户。位置服务帮助用户进行空间认知和决策，这体现在定位、导航、路线规划等方面。就目前来说，利用APP中的位置服务功能，用户可以知道自己在哪个地方，查询附近有哪些餐馆，回家走哪条路最近，在社交媒体中向朋友分享自己的位置。

在LBS应用的后台，LBS信息服务商希望能挖掘比位置信息更多的价值。LBS的核心竞争力更集中在"大数据"服务。服务商可以集合各个个体用户上传的位置信息，充分进行数据挖掘，向用户推荐就近而感兴趣的商家，向商家提供哪些人来过这里等精准营销工具，统计城市活动的热点和交通堵塞的状况，进行宏观的城市规划、交通管理等，如图1-15所示。

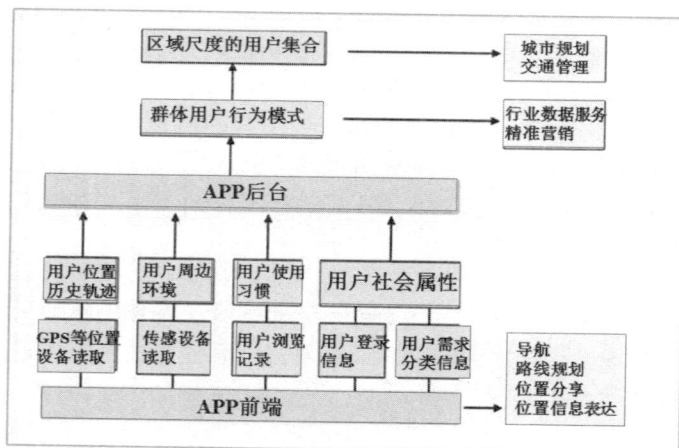

图1-15　位置服务移动互联网应用中的不同维度

结合LBS前端功能扩展和后台数据服务，移动互联网应用中可能出现的一些新发力点，主要体现在以下几点，如图1-16所示。

1. 拓展位置信息形态，涵盖点、线、面元素

人的空间意象由路径、边沿、区域、节点和标志五种元素构成。也就是说人的空间认识是通过点、线（路线）、面（区域范围）三种形式进行的。对于人的自然语言、空间认知、空间决策而言，地理位置信息（或者说地理信息系统提供的图形信息），不仅仅是点信息，线和面这两种空间要素也很重要。

图1-16　移动互联网中可能出现的发力点

目前，在涉及LBS应用的前端，应用最广的位置信息形态是点要素。社交网络服务中的位置服务信息大多是基于点的：基于自己的点位置发现附近的朋友，查询附近有哪些餐馆，向朋友分享自己的点位置。线要素目前主要是应用在一些特定区域和部分智能硬件中，例如，记录用户的跑步轨迹。面要素主要是应用在一些行业应用管理中，如土地归属管理等。

实际上，在社交网络和电子商务服务中，线元素的交流和分享场景都是经常存在的。平台若提供用户之间线要素的分享入口，用户便可以通过导航模块的路线查询功能，输入起点、途经点和终点，发布一条路线和朋友分享。

例如，在日常社交中，用户与同事在微信上分享一条上班的近路，和驴友分享一条风景优美的骑行路线。商家用LBS直观地向用户描述物流路线。又如，农户在平台上发布需要机械收割服务信息时，利用面状标记的功能，可以明确地传达收割地块的位置和大小。

由于前端可以记录的用户个体位置信息形态的增多，LBS应用的后台也能记录更多用户位置信息。除了活跃点位置的统计（例如景点热度的统计），还可以进行路线的统计（例如全国每年粳稻运输方向的统计）。

应用后台不仅进行点位置的个性化推荐，而且进行路线的个性化推荐，乃至基于面要素进行统计，以此挖掘出更多有价值的位置信息。

2. 丰富位置信息服务资源，信息分类精细化

LBS接入大数据服务的核心在于提供位置信息，使得精准营销成为可能。这一点也是LBS的商业潜力所在。长期以来，精准定位自己的传播对象是商家和广告商们渴求的目标。但是大多数与位置服务结合的社交网络都是"泛社

交"，与位置服务结合的电子商务又凝固在有限领域。

有些APP已经开发了相关的位置服务，商家可向指定范围内的用户发送广告，推荐地点。但是，由于缺乏对用户类型的详细分类，信息服务商不清楚用户的类型、消费形态，以致泛泛的广告发送反而招惹用户的不爽。从而，位置服务的营销特性也就难以发挥到极致。

建立综合分析模型固然存在一定难度，位置服务可结合细分用户的属性来有效地达到服务功能。通过让用户添加"个性标签"、填写社会属性（如年龄爱好）、让用户输入需求类型等方法，低成本地发挥位置服务"精准营销"的特性。

例如，APP可采用对同一个类目的发布和关注对接的方法，推送广告。一家咖啡店想发送定时消费的团购券，只有周边填写了我想"喝咖啡"需求的用户，才能看到这个团购信息，而不是附近所有的用户都能看到信息，这样便实现了推送广告较好的转化率。

长期而言，综合多维度的细分数据仍然是位置服务未来重要的发展方向。LBS后台可根据对用户的订阅信息、实时位置、兴趣爱好、历史访问记录、个人属性信息、轨迹信息进行综合分析，预测用户兴趣点和轨迹。组织好这些要素，成为吸引用户提高黏性的关键。

以下三类不同的建模方式可供参考。其一，根据不同类别服务需求建立不同的模型。并非所有的类型服务都适合基于地理位置在"附近"发送。不同类型的服务具有不同的服务半径。

一些服务领域是强位置服务需求，另一些服务是弱位置服务需求。有些用户并不在意其距离远近，愿意跨越大半个城市去消费；而有些用户只愿意在社区附近进行消费。其二，结合时间维度进行信息推荐。例如，在周一至周五白天上班时间段，上班族所选择的餐饮服务大多是在工作单位附近；而在周末，他们有空闲去离家较远的地方用餐。

因此，在周末可以向用户推荐质量更高，出行距离更远的餐馆。其三，综合多个类别的信息建立推荐模型。例如，平台知道用户在哪吃饭，知道用户在哪买衣服，这样就更能确定用户的消费形态和消费阶层，由此准确判断其需要买什么样的房子。这样的应用视角就要求移动APP并非是一款集中在某个垂直领域的APP，而是一个能提供综合服务的平台，收集用户衣食住行多个领域的需求数据，进行个性化的推荐。

以上的经验推荐模型只有通过位置服务与更多的行业结合，通过细分现有的位置信息、细分用户属性信息才能建立起来。用户分类信息的维度越多，推荐的地点和信息也会越准确，商务的价值就越高。

3. 突破本地即时的时空服务范围，渗透异地异步服务流程

目前LBS在电子商务领域已广泛应用，大多是本地服务。例如，团购APP告诉用户附近有哪些优惠，打车APP根据用户所在位置，迅速调用附近的出租车提供服务。LBS不应仅仅局限在本地即时服务中，还可以为跨越地界时空的流程服务。LBS可以和电子商务的购买、促销、配送等流程结合，压缩时空要素，促进电子商务营销，带来更多的效率和便利。

巧妙的是，利用简单的几个位置服务功能组合，产品从产地到消费者手中相关的位置信息可以展示出来。场景举例如下：

（1）每个商家在发布商品的时候，携带地理位置信息。例如，北京的一个用户想吃大闸蟹，在APP上发布一个消息"我要吃大闸蟹"，APP就自动推送过来大闸蟹商家。用户通过查看以地图形式显示的、带有地理位置的商家信息，发现在苏州阳澄湖一带的商家最多，评价也最好，于是用户决定在阳澄湖这一区域选择一个商家。

（2）商家在大闸蟹发货时，通过位置服务直观地向用户发布货物的运输路径。例如，第一天，货物从苏州出发，商家路线地图向用户显示货物从苏州运抵北京的路线；第二天，货物抵达上海，商家路线地图向用户显示货物从上海运抵北京的路线；依此类推。随着货物逐步接近用户，商家可以动态更新运输路径，直至货物抵达用户手中。

同时，在LBS服务的后台,信息服务商可以收集到全国范围的产品服务分布的"大数据"，例如农作物产地分布、工业产品产地分布和各种货物的物流方向。这样，服务商就可以为行业提供更为精准的营销策略和数据报告。

1.3.3　LBS运用移动互联网完善现实世界

中国已经有超过3亿的智能手机用户，即便以最大的重合概率来算，也起码有一成人口走进了移动互联网。和传统PC互联网相比，移动互联网最大的区别在于"移动"二字，而移动中所提供的信息服务，又因为人的移动而渗透到现实世界，与真实的社会形成了更强更有力的互动。

比如大众点评移动客户端，用户提交自己的位置，获得周边餐馆的信息与优惠，再以此进入餐馆消费。又如高德地图，整合了丰富的生活信息，想要横跨"衣、食、住、行"，将线下场景的突发需求全面覆盖。

大众点评移动用户已经超过1.5亿人，高德地图也超过了1亿人，可这些应用与谷歌相比，仍是有很大的差距。

谷歌从Android 4.1开始，上线服务"Google Now"，它可以全面了解你各种习惯和正在进行的动作，并在计算之后给用户提供相关信息，而其中最重要的一点就是位置——Google Now默认获取你的位置信息，与其地图和地图上庞大的现实社会数据对照，不用用户说话，它就知道用户是在给车加油、吃饭还是在打网球，并以此为用户服务。Android系统目前是全球最大的智能手机系统，谷歌要知道10亿量级用户的位置与现实行为，或许不用太晚。

当普通智能手机用户在享受便捷、免费的移动服务时，事实上其位置信息无可避免地通过无线（空气），被存放到服务提供商的服务器里，并在那儿被不断地匹配与运算。

这只是LBS（基于位置的服务）的第一步，接下来的事情才让世界变得更有趣。

要更准确知道用户的位置信息，光有现实世界的定位数据远远不够，为此一个名为"位置围栏"的技术被引入。其实说起来并不复杂，就是在某一位置围成一个圈，用户走进去和走出来时产生反应并进行记录。

高德地图产品就体现了这样的应用场景和服务。当用户进出某一地区时，根据他的设定，可以自动获得围栏内商家推送的打折、优惠信息，也可以自动触发用户预制的信息提醒。比如用户经常到公司忘记喝水，不妨设置个喝水提醒；或者下午途经超市要买日用品，也不用时刻惦记这事儿。

对现实的商户来说，好处更为明显：它能帮你实时统计店铺客流量，每个人到店停留的时间，甚至——跟踪客户离开后的去向。比如，很多人在服装店逛完都会跑到冰淇淋店里去，也许你就可以考虑怎么跟冰淇淋店合作，提高你的客户向冰淇淋客户的转化率，对谁都没坏处，没准还能提高用户体验。

从这个角度来看，智能手机和LBS让整个现实社会正在发生一种奇妙的转变：现实的商店，可以看成一个个网站；现实世界中人的活动，则因为可被跟踪（与服务），变成互联网中的流量；人们的现实活动，和在互联网上从一个网站跳到另一个网站，似乎也没有太大区别。

　　传统的商家选址，一般都有个说法叫作"临街旺铺"，也就是找流量大的地方。可是当一切都互联网化之后，这只能成为一个维度，还要考虑旁边主要带来流量（流量入口）的属性，以及它到你的商铺的"流量转化率"，大学校区和超级市场两种入口截然不同；当然如果可能，更可以查阅某个地区周围人群更详细的职业、习惯、消费方式甚至文化差异，当LBS与人连接、又可与线上这些人的信息整合，他们的各种行为都能知根知底。

　　改变商家选址和招徕顾客的方式，这只是LBS完善现实世界的一个例子，更深度的现实社会互联网化的变革正在缓缓发生。

　　世界历史上继发现美洲之后，新的大规模移民已经开始，只不过它不是由一个地区迁徙到另一个地区，而是从线下迁移到线上，形成线上线下的完美交互。

1.4　挖掘LBS的商业价值

　　数字营销和互联网一样，变化之快令人惊讶。昨天还在说SoLoMo趋势已成现实，今天LBS营销就已经愈演愈烈。敏锐的市场人已经意识到SoLoMo趋势之下对于营销的挑战、营销活动和策划都应该具备社会化、本地化的特点，并且应该保持对于移动领域的强烈关注。移动互联网的飞速发展催生了LBS的产生，并且带来巨大的商业价值。

　　国内目前LBS现象：有几家LBS公司公关，推广做得还可以。社交做了LBS会怎么样？中国做SNS运营几家公司目前仅处于拷贝Facebook阶段，平台商业价值的开发水平相当槽糕，就更不要谈影响力。SNS没有死，只是这群打着SNS平台口号的人，误导中国SNS的发展。

　　从这一点来看中国的LBS还是有机会，SNS的平台的影响力是Facebook"儿子辈"水准还不到。不过社交媒体对社会及商业影响还将起到更大的作用。

1.4.1　协助地区商家推广

　　如果说之前的移动广告是帮助品牌提升形象服务的话，那么定位式的移动广告则是帮助本地企业和社区商家找到推广的契机。定位式广告的最大优势在于，它能够直接推动用户进行消费。

以Foursquare为例，商家可以通过Foursquare发布自己的促销活动信息，而且信息将根据用户的身份不同而有不同呈现效果，如果你已经是该地的市长，你会看到最右边彩图的内容，否则会看到中间的灰图。而如果是彩图时，你就可以直接凭彩色Offer享受店家的折扣优惠。

拉斯维加斯的购物中心（Miracle Mile Shops），将Foursquare中Check in（签到）这个地方最多的用户及用户的点评定期投放在大屏幕上，如图1-17所示。

图1-17　拉斯维加斯的购物中心的点评屏幕

1.4.2　实体商家与社交网站结合

事实上，也已经有越来越多的商家关注到移动广告的另一潜力，关于提升"顾客忠诚度"的一些新兴方式正在开始出现。

丰富的LBS服务让商家的营销更富想象力，星巴克就基于LBS服务想出来很精彩的活动方案，包括与美国地理信息和微博社交网站Foursquare展开合作，推出"市长奖励"计划，公司希望正式通过一次全国范围的"市长奖励"活动，启动一项实验性的Foursquare忠诚度计划。

"市长奖励计划"的机制并不复杂，用户只需进入Foursquare网站并建立自己的社区，并在社区中"检入"星巴克咖啡店，如果某一用户进入次数最多即可获得该网络社区的"市长"称号，其也可以凭此在星巴克咖啡店购物时享受1美元的折扣奖励。但它更重要的意义在于，帮助商家探索如何借助地理位置，利用共享服务展开营销活动。

现阶段的定位式广告，主要帮助消费者所在地区的商家强化区域性营销；在未来，可以预期将会有更多丰富、新颖的定位应用营销出现。Location（定位）为移动广告开拓了一个新的舞台。

1.4.3　Wi-Fi定位技术服务

现在，一些公司正在重新构建客户端方法，而专注于移动的公司也正在重新思考利用机器学习技术来追踪室内位置的定位算法。

一些公司将设备定位想象成是复杂的"DNA"链，那么使用RSSI指纹、RSSI三边定位及到达时间差法（Time Difference Of Arrival，TDOA）可以提供初始位置信息（类似服务器会告诉你的位置），然后，通过配对连续的RF指纹（可以提供用户走向哪里的信息）和惯性电话传感器（陀螺仪、加速度计、指南针），即可非常精准地追踪位置，可以精确到2~3米内。

如果这种方法还不够好，还可以加入其他机制来提高其可靠性。例如，地图处理可以帮助排除地图上不可能的路径来提高精确度（也被称为错误消除）。但是，基于应用程序的局限性之一是，并不是所有的移动设备都有相同的功能，因此，很难为所有设备类型（iOS、Android、Windows等）构建一个统一全面的应用服务。

Wi-Fi定位的未来仍将集中在移动设备上。但是，现在的趋势仍然侧重于基础设施端的定位引擎。考虑到这一点，下面几项技术就格外值得关注：

基于Wi-Fi信号的定位和RF指纹的识别。基于RSSI的定位和RF指纹识别提供了适当的精准度，但这种精准度很有限。如果没有其他辅助技术（比如激励器、阻塞点、外部系统，以及视频系统和高级天线系统），这种方法最多只能实现3~10米的精准度。

对于RSSI定位（有时也被称为三角定位或三边定位）而言，最关键的问题是在短时间内RF信号强度变化很大，造成策略的不可靠。在最低限度下，每次测量必须要有三个信号源（AP），但由于客户端和AP之间不同程度的RF衰减（由于墙壁、门、窗、电梯的阻隔等），RSSI与距离的相关性不是很稳定，从而降低了精确度。

RF指纹识别同样也面临着相同的RF变化问题。如果从单个位置获取5个"指纹"，这个指纹每次看起来都会不同。当然，也可以使用平均值定律来缓解这个问题，但其结果并不精准。此外，RF环境每周每月都会变化，今天取得的RF指纹可能以后就不适用了。随着时间的推移，校准可能会成为一个重复烦琐的过程。

到达时间差法。到达时间差法是确定客户端位置的另一种技术，该技术利用无线电波恒定的传输速度，通过帧交换的往返时间（RTT）来测量距离。这种技术需要运转速度非常快的芯片来确保纳秒级的时间精度；随着未来Wi-Fi芯片的能力提高，TdoA的准确性也会相应提高。

具有动态定向天线系统的Wi-Fi产品也能够通过天线指标来确定客户位置，进一步提高精度。最终，集成技术将会有助于提高精度。当然，一旦知道用户所在的精确位置，合适的应用就会出现。

从更广泛的移动生态系统来看，Wi-Fi定位供应商正在创建易于使用的API和SDK来帮助用户更容易地打造有效的解决方案。定位公司可以尝试构建一个"杀手级"应用，但对于Wi-Fi公司而言，更具战略性的方式是提供定位引擎和工具，使客户能够建立适用于其独特环境的自定义应用程序。

1.4.4 带来巨大用户数据

随着移动设备正在成为消费者的必备品，企业已经意识到他们可以利用这个机会直接地或间接地来获益——通过向其客户和员工提供价值。移动设备的大量涌现和Wi-Fi的迅速普及也使企业意识到基于位置的应用程序开发以及Wi-Fi网络本身的价值，因为突然间，Wi-Fi开始关系到营销和企业创收，而不是IT开支。

大家应该注意到，LBS服务的最大的优势是从用户处收集数据，并进行分析。企业可以利用这些数据来提高用户体验和客户服务水平。但是，现在讨论定位服务时，权威认识通常会提到通过定位服务来提高广告和优惠券的有效发放。这很有意思，也许很有效，但用户会觉得很烦人。

当然，零售业一直是这个应用的重点，因为它对位置及其分析非常敏感。目前已经可以看到，很多解决方案专注于对粗略的RSSI数据及更高级别的分析，来评估客户流量模式、捕捉率、回报率等。通过更多的信息，零售中心甚至可以基于典型的客户流量路径来优化店铺布局，或者对优质位置的店铺业主收取更多的门面费，也可以为高收视率的广告位置收取更高的费用。

在另外的垂直行业——餐饮服务业，也需要特别关注。这个行业有零售业的元素（酒吧、餐厅、水疗/按摩服务），也有导航挑战（会议室、酒吧、游泳池、健身区在哪里），对此．网站地图及导航应用程序可能会有所帮助。

同时，定位服务业也将有助于改善客户服务，例如可以将定位服务绑定到客户管理系统：为忠诚会员提供个性化的问候、更快的入住手续等。

其他行业同样如此，例如交通运输业、制造业、医疗保健业、会议中心、体育场馆及其他场所。除了企业外，运营商也对定位服务和分析有着浓厚的兴趣，不仅能够更好地调整他们的网络，而且可以帮助他们赚钱。每个人都可以从位置信息中获益。

在不久的将来，Wi-Fi将提供远远超过互联网接入的价值。随着这个趋势日渐临近，并且用户开始看到价值，他们将会开始寻找特定的应用程序。最初可能会出现一些错误，但随着网络部署者找到自己的方向，定位解决方案将惠及每一个人，用户和网络运营商都会获得价值。

1.5　趋势分析：LBS将改变很多

互联网的繁荣发展是因为实现了人们在现实生活中的需求，而基于位置的需求却由于技术、行业因素而长期没有满足。

我们在小时候，老师教我们写记叙文要有三要素：时间、地点、人物。现实生活的事件都必须发生在某个地方。而在计算机网络中运行的一个个场景大多由时间和人物来组成，地点信息很不清楚。举几个例子，和自己的老同学在网上聊天，通过LBS就能知道他具体处在什么地方，一群人玩魔兽世界游戏，通过LBS也能知道他处在什么地方。

展开来说：通过LBS能找到同一个大楼里的QQ好友；通过LBS能找到一样每周都去星巴克喝咖啡的人；通过LBS能找到每周都去同一个羽毛球馆打球的人；通过LBS能知道常去的一些消费场所的优惠信息。

反过来说：如果是商家，通过LBS就知道有哪些人是他的老顾客，哪些人喜欢这个品牌却不知道他的店面在哪儿，通过LBS能向他们推送有效的优惠信息。

LBS是改变这一切的开端。所谓LBS，英文名为Location Based Service，可理解为基于位置的服务。目前的技术已经可以支持拿着一台普通手机，只要接入3G、4G的移动通信网络，即可定位出他的当前位置。定位的过程只需几秒，所费的流量只有几十个字节。

　　基于位置的服务，位置是核心，那么位置代表什么呢，一个星巴克店面？珠穆拉玛峰峰顶？上班大楼？所住的小区都可以。把人的行为和地理位置结合，就出现了很多有意思的事情。

　　经常去一个羽毛球馆通常代表用户喜欢打羽毛球；经常去咖啡店通常代表用户喜欢喝咖啡；经常去一个办公大楼，那用户通常在里面上班；登顶幕士塔格峰，那么用户可以去拿国家一级登山运动员证书了，同时表明用户是个资深驴友，愿意为爬一次雪山花费上万元。

　　通过人的行为、地理位置再加上时间，可以了解到您的很多信息：例如几点从家里出发，在路上花了多少时间，几点到了公司，几点去餐饮场所吃饭，常去的是哪几家，下班后直接回家，还是喜欢去娱乐场所，这些可以把用户的行为习惯、收入水平、消费习惯、大致路线都能弄清楚。

　　这些都有极大的用处，总的来看，不管对个人生活品质的提高，还是对商家来说开展业务的方式，都将发生极大的变化。

1.5.1　LBS将改变很多关系链的形成与维系

　　在目前的互联网世界中，我们在QQ、微信的好友通常是自己的亲人、同事、老同学、在各自场合认识的朋友、工作中的联络人或商务上的伙伴。有多少是因为位置相关而形成好友的呢？还不算很多，当习惯使用手机进行定位时，关系链的形成将进行改变。

　　传统的关系链通常是点对点的单一联系，如图1-18所示。

　　这种关系链通常发生在个体与个体之间，关系比较稳固。而基于位置的关系链将会发生很大改变，人与人之间的联系会相互交融起来，也更加地容易取得联系，如图1-19所示。

　　这种关系是基于行为、基于爱好，甚至基于收入水平建立的，通常是一个群体。在以往的生活中，要建立这种关系链不大容易，通常要去各自兴趣爱好论坛，或实地参加各种活动才能建立。而现在，通过LBS可以很方便地找到这种关系。

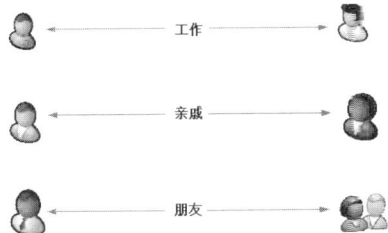

图1-18　传统的关系链

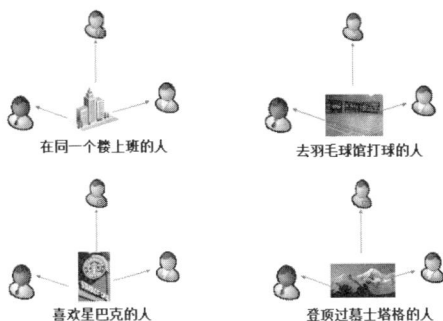

图1-19　基于位置的关系链

　　通过LBS软件记录每个人的足迹，只要一个人常去的地方和另外一个人常去的地方相符，他们就有共同点，就有沟通的基础。例如，用户辛辛苦苦登顶慕士塔格，打开LBS软件标注一下您来过这里，那么以后登顶的人只要也使用这个LBS软件，就会知道有人来过这，用户之间就可以建立起联系，可能会一起约着去爬8 000米的雪山了。

　　这个变革后的关系链更容易建立起一个个群体，也更符合人们喜欢抱团的习惯。这些圈子具有更多共同点，例如爱好、消费习惯和地域特性，也更容易发起一些团体活动，具有更高的商业价值。

1.5.2　LBS将改变获取信息的方式

　　像我们去一个实体店买东西，对于高价物品通常会做一些功课。虽然通过搜索引擎和专业论坛可以找到一些信息，但总归不方便且信息不全。例如用户是一个HIFI发烧友，去香港买HIFI，初到一个店，看到一个功放很实惠，比内地要便宜一万元，用户该怎么知道这个店怎样呢，是卖假货，二手货，返修品还是行货呢？

　　通过LBS软件来查看到过此店的信息评价，就可以了解到老顾客对此店的评价。这是签到+评价的LBS产品的一个小小应用。

　　这种基于位置的信息获取，将很大程度上改变原来基于搜索来查找信息的方式。

1.5.3　LBS将改变商家营销的模式

传统的广告通常是从天上放热气球到地面贴标语，漫天盖地，针对性不强而费用高昂。在LBS软件中可以设置个人的爱好，例如有的用户喜欢户外活动，有的喜欢看电影和看书。

那么用户拿着手机去逛街，可以自动显示附近几家户外用品店的优惠信息，显示附近有哪些"驴"友在组织活动。还可以显示附近有哪几家电影院，了解即将放什么电影，有哪些优惠，这是个人主动设置个人喜好的一种场景。

也还有很多人不设置个人爱好，LBS还可以分析出一个人的消费习惯、消费水平。例如，一个用户每周去一两次星巴克，毫无疑问，把星巴克优惠信息推送给用户，这样的用户一般不会有很大怨言，反而会觉得贴心。

这些个体的消费行为也将是重要的营销依据，只要LBS平台积累大量用户数据和消费行为数据，很多商家将找上门来进行合作，不但会为这个平台的用户提供特殊优惠，还将支出相应的广告费用。

这时，LBS平台将是很大的一个营销平台，改变原来的营销方式。

随着手机地图成为移动互联网入口级应用后，LBS的空间已然变得更大，越来越多的移动应用会跟位置紧密相关。特别在用户对交通出行、定位、生活服务、移动电子商务等旺盛的需求驱动下，位置服务几乎与所有的移动互联网细分产业的横向融合进程都在加速。当然以刚性位移需求为主的用户需求，也更进一步加快了国内位置服务产业的发展，使其市场潜力巨大。

目前，GPS模块已经成为所有智能手机的主流配置，这就为位置服务的发展打下了坚实的硬件基础。手机定位请求就像一个人的"足迹"，从这个"足迹"里，可以看出哪些商铺是热门的，或者某类人群更喜欢什么样的商铺，这种分析结果可以用来优化线下和线上的交易，"足迹"也可以用来预测、挖掘城市的路况信息，实时发现或者是预测道路的拥堵情况，避开拥堵，走更顺畅的道路。

1.5.4　LBS作为工具还将便利人们的生活

把公司班车每个司机的手机都安装LBS软件打开上报位置功能，用户以后拿着手机就可以知道每条线的班车到了什么路，可以猜出大概还有多久才到。放开思路，如果很多人的位置信息停留在某条大道很久都不动，就意味着这里发生了交通事故或者非常拥堵。

依此展开，即可相对准确地计算出一个城市的实时路况，这都属于公共交通范畴。LBS还可以实现紧急救援，例如，很多"驴"友爬山经常迷路后报警救援，但是他们也说不清他们的位置，只要他们使用LBS软件，把地理位置信息上报，就可以定位在500米范围以内，到时救援队伍到了该区域喊几句话就能建立联系。

LBS具有如此的魔力，以致有一款产品，实现的功能用一句话来概括：在去过的地方画个记号，留下"某某在此一游"之类的留言，可以让别人看到并加为好友。它在美国短短一年内发展了100万用户、市值几亿美元，它就是foursquare。

现在，我们发微博，发图片，发表说说等都可以载入地理位置信息。

现在也有一种更加实用的发表攻略的方式。使用LBS软件，记录自己的足迹，标注自己喜欢的地方，对值得购物的地方进行评价。用户只需下载这个足迹文件到自己的手机中就可以跟着走了，还具备导航功能，非常方便。

LBS也改变了很多游戏的玩法，可以基于实地来玩大富翁游戏，非常有趣。

94%使用过LBS位置服务的人认为此服务是非常有帮助的。LBS位置服务应用不仅在帮助人们日常生活和获得折扣券方面具有一些简单功效，LBS在人们生活的方方面面都带来更多的变化，这也正是LBS应用逐步被用户所接受、所使用的根本原因。而且大多数的消费者（用户）还是愿意花钱买一些使用性强的产品解决生活中所面临的问题。

据国外媒体报道，尽管有报告称LBS位置服务的使用远未成为时下主流，不过据微软的最新一项调查显示，这种技术也正日渐被人们接受，但是可能还需要一段时间才能广泛普及，正如当初ATM自动提款机的普及一样，花了很长一段时间才打消公众对其安全性的疑虑。

LBS位置服务的主要用户群中70%使用GPS导航，46%使用天气提醒功能，38%想要获取更新的路况信息，38%想要获取饭店信息及其点评，36%用来查找附近便利服务。

调查结果显示，LBS位置服务正逐步取得进展，特别是随着该服务不断为人们解决许多实际问题。有趣的是，只有18%的用户使用LBS社交服务和10%的用户玩LBS游戏，可见对于LBS应用软件来讲，为用户解决实际生活问题是何等的受欢迎。

就目前比较流行的**LBS**应用软件来讲"娱乐化及生活消费"类占据了最流行位置，用户使用程度也是集中度最高的。

LBS服务能够通过移动终端和移动网络确定用户的地理位置，并能在确定使用者位置的同时，向用户推荐该地理位置附近能够提供的各种服务，例如位置签到、周边搜索、位置游戏和信息推送等。

现在坐火车每到一个省份，经常会收到各种旅游推荐的信息，进商场会第一时间收到商品打折的推送广告。这种定位服务能更快更好地了解当地的信息，虽然当时可能用不到，但一旦用到，就会觉得节约了很多精力，不必再自己去收集。

有的手机**APP**利用**LBS**定位可以标记去过的地点，并且附上笔记或照片，是比较贴心的，而如今手机不离身的达人们都喜欢用微信与周围的人交流互动，结交朋友，尤其是利用**LBS**定位功能，查找周围的微信用户。在一定程度上，**LBS**定位加强了人与人之间的联系，让地球变得更像一个"村"。

第2章

探索LBS的多样模式

不同于其他互联网应用，LBS的主要载体是智能手机终端，只有具备"定位"功能，LBS 的各种应用才得以实现，在智能手机普及率极高的当下，LBS的用户数量非常多，营销崛起之路发展得越来越好了。本章将从理论方面探索和分析LBS的营销崛起之道。

2.1 LBS服务发展需要的条件

早在几年前就有互联网公司开始做类似Foursquare的足迹类网站，但一直没有成功者，而智能手机的普及给了LBS一个机遇。LBS模式出现之后，把传统互联网和移动互联网进行很好的融合。LBS（Location Based Service基于位置的服务），一直都被业界看好，并且处在不断蓬勃发展中。

2.1.1 商家资源对LBS的支持

不知道你是否留意到，逛街少了漫天派发的小册子、传单，但打开微博却有满版的消费信息，并不时有商家粉丝关注你。的确，随着互联网时代的急速发展，不少本地中小商家已经察觉到网络推广对于店铺宣传和知名度提高的重要作用，纷纷瞄准淘宝、微博等平台，主动推送店铺的优惠信息。

可是他们的网络推广之路并不平坦：想经营好淘宝店需要消耗商家大量的金钱、时间和精力；而微博的经营也需技巧，稍有不慎就会被网友认为是垃圾信息恶意刷屏，然后就是取消关注，甚至拉进黑名单。

加上新浪微博屏蔽淘宝链接，更使得这一情况雪上加霜。而在门户网站上投广告、利用百度关键字的服务性价比都较低，且无法精准定位目标消费者。

而LBS的出现，给这些中小规模商家带来一线曙光。作为一种新兴的网络营销模式，这种基于地理位置的服务也引起了业内的特别关注，相比规模较大的品牌企业，本地服务行业（包括餐饮、娱乐等生活服务）由于商户规模较小、营销活动多元化、分散化的特点，难以大范围成为社会化网络营销的受益者。而LBS服务商与位置结合的推广信息则使该类中小商户的网络精准营销成为可能。

LBS的最主要作用之一，就是服务大量的基于本地的中小型商家。LBS这种以移动互联网定位，通过手机客户终端为用户提供与位置相关的各类生活信息的服务，是以用户主动签到为机制的，因此它保证了商家和消费者间双向的有效信息传递。

作为一种手机应用，其移动属性能为商家带来实际的到店消费，所以对于商家来说，LBS是一个精准的移动营销平台。如麦当劳与嘀咕网的合作，活动上线一个半月，便有近60万次有效签到，27 751位用户得到麦乐卡，激活用户数为21 804，激活率高达78.5%。这次合作不仅被业界认为是LBS商业模式走向清晰化的里程碑，同时也证明了LBS作为精准营销平台的商业潜力。

为了进一步拓展本地中小型商户的资源，很多LBS应用软件都推出自助商家后台功能，如嘀咕网就给予商家在嘀咕平台管理自己商铺信息的权限，并依据其营业情况和顾客情况发布优惠信息，制定＂游戏＂规则并自我监测营销效果，同时商家还可以与潜在消费者进行沟通与交流。与微博、淘宝等平台对比，LBS类网站凭借位置信息以及用户的主动签到模式更具意义。因为对于中小规模的商家而言，这样的模式更加主动、直接和积极，信息的传达更加精准到位。

而不同LBS服务商的自助商家后台也存在一定差异。以Foursquare和嘀咕网为例，Foursquare主要为那些向用户提供购物优惠券的商家提供广告空间。赞助费的多少，决定着商家在排行榜中名次的高低。而嘀咕则是免费为商家服务，不收取任何费用，商家排行榜是分别按人气、距离、新品三个元素对商家进行排位。

而且，对于选择使用嘀咕平台的中小型商家用户，嘀咕有着更贴心的＂服务＂。据悉，只要通过官方网站www.digu.com进行相关信息录入，就会有客服人员与登记者联系，对登记的商家信息进行验证和核实，确保其真实性，并议定后续的合作事宜。一经认证，嘀咕的客服人员还会根据商家的特性，对商家的优惠和推送信息提出建议，使其更容易引起用户的关注。

看起来，这些客服人员和淘宝的店小二有点类似，注重对商家的增值服务。熟悉流程后，商家就能够在后台管理和查看优惠券的使用情况和状态（兑换量、兑换时间等），自助调整适合店铺的营销方案。

优惠信息除了覆盖嘀咕网之外，更能通过用户的绑定，同步到微博及各大SNS社区，使得商家能以较低时间成本实现大面积宣传，将品牌、活动信息迅速扩散到各大互联网社区。

对于这种全新的网络推广模式，中小型商家仍然会有不少疑问，包括信息的精准性、操作的难易性和效果的持续性等。

对于自助商家后台的使用，应该注意以下事项，如图2-1所示。

应用服务离不开商家的支持，应用程序只是确定位置，然后将相关的服务提供给你，所以商家资源的支持对于LBS的发展也非常重要。国内社交定位客户端应该更多融合商家的品牌来满足消费者的购买欲，这需要品牌商家的支持和认同。

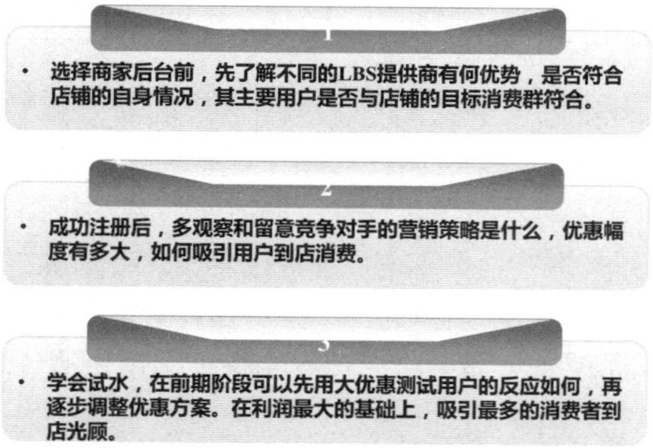

- 选择商家后台前，先了解不同的LBS提供商有何优势，是否符合店铺的自身情况，其主要用户是否与店铺的目标消费群符合。

- 成功注册后，多观察和留意竞争对手的营销策略是什么，优惠幅度有多大，如何吸引用户到店消费。

- 学会试水，在前期阶段可以先用大优惠测试用户的反应如何，再逐步调整优惠方案。在利润最大的基础上，吸引最多的消费者到店光顾。

图2-1　自助商家后台使用的注意事项

2.1.2　智能手机移动应用的LBS

智能手机的可扩展性，智能手机所装载的系统对于应用程序的良好支持，智能手机的数量决定了应用软件的丰富度，而应用的丰富度决定了用户群体和受众范围。所以，智能手机的普及对于LBS的发展有着非常重要的先决条件，因为毕竟LBS也是属于基于地理位置的相关服务，而这些服务必须成为集成在移动终端上面的应用才能发挥它的吸引力。

相比较一般的手机，智能手机由于其智能系统良好的应用性能，对GPS定位导航一直有着非常不错的支持。而且，现在的趋势是，多数的智能手机都可以配置GPS模块，LBS的重要步骤就是确定用户的位置，这对LBS发展无疑具有非常大的促进作用。

智能手机移动应用的LBS的好处也是显而易见的，主要体现在以下几点，如图2-2所示。

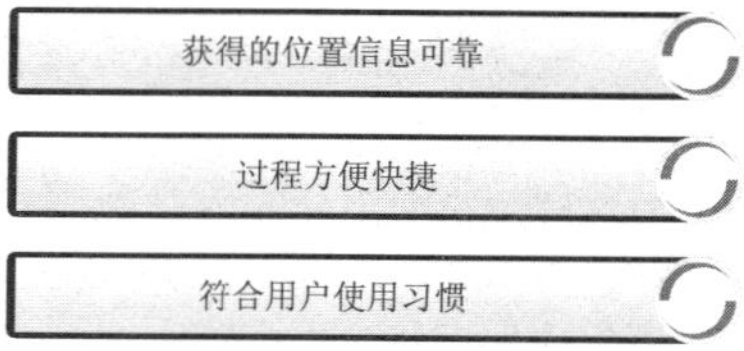

获得的位置信息可靠

过程方便快捷

符合用户使用习惯

图2-2　智能手机移动应用的LBS的好处

1．获得的位置信息可靠

虽然 Android 手机可以通过开启开发人员选项（允许模拟位置），再通过第三方软件设置本机位置来伪造一个GPS信息欺骗应用定位，但是，这个动作的技术难度和复杂程度决定了你是用不到它的。因此，使用智能手机移动应用来构筑LBS可以获得准确可靠的POI信息，这对于精准营销（签到式或点评类）和人际关系（交友类）都是必需的。

2．过程方便快捷

这里说的方便快捷是指对于用户来说，并不需要像功能机时代借助WAP页面搜索地点，并在一个长长的结果列表中通过名字确定自己的所在地。但是，这种方便快捷直接导致了非智能机或一些冷门智能机用户被迫放弃使用LBS的可能。

3．符合用户使用习惯

很简单，不是永远带着笔记本电脑、带着台式机或iPad，但是作为一个现代人，手机还是要走到哪里跟到哪里的，因此以手机为基础更适用于记录运动轨迹这样的本质需求。

2.1.3　应用收费模式的合理化

Foursquare中的应用主要分为移动应用、Web网站、应用插件、可视化应用、游戏等类型，在全部应用中的比重分别占39%、38%、6%、5%、3%，其他一些应用占9%。其中，付费应用占77%，免费应用只占23%。

不得不问，付费应用在中国能否符合一般消费者？值得欣慰的是，支付宝已经在布局移动支付平台市场。同样，也应该担心是否有足够的开发者对这方面应用开发感兴趣。如果两方面都达不到需求，那么应用方面的缺失会让很多高端消费者选择其他应用软件，因为智能手机用户的软件安装率很高，但固定使用率是很低的。

2.1.4　与微博、SNS网站无缝结合

LBS与微博、SNS网站无缝结合，当签到信息发生变更时，用户能够通过Foursquare账号实现Twitter和Facebook账号同步更新，方便快捷地与朋友分享更新内容。而国内众多的客户端也能做到和微博、SNS网站同步，但却没有做到无缝结合。实际上社交定位客户端并不会阻挡微博和SNS网站的发展，只是社交定位网站是一块还没有吃过的蛋糕，而其他网站也想分那么一块。

移动LBS的发展很大程度上依赖于其客户端的占有率，即用户基数，社交定位的盈利模式虽然能看得清，但仍需要较大的探索，而且还有很大的创新空间。在国内，LBS应用于社交定位已经成为各大门户、网站和企业关注的重点，虽说第一个吃螃蟹的是勇者，但后来者，例如无所不能的企鹅（QQ），将会在有所创新的条件下得到更多的用户。

仅从技术层面来说，LBS没那么新鲜，但在应用层面上，LBS让更多人认识，让更多人爱用，一个重要的推手就是SNS平台，直到邂逅SNS，LBS才焕发出蓬勃的生命力。

从某种程度上来说，LBS的价值，是建立在庞大的用户数量上的，当人与人之间依靠社交关系连起的关系网越发庞大时，报告位置才有意义。此外，加入"空间"元素的联系，也会将这个多维的关系网变得更为稳固。

因而构建的社会化网络越大越能够发展新的用户并黏住已有用户。目前大多数LBS服务提供商都选择与大型社交网站合作，比如街旁网等LBS专业网站与国内最大的社会化网站开心网合作推出"位置服务"组件，只要用户通过手机等移动终端登录街旁网等LBS网站，将自己所处位置进行"签到"，动态信息就会第一时间同步到开心网，分享给好友。

在"签到"过程中，用户还可以对自己所处位置如餐厅、商场、影院等场所或该场所提供的服务进行点评，好友之间共享消费经验；同样，LBS与SNS网站的结合，也有利于社交关系实现从线上到线下的转变，用户可以通过彼此发布的位置信息，开展线下的聚会。

SNS网站庞大的注册用户群和紧密的社会关系网络给LBS初期的发展省去了不少力气，同样当SNS网站在已有的关系服务中加入LBS后，SNS的社交特征和由朋友间的信任而产生的黏性特征也表现得更为突出，很显然，已经成熟且日益强大的SNS或将成为LBS应用的最好载体。

2.2 地理空间LBS应用之道

当用户指定到某个大楼某个点，但是你不熟悉去大楼的路线，更为不幸的是那栋大楼的内部路线如迷宫般错综复杂，过去，遇到这样的指令，用户或许立马抓狂，或者和对方电话多次沟通仍很无奈，而现在，随着LBS的发展，你只需掏出手机，打开某个LBS应用，按规划路线，你就会被准确无误地指引到达指定地点。

这就是基于位置服务（LBS）的一个基本应用，只要知道位置，就能更好地为他或和他一起做些令人愉悦的事情，因此LBS也就无可辩驳地成为飞速发展的互联网环境下的标设备。

LBS全称为Location Based Services，有两层含义：首先是确定设备或用户所在的地理位置，也就是所处的空间;其次是提供与所处空间相关的各类服务。也就是说LBS就是要借助互联网或无线网络，在固定用户或移动用户之间，完成"定位"和"服务"两大功能。要清晰了解LBS的应用，我们从以下两个维度来分析。

2.2.1　LBS在空间上的应用

LBS服务中关键的核心是位置与地理信息，两者相辅相成，缺一不可。一个经纬度位置对于正常的使用来说，并不代表任何意义，必须将其置于一个地理信息中来，才能代表为某个地点、标志、方位等，才能被人们所理解。

因此，除了通过定位操作平台获取到终端的位置之外，必须通过GIS系统将经纬度转换成用户真正关心的地理信息，如地图、路径搜索结果等。LBS通过对空间位置的精准分析，应用于以下几个方面，如图2-3所示。

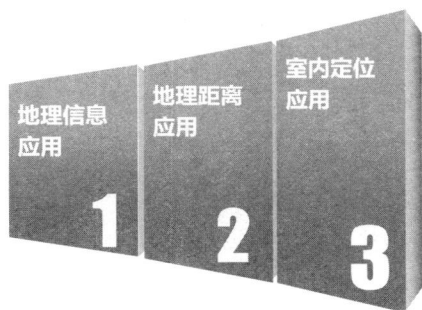

图2-3　LBS的应用

（1）地理信息应用。这是以地图为基础的，通过地图实现其导航的基础功能，同时在地图的基础上，通过"附近"或"周边"，提供搜索各类团购、就餐、订酒店、找公交站、找银行、找景点、找娱乐场所和优惠信息等功能。

百度地图和大众点评就是典型的对地理信息的应用，当你走到某个地方感到饿了，掏出手机，打开应用，搜索美食，确定美食类型，LBS应用将自动为你指引到你想去的那家店中，尽享美味。

（2）地理距离应用。对于地理距离的应用，也是借助地理信息，但是它所强调的是点与点之间的距离，而不是空间位置，对于"附近"的功能，也是对距离的计算，它更多的是社交方面的应用。

例如，附近组织的活动，该应用会告诉你这个活动距离有多远，但它并不会告诉你地图上的方位，如果你有兴趣，则还需要再去查看具体位置，借助地理信息应用，再如陌陌交友，也是基于地理距离的应用，告诉你所关心的朋友距离有多远，如果很近，刚好你有雅兴，即可和对方打个招呼，表达你想和对方说什么。

（3）室内定位应用。以上两种均是对室外空间的定位，主要通过GPS，事实上GPS本来已经很强大了，但是一旦到了室内，由于卫星信号衰减太快而无法实现定位或者实现准确定位，而相对于室内导航的要求（1米左右）来说，这个距离相差的就更远了，完全派不上用场。

对于室内的定位，随着智能手机的普及，以及移动互联网的发展，地图与导航类软件将进入"室内定位"的新时代。近几年来，包括国际上谷歌、微软、苹果、思科、博通等在内的一些科技巨头，国内的百度、腾讯、高德、志欣合众等公司，还有一些世界有名的大学都在研究室内定位技术，这是未来10年的技术制高点。

纵观室内定位的发展史，巨头们在室内定位上都花了很多心思，主要体现在以下几个方面的技术，如图2-4所示。

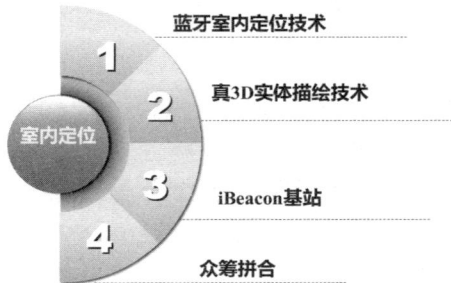

图2-4　室内定位技术

（1）蓝牙室内定位技术。诺基亚早在10多年前就在致力于蓝牙室内定位技术的研究，同时也是低耗能蓝牙（Bluetooth LE）标准的制定者。诺基亚曾发布的一个定位视频，一位商务人士将手提包落在一个商店旁，当他走出几米远时手机就发出了提醒，这个例子可看出室内定位在物品识别管理上的巨大商业价值和发展前景。

（2）真3D实体描绘技术。志欣合众的B2O（Business to Office，针对Office的电子商务服务）在室内定位信息的应用上采用真3D实体描绘技术，通过计算机视觉、计算机动画、计算机虚拟现实等领域中建立出3D模型，对上海1 200栋写字楼、北京1 700栋写字楼、武汉450栋写字楼内外部均建立3D实体造型，这些造型具有完整的几何信息，是真实而唯一的三维物体，全面反映结构和尺寸，通过室内定位的应用可实现精准的定位。

（3）iBeacon基站。苹果在2013年底推出一项基于Bluetooth LE的室内定位应用iBeacon，如果你带着一部iPhone 5s，走入一家购物中心的店铺，iBeacon基站便可以向你的iPhone推送信息，比如优惠券或者是店内导航信息。而最近苹果花2 000万美元收购室内导航服务WifiSLAM，引进Wi-Fi信号定位，为了更加精确，还会加入人的步伐轨迹和建筑地图结合，通过匹配来完成更精准定位，也更说明了苹果极度看好室内导航的前景。

（4）众筹拼合。谷歌在10年前就开始在战略上确立了定位市场这样的方向，现在已经成为公司核心战略。目前谷歌室内定位服务已经进入包括美国、英国、法国、日本在内的多个国家，拥有1万多个场所的地图，这些场所包括火车站、博物馆、机场和酒店等。

在室内地图导航中，目前谷歌算是做得比较好的，但谷歌除了通过GPS（室内一般可搜索两三颗卫星）、Wi-Fi信号、铺设基站等综合信息进行分析，完成定位，还鼓励用户上传建筑平面图，采用众筹方式完善服务，可见室内定位的门槛并不低，目前的困扰是非常明显的。

因此一旦解决室内定位的各种小问题，其商用价值将是巨大的，必将带来一波创新高潮，各种基于此技术的应用将出现在我们的面前，其影响和规模绝不会亚于GPS。可以说，如果谁能在室内定位市场占领先机，必将对未来的LBS竞争起到决定性作用。

2.2.2　地理信息应用程度复杂性

地理信息系统是解决大量地理课题的重要工具。由于人类和环境关系的复杂性在日益增强，地理信息系统将使用广泛范围的新课题，可以用新的或改进后的方法灵活而可靠地解决。LBS应用之道也基于地理信息应用程度复杂上，主要体现在以下方面，如图2-5所示。

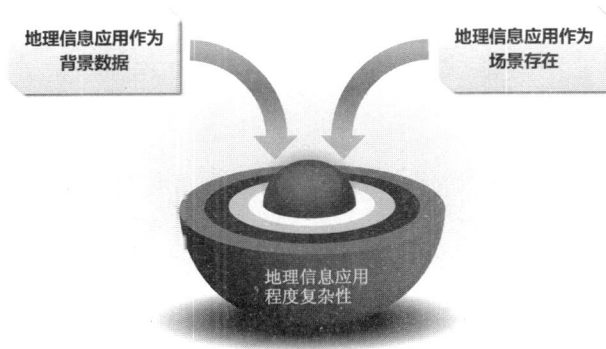

图2-5　地理信息应用程度复杂性

（1）地理信息应用作为背景数据。当地理位置信息作为背景数据时，地理位置信息在应用中并不是关键要素，在使用时，人们当时并不关心具体的空间位置，地理位置信息只是成为应用背后的支撑。

比如，陌陌交友的应用，人与人之间只用直线距离来衡量，而不用具体定位到哪一方位的哪一点，因为在这个层面上，并不需要到达该地。

（2）地理信息应用作为场景存在。地理信息作为场景存在时，位置和路线是非常重要的因素，要搜索并到达某个指定地点、要寻找美食、去旅游景点游玩、获取所需的优惠信息、寻找某个品牌商店等，不仅要知道在哪里，而且需要具体的路线，比如百度地图、高德地图和腾讯地图等的应用。

在商业化的应用中，还有一些令人振奋的场景，比如，在大型商场里面借助室内导航快速找到想要的品牌店、出口、电梯；家长用来跟踪小孩的位置避免小孩在超市中走丢，商店根据用户的具体位置向用户推送更多关于商品的介绍等。

而志欣合众B2O则专门针对Office这个专用场景提供商务办公服务。地理信息应用作为不同场景存在区别在于，我们所熟知并常见的地图导航是广域上的，而室内定位应用则是窄域上的。

2.3 LBS营销模式的多样化

LBS的营销模式呈现多样化的趋势，主要包括签到模式、生活服务模式、社交模式、团购模式、二手交易模式，LBS模式的多样化极大地丰富了生活，结合移动端使服务更加快捷、更加智能满足用户需要。

2.3.1 以签到为模式的LBS

LBS提供的服务主要集中在休闲娱乐与生活服务两个方面，休闲娱乐也就是大家多多少少会玩过的签到模式，盛大切客、街旁等许多都是这一类服务的代表，作为消费者，我们可以从中得到积分等奖励形式，作为商家，"签到"可以很好地为商户或品牌进行各种形式的营销与推广。

该模式有几个基本特点，如图2-6所示。

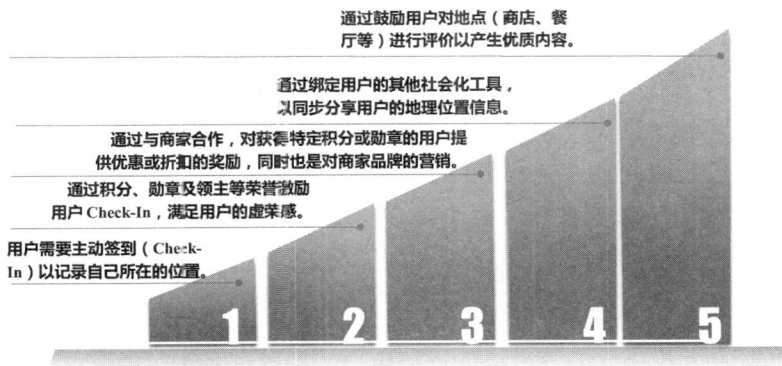

图2-6　签到模式的特点

2.3.2　LBS提供生活服务

另一类LBS服务是专注于生活领域，以"周边搜索"这一工具为代表，例如大众点评、百度糯米等网站，通过定位为其合作的商家推荐和导入客流，作为消费者也有不同的优惠可以得到。LES提供生活服务主要体现在以下几个方面，如图2-7所示。

图2-7　LBS提供生活服务

1．周边生活服务的搜索

以点评网或者生活信息类网站与地理位置服务结合的模式，代表大众点评网、台湾的"折扣王"等。主要体验在于工具性的实用特质，问题在于信息量的积累和覆盖面需要比较广泛。

2．与旅游的结合

旅游具有明显的移动特性和地理属性，LBS和旅游的结合是十分切合的。分享攻略和心得体现了一定的社交性质，代表是游玩网。

3．会员卡与票务模式

实现一卡制，捆绑多种会员卡的信息，同时电子化的会员卡能记录消费习惯和信息，充分地使用户感受到简捷的形式和大量的优惠信息聚合。代表是国内的"Mokard（M卡）"、还有票务类型的Eventbee。这些移动互联网化的应用正在慢慢渗透到生活服务的方方面面，使我们的生活更加便利与时尚。

2.3.3 LBS与社交的结合

当前国内的LBS社交移动互联网应用主要模仿国外的Foursquare，在功能上主要是签到、交友、信息分享。签到功能的主要代表者是街旁，街旁以先发的优势，签到赢胸章，签到获取优惠等功能吸引了很多的用户。在交友功能上，陌陌满足了快速扩大社交圈的需要，可迅速和附近用户进行交流,由于使用者众多，可快速的和很多陌生人建立联系。信息分享角度来看，微博类的应用主要是为了信息的交流，使资讯得到很快速的传播。

移动社交的核心，首要是抓住目标用户的需求，同时要结合市场前景及用户群体情况，才能开发出适应时代的产品。如同当前潜力巨大的垂直移动社交领域，精准面向小众，满足特定人群需求。

未来的人们，兴趣生活的需求，将在社交软件上得到进一步的满足。垂直类社交应用很容易就完成了用户筛选与定位，消费目标精准，在完成一定用户积累的前提下，后期导入广告、电商导购，尝试O2O等，其多样化盈利都是可行之道。

同时，对于当前的移动社交APP来说，LBS已经是标准配置。未来的移动社交应用，在LBS大数据的基础上，将为用户提供自动签到，信息智能化推送等功能，为用户生活提供更便捷和周到的服务。

缺乏LBS的移动社交，只是在线上连起来人与人的关系。而只有利用移动设备的LBS特性，人们才能把陌生的线上社交关系转移到线下。正因为如此，现今多款移动社交应用已经在尝试基于LBS服务，提供用户附近活动信息，深度挖掘基于地理位置的点对点社交和群组社交，从而提高用户活跃度，以此把用户有效的从线上引导到线下。LBS的存在，为我们现实生活的邂逅缔造了更多的可能性。

LBS技术目前已经非常成熟，但在其基础服务之上，究竟能够创造什么样的商业模式，我们现在还未可知。但最起码LBS在社交领域里落地生根，代表其并不是一无是处，而更多的是在于究竟该怎样使用它。

现在，几乎所有的APP都会在安装后第一时间询问用户是否允许获得地理位置权限，其实最大的作用就是收集用户的位置进而做精准推荐，这也是LBS的另一种商业化模式。

2.3.4　LBS的团购模式

国内的LBS更多的是停留在为商家创造利润、为顾客创造优惠，或者为社交关系搭建桥梁这样类型的服务上面，我们所得到的积分和优惠等未免给力和持久，实际上LBS还有更为直接的"商业型"服务模式，它能带给每个人直接交易和买卖的方便，许多已经出现的应用正在推动着这一直接商业的趋势。

团购就是LBS商业模式首当其冲的结合之一，与传统的团购不同，LBS结合的团购会只提供位于你所在位置周边的团购信息，这样你不再需要付出邮费或者其他就能够享受到团购的优惠；另一种结合则还是与"签到"有关，这更加适合于餐饮类的场所，当有更多的人在同一家酒店或者餐馆进行签到时，大家就会享受到团购的优惠价格。

为消除服务危机，理顺生态系统，很多团购网开始寻求LBS合作，借LBS签到功能，激发消费冲动，进而找到与商家合谐共处的商业模式。基于此，正在寻找盈利基点的LBS提供商们与团购网站一拍即合。

在这个信息高度透明、产品和功能高度同质化的互联网社会，基于LBS的服务功能逐渐强大起来，团购成为最佳黏合剂。

"用户黏性"一直是不变的重大课题，腾讯的巨大成功说明了这一点，只要用户每天一打开电脑或者手机，第一个使用的软件就是QQ，那么腾讯所有的产品基本上都已经成功了一半，从QQ这个IM软件引申开来，腾讯所涉及的领域，竞争对手无一不怨声载道。

如果说QQ是腾讯的黏合剂、微博是新浪的黏合剂、电子邮箱是网易的黏合剂，那么，在移动互联网产业内的企业们，黏合剂又是什么，黏合剂是移动互联网企业都应该思考的问题，因为那是企业的核心竞争力。

我国的移动互联网市场规模是节节攀升，占据前三位的领域分别是：移动增值、手机游戏和手机电子商务，其中移动电子商务交易规模已超3亿元 我国手机网民近3亿人，平均每天用手机上网一次的网民接近90%。这些数据说明手机上网的习惯正快速形成。研究一下移动互联网用户的行为可以发现，交流、娱乐和消费是手机上网的三大需求，因为手机上网有两个主要原因：一是有清晰的需求，二是为了消磨无聊的时间。

打个比方，假设单身女白领A下班后没有约会，在走出办公室到车站这段时间就开始用手机上网，登录LBS的终端后发现公司旁边的GUCCI正在做限时超值团购，离两折购买换季商品还有最后15分钟，A马上选了喜欢的款式，确认后直接走到店里提货，买了自己心仪的衣服之后A又check in了顺路的真功夫餐厅，喜出望外地得到了一个"地主"称号，被告知可以兑换免费的饮料一杯，吃完晚餐后一看手机，发现网上加了很久的好友C，此时也在这里吃饭，遂在线呼叫了一下，结果线下遇故知，两人第一次面对面聊天，道别时刚好避开了下班交通高峰，两人心情均大为畅快。

显然，A这美好的一天是拜"团购"这个黏合剂所赐，团购的概念源自于Group On网站，其每天只在特定城市推荐一款产品，且价格超低，所聚拢的人气十分强大，仅用一年半就做到十亿美元。

引得腾讯、淘宝、人人网、搜狐等纷纷进入该领域，但是盈利模式都不够清晰，因为都没有和位置服务（LBS）及交友社区（SNS）捆绑起来。团购是C2B模式的一种形式，也是个性化定制的一个模式，而这些显然都符合移动互联网的发展路径。

由于商家可以选择团购的地域半径，分析消费者的行为，有利于团购网聚集商家资源，所以已有团购希望与LBS深入合作，或者绑定成利益共同体，走出目前团购行业再发展的困难时期。

商家对团购需求，当然是越多越好，而消费者也希望更便宜的服务，但消费的随时随地性决定了，团购和商家之间还必须有一个桥梁。只要能激发用户需求，团购与LBS结合可以共同快速拓展用户群。

2.3.5　LBS打造二手交易

二手交易，也是LBS可以深度结合的应用之一，比如，当你需要卖出或者买入一件商品，在相应的应用上搜索商品信息后，具有定位功能的应用根据地理位置筛选你周边关于此类商品的二手交易信息，这样的结果呈现在你面前就会减少许多中间过程投入的时间与金钱。

移动APP领域最受投资人热捧的莫过于移动电商，不过蜂拥而至移动电商的创业者们大多未能走出真正有效的差异化路线；即便那些试图从极端单一的垂直领域开辟自家模式的创业者，也很难在资金尚未耗尽之前获得卓有成效的创新，而这里面能够存活下来的，都是蜕变后行业的新领袖。这款名为"淘身边"的APP，即便未成移动电商的"高富帅"，但或许也能为下一个领袖的诞生提供一些新的思路。

淘身边的核心价值在于更高效地把好的二手产品推送到用户面前，降低整个交易的成本，其商业模式的根基在于良好的信用体系。当然，信用体系或许是所有电商企业的根基，如果可以拥有一套完善的信用体系，这对电商来说是不可替代的财富。

淘宝做得有声有色，在于它有一套自己的信用体系，信用好的商家很珍惜自己的信誉，愿意为了信誉、为了每一条好评会去迁就买家；支付宝也有一整套信用流程，保证钱不会出问题。

现在很多地方都用支付宝作为支付方式的一种，这是淘宝在输出自己的信用体系。让用户信任一个平台，并不容易，但淘宝和支付宝确实已经做到了。

在新的信用模式实践之前，淘身边同样借助淘宝信用体系把控风险。首先，用户在淘身边需要通过淘宝账号登录；其次，用户上传的产品会同步到淘宝跳蚤街，由淘宝做出产品宣核；最后，用户需要利用支付宝进行支付。

"淘身边"是一款基于淘宝API开发的二手商品移动交易平台，用户可以通过该平台随时随地进行二手商品交易，如图2-8所示。

图2-8　"淘身边"APP

该平台打通了线上与线下之间的通道，买方和卖方均可自由选择支付宝在线支付或者当面交易，并且LBS的在移动端的应用也方便用户的线下交易活动。

"淘身边"角逐的是移动二手市场领域，从这一领域开拓业务多少也算是"另辟蹊径"，不过LBS与二手交易的结合的价值远大于两者独立价值之和。二手交易市场几乎完全由C2C覆盖，它的一个弊端在于交易双方信息不对称，交易信任缺失的冲击不可避免，不过通过LBS为用户提供面交便利却足以弥补这个缺陷；同时，基于LBS的周边二手物品推荐也方便用户遴选更为便利的交易方和交付方式。

赶集、58同城是互联网领域二手交易市场的领袖，如何打破这些领袖构筑好的行业壁垒是"淘身边"的首个问题。赶集和58同城客户端走得是"卖家线上发布+买家线下支付"的传统模式，而"淘身边"通过淘宝API将线上与线下支付整合在一起，用户既可以直接通过应用内支付宝在线完成支付，也可以一键拨打卖家提供的联系电话线下交易，应用内置地图还提供了从当前位置去往面交地址的公交路线信息。

快捷的卖家发布模式与买家消费模式相结合，也是这款应用的一个特色。一方面，卖家可以随时随地通过手机拍照发布闲置物品，并将信息同步到淘宝网跳蚤街，如图2-9所示。

图2-9 发布宝贝界面

另一方面，买家也可以迅速地通过应用跳转到支付宝完成支付，同时也可通过应用提供的按钮一键联系卖家。相比于传统二手交易APP，这款应用不仅向卖方提供快捷的体验，还做出了针对买家优化购物体验，解决传统二手交易应用买方消费流程复杂的难题。

淘身边这款APP在国内大概有30万用户，日交易额近300万元人民币，上线两个月就成为继美丽说之后第二个UV过万的淘宝合作应用平台，并且在APP Store排行榜中曾一度进入总榜单前十，现阶段公司的营销推广主要依靠微博运营。

第3章

深度挖掘LBS的营销技巧

通过各种地理位置应用，发现身边那些美好的人、有趣的事、好吃的饭店、打折的商店，让我们的生活不再乏味，充满乐趣。本章将介绍LBS的五大基本应用、创新有趣的地理位置应用，来丰富大家的业余生活及如何花更少的钱吃更多的好东西。只有具备"定位"的功能，才能达到智能手机的普及，LBS 的各种应用才得以实现。

3.1 呼朋唤友

智能手机终端的主流用户为学生和白领群体，忙碌的学习和工作使他们迫切需要提高社交效率。目前移动社交非常的流行，不管是陌生人交友模式，还是真实的实名制交友模式，都能交流和分享，并且将吃、喝、玩、乐的信息交互在其中。

手机移动客户端推出基于地理位置的LBS交友，并提供"身边地点""身边活动""身边的人"等多维度的交友场景，方便用户联络和结交各种志同道合的朋友。

3.1.1 开开点评：基于位置的真实点评社交

"开开点评"是新一代的地理位置服务，开开帮助你与朋友们分享位置、交流心得，并用全新的方法探索身边的城市。通过签到，你可以向朋友们分享当前的位置，让他们知道在哪里可以找到你，或者给你各种各样的贴士和建议。

"开开点评"是新一代的位置网络APP应用，使用"开开点评"可以与朋友分享位置交流心得，并用全新的方式探索身边的城市。开开点评的主要功能如下：

Step01 发现周边推荐和热门地点。当用户不知道去哪里吃、去哪里玩的时候，可以在"开开点评"APP看看附近哪些地方是好友去过、评价过的，根据用户的社交图谱，为用户推荐朋友写过的点评及他们喜爱的地点，周边有哪些热门地点：美食、休闲、购物、生活、出行、健身等好去处，如图3-1所示。

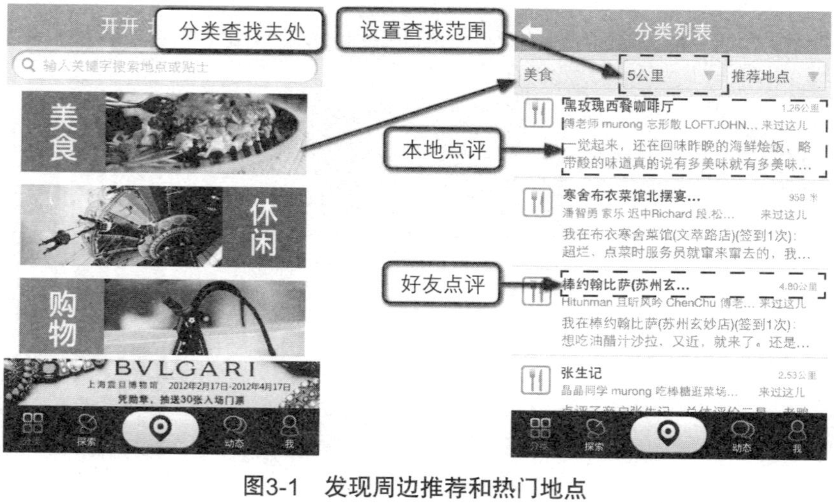

图3-1 发现周边推荐和热门地点

Step02 签到记录生活足迹。用手机签到Check-in，告诉朋友们"我在这里"，并可发布带有地点信息的文字和图片，如图3-2所示。

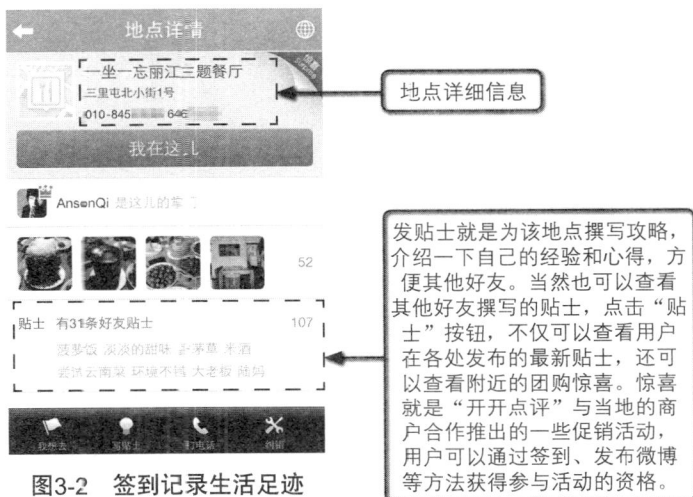

地点详细信息

发贴士就是为该地点撰写攻略，介绍一下自己的经验和心得，方便其他好友。当然也可以查看其他好友撰写的贴士，点击"贴士"按钮，不仅可以查看用户在各处发布的最新贴士，还可以查看附近的团购惊喜。惊喜就是"开开点评"与当地的商户合作推出的一些促销活动，用户可以通过签到、发布微博等方法获得参与活动的资格。

图3-2　签到记录生活足迹

Step03 与朋友分享地点点评。在去过的地点留下点评，和朋友们分享在这个地点上自己的发现和心得，如图3-3所示。

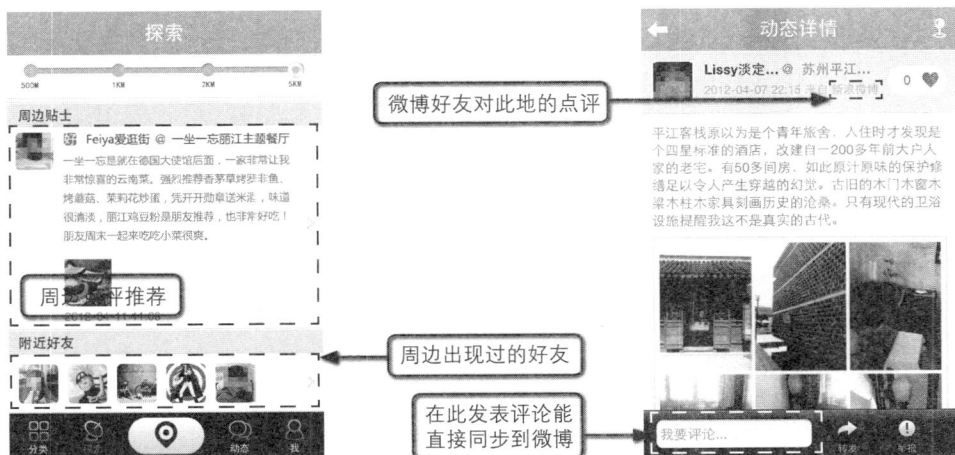

微博好友对此地的点评

周边点评推荐

周边出现过的好友

在此发表评论能直接同步到微博

图3-3　探索周边与查看点评

"开开点评"APP使用驴博士提供的定位技术，采用混合定位技术，支持GPS、基站、Wi-Fi三种定位模式，无GPS设备也可定位，不受室内室外环境限制。用户根据自身条件和使用环境自主选择定位方式，当使用环境变化时，可通过切换定位模式来保持LBS服务的延续。

据悉，驴博士的定位精度，在北京、上海、广州、深圳等一线城市精确度达到300米以内，在其他大中型城市的精确度也在800米以内。

借助"开开点评"APP领先的定位技术优势，用户可以根据自身需要，自主查看周边商家正在举行的优惠活动，避免了无用信息的侵扰，而商家的广告信息也会精准、有效地传递到需要人群手中，为商家节省了推广费用。

在"开开点评"的位置服务社区中，商家的宣传变得更具针对性，突破了以往广告难以精准传递到需要者手中的技术瓶颈，而用户也不再受到垃圾广告的侵扰，并且能快速、准确地找到自己需要的优惠信息，成为最受商家欢迎的"靠谱"客户。

笔者认为，"开开点评"APP目前的重点还是在产品、用户黏性、用户数量这个阶段，而且作为一个工具类APP，"开开点评"肯定不可能向用户收费，即便是信息组织非常好，让用户付费很难的，所以总体来讲还是前向后向收费，后向收费将来可能看到的模式，其中一个就是品牌和商户的广告。另外，就是为商户提供一些帮他来管理了解他的客户，帮助商户和客户互动。

3.1.2 兜兜友：移动社交平台的创新与应用

"兜兜友"一个基于位置的交友移动应用软件（LBS），利用手机上的GPS来找到你周围的朋友，向周围的朋友发出邀请成为好友，然后就可以和好友交流。

Step01 在主界面上点击"发现"按钮进入其界面，如图3-4所示。

Step02 点击"附近的人"按钮，即可通过LBS功能查找用户附近的人，如图3-5所示。

图3-4 "兜兜友"主界面

图3-5 "发现"界面

Step03　点击相应的用户图像，即可查看该用户的详情，如人气值、财富值、礼物盒、学历、工作、收入、位置以及个人动态等，如图3-6所示。

Step04　点击"私聊"按钮，即可进入聊天窗口，可以通过语音、文字、图片等方式进行交流，如图3-7所示。

图3-6　"附近的人"界面

图3-7　点击"私聊"按钮

Step05　进入"私聊"界面，可以给对方用户发送聊天消息，如图3-8所示。

Step06　在基于LBS聊天认识好友的基础上，"兜兜友"添加了分享照片心情、同城活动以及首先推出的"摇一摇"邂逅功能，这一功能的实现不仅敲开了交友新兴模式之门，与此同时也实现了技术的突破，如图3-9所示。

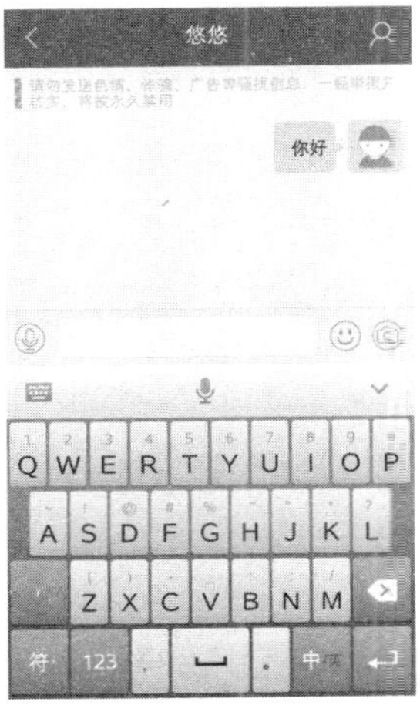

图3-8　聊天窗口

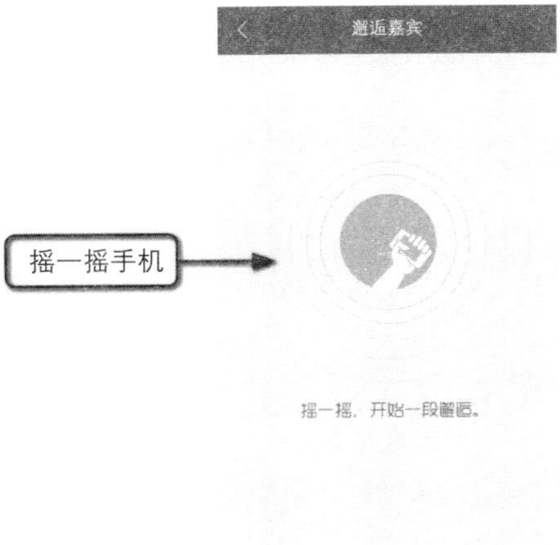

图3-9　"摇一摇"邂逅功能

　　"兜兜友"是一个以地理位置定位为基础的，可以分享生活和交友聊天的软件。用户可以通过晒图、晾心情等功能与他人分享你的精彩生活；或者通过查看不同种类的新鲜事，看看周边的人或者你的兜友们分享的精彩内容；也可以加天南海北的兜友们为好友，与他们聊天；还可以组织线下活动或者参加周边人组织的活动，出去放松一下。

　　其实，像"兜兜友"这样的社交网络APP的用途并不仅仅局限于沟通交流，在大量新崛起的社交网站中，一些另辟蹊径者正在引起人们的关注：它们有的提供求职、就业平台；有的帮助人们寻找失散多年的亲人、朋友；有的帮助有相同兴趣爱好的人聚集在一起、分享快乐……按照功能的不同，可以把它们大致分为5类，如图3-10所示。

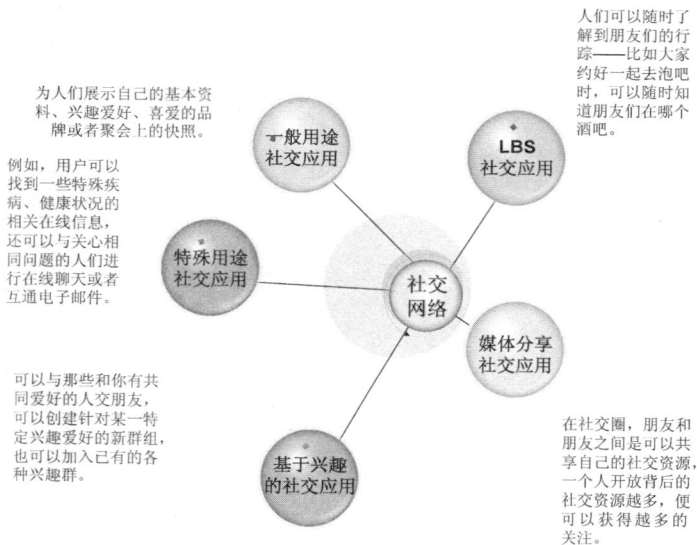

图3-10　社交网络的类型

　　对于企业和商家来说，参与LBS社交网络营销的目的，是为了成为一个社会化品牌，而并不是为了做社交网络营销。这是一个让用户参与进来的过程，让品牌可以聆听市场的声音、可以与外面的世界互动的过程。

3.2　现实游戏

　　LBS游戏的出现，让每个人都攥着手机潜伏在真实的物理世界，也许手机LBS游戏是进入另外一个平行世界的入场券。或者这是个有魔力的眼镜，透过这块玻璃，看到的现实世界，非常不一样，乐趣无穷。

3.2.1　16fun：基于地理位置的社群游戏

16fun是一款拥有全新概念，并且基于LBS现实地点的社交游戏。在这里，你可以随时随地发现周围的现实商家，进去报到"消费"，购买房产，收房租，投资升级，升值你的地产，16fun的主界面如图3-11所示。

用户需要在游戏中管理现金流和资产总值。保持报到"消费"现金，提升等级，从而升级房产，并获得更高的房租份额，游戏中用户可以灵活控制自己的收入与支出，还可以利用报到来获得游戏点数，将虚拟游戏与现实生活完美结合，其乐无穷，如图3-12所示。

走到哪里就能把哪里的房子、店铺买下来，自己可以装修布置，还可以伙同朋友把那

图3-11　16fun游戏主界面

个地方的房子炒高，这就是将游戏与位置服务相连接的一款手机游戏16Fun（大富翁）。

图3-12　16fun游戏界面

16fun是手机游戏公司北京名智创亿技术发展有限公司于2010年1月成立

以来发布的第一款智能手机游戏。但与普通手机游戏不同，这是一款基于LBS的社交游戏，能将用户现实生活中常去的地点与16fun的游戏模式相结合，用户通过到周围地点签到赚取点数，提升等级。

同时还可以将自己喜欢或者觉得有投资前景的地方买下来，并且向来这里签到的其他用户收取租金。不论是你平时上班的大楼还是常去的餐厅，只要你在游戏中有足够的等级和现金就可以买下来。

通过周期性的计算和统计，每个城市的房产价值都会随着用户的行为发生变化，带给用户一个与现实相连的感觉。游戏里房产的价值会随着游戏里用户的活动而升值、贬值，这些完全取决于玩游戏的玩家。

玩家去（签到）的越多，买得越多，投资越多，就会让房产升值，反之则会下跌。玩家签到会有机会获得精美的礼品。此外，16fun还在游戏中设有商店，有不少能让游戏更好玩的道具等待玩家购买。在社区功能里，用户可以发邮件邀请朋友，或者是添加已经在游戏里的朋友。16fun游戏最大的好处之一就是，能让用户体会到买房炒房的乐趣。

到一个地方签到，所送的礼品中可以加入广告，还会做成任务认领，完成任务就可以得奖品，这些奖品会跟实际业务结合。而除了游戏中的推广，虚拟币也是16fun考虑的一个获利途径。

对于16fun的尝试，结合位置服务让这款手机游戏与众不同，但是在中国这种模式能否做大依然不好判断，因为要面对的不只是一款游戏的考验，还有不断开发更多的特色应用，形成自己有竞争力的平台的考验。

3.2.2　魔力城市：真实城市的手机大富翁游戏

《魔力城市》是真实城市的移动社交娱乐平台。可以在魔力城市中记录您的生活，结交新的朋友，与好友进行互动游戏。还能拥有自己的地产，一圆财富梦想。

《魔力城市》是一款基于LBS的游戏，这是一款基于城市主题的手机社交游戏，在游戏中玩家可以买入真实城市中的真实店铺，然后对进入该店铺的其他玩家收取租金，同时在所购买的物产升值后可以卖出，获取差价。同时还有类似大富翁中的机会卡，以及好友之间的领红包，帮助打扫地产等活动，如图3-13所示。

《魔力城市》是一款基于真实城市、真实位置的新型游戏。在此款游戏中，用户可以购置现实中的各种房地产，当包租公，包租婆。而且《魔力城市》为了体现真实城市的概念，引入签到这个LBS（基于地理位置系统）的概念，签到以后可以获得经验值、魔力币、大礼包卡等，如图3-14所示。

只有用户真实地到过该地点，才能购买该地点的物产，而且随着签到的人越多，购置的房产价格越高。

同时该游戏又具有现在流行的社交游戏的各种特点，租金需要及时收取，而且可以去好友的店铺"偷租"领取红包，当然也可以替好友打扫卫生获取经验值等。类似于大富翁游戏，魔力城市也提供了丰富的卡片道具，财神卡，幸运卡等多种魔力卡道具，增加了游戏的可玩性，如图3-15所示。

图3-13　打扫领红包

图3-14　《魔力城市》中的签到

图3-15　魔力卡道具

3.3　打折优惠

商家的打折优惠消息和生活息息相关，用户都想获得更优惠的服务，基于位置的即时优惠，手机客户端就是为了用户的优惠应运而生的，使用打折优惠的软件可免费获取自己身边的或所关注商户的即时优惠信息，可直接去商家处消费，享受专属的吃、喝、玩、乐、购等优惠服务。本节将介绍几款基于LBS服务的打折优惠APP。

3.3.1　周边优惠：离用户最近的门店优惠

"周边优惠"APP是基于LBS服务的新型O2O导购APP，智能家居品牌安居宝发布"周边优惠"的APP，是为了进一步完善其社区O2O布局。"周边优惠"APP是一款融合了购物、分享、交流、服务的新型O2O导购APP平台，它以安居宝APP为载体，集"身边优惠"及"小区服务"于一身，以小区周边3公里的优惠服务为核心，为用户提供生活便利、真实优惠等信息，给社区用户带来真正的便利。

该平台可通过大数据分析向用户定向精准推送周边商铺优惠信息，公司将通过与海量线下实体商铺合作，打造"电商+店商"全新商业模式，"周边优惠"将成为安居宝又一重要流量入口，与原有安居宝APP产生强协同效应，进一步打开成长空间。"周边优惠"APP的使用方法如下：

Step01　打开"周边优惠"APP，在主界面上点击"周边优惠"按钮进入其界面，如图3-16所示。

Step02　进入"周边优惠"界面，显示附近的优惠商品信息，如图3-17所示。

图3-16　点击"周边优惠"按钮

图3-17　附近优惠折扣信息

Step03　还可以按分类查询对近商家，点击"餐饮生活"按钮，如图3-18所示。

Step04　在"餐饮·生活"界面，可以选择相应的服务，如选择"社区服务"，即可查看周边的图文复印室的详细情况，如图3-19所示。

图3-18　点击"餐饮生活"按钮

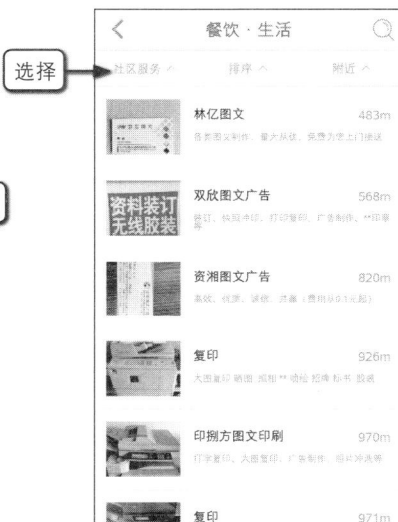

图3-19　选择"社区服务"

Step05　在"餐饮·生活"界面，还可以选择"美容健身"，即可查看周边的美容护理的门店产品信息，如图3-20所示。

图3-20　选择"美容健身"服务

3.3.2　豆角优惠券：一手掌握打折优惠信息

　　"豆角优惠券"是一款集快餐、优惠券、电影票、团购、商家优惠信息于一体，基于地理位置提供一站式生活优惠服务的O2O手机APP。和其他优惠券APP不同的是，"豆角优惠券"在创办初期"轻线下资源"，更为注重的是将线上资源整合。笔者认为，豆角优惠采取的是两大运营模式，一种是传统的互联网平台，一种是手机客户端平台，这是根据不同用户习惯决定的，并且二者是一致的。

💡 专家提醒

　　目前，"豆角优惠券"在搜索方面极为细分化，包含的范围也很广，未来豆角优惠将会更为垂直化。与此同时，目前行业比较混乱，恶性竞争不断。由于"豆角优惠券"注重品牌影响，侧重点在用户体验方面，所以尚没有广告渗入。

Step01　初次打开"豆角优惠券"APP时，软件会要求用户选择相应城市，如图3-21所示。

Step02　"豆角优惠券"APP按照餐饮美食、休闲娱乐、电影票、购物、酒店住宿等生活需求进行归类，每个分类下面都有详细的介绍及用户评论信息，比较有参考价值，同时也可以按照周边、优惠、搜索、团购等方式进行查找，如图3-22所示。

图3-21　选择相应城市　　　　　图3-22　"豆角优惠券"APP首页

Step03 "豆角优惠券"通过手机APP帮助人们简单方便地获取和使用城市生活消费优惠信息,基于位置周边、目的地定制满足人们的及时消费,如图3-23所示。

图3-23 显示用户周边的优惠信息

Step04 "豆角优惠券"APP有收藏、喜欢、分享等功能,将人的因素加进去,突出社交化,让人们表达自己的倾向,如图3-24所示。

Step05 同时,用户可以将喜欢的商家活动直接通过手机电话本发送给好友,更为方便结伴而行,如图3-25所示。

图3-24 完善的社交功能

图3-25 将喜欢的商家活动发送给好友

Step06 基于LBS功能，豆角优惠和微信一样有"摇一摇"功能。当用户不知道吃什么或者不知道玩什么的时候，豆角优惠引入了"摇一摇"功能，随机向用户推荐美食娱乐优惠信息，如图3-26所示。不过，此功能是基于你的周边推荐一些用户可能感兴趣的地方，不同于微信可以摇出几千里的微信好友。

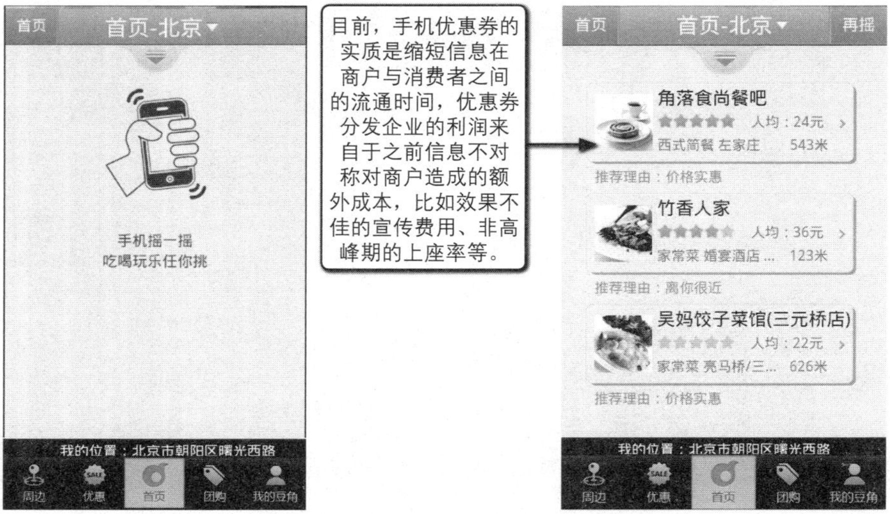

目前，手机优惠券的实质是缩短信息在商户与消费者之间的流通时间，优惠券分发企业的利润来自于之前信息不对称对商户造成的额外成本，比如效果不佳的宣传费用、非高峰期的上座率等。

图3-26 "摇一摇"功能随机向用户推荐美食娱乐优惠信息

在笔者看来，移动和非移动的互联网服务将向低频次消费和高频次消费两极分化，用户在计算机上会进行一些也许一生只做一次的查询和购买，而手机APP则解决吃饭娱乐等天天发生的事情，这就使得利用移动设备寻找优惠券优势凸显。但这并不意味着把纸质优惠券电子化放入手机就顺理成章地建立起商业模型。

因此，只有使商家、平台和顾客三方受益的营销方式，才能成为商户的常规运营手段。在目前看来，团购需要商家让利太多，因而不在此列；优惠券折扣适中，未来能让三方都满意。

但是，目前的市场状况却是优惠券分发企业收入甚微，要改变局面，则需完善用户发现、决策、到店消费、分享的优惠券使用，利用LBS＋APP应用实现完整的O2O闭环。

3.3.3 悦乐：寻找身边的真实美味

悦乐成立于2010年10月，是一款"LBS+SNS+优惠券推送=最愉快的生活体验"的APP，悦乐是一个全新的社会化消费平台，专注于生活消费领域，致力于帮助人们简单方便地获取和使用城市生活消费信息。

悦乐网站与国内各大社交网络平台全面接入，帮助用户更好地发现、拥有和分享精彩多样的生活消费信息（如优惠券、商家优惠活动等），轻松管理各类生活消费的需求。

悦乐手机客户端（APP）基于LBS技术、根据用户所在位置推荐周边海量优惠信息，包括悦乐合作商户的深度折扣等;同时提供最全面的全国16家银行信用卡合作特惠商户信息。

基于LBS技术，根据用户所在位置推荐周边海量优惠信息;支持全国各大中型城市，用户也可自定义其他感兴趣的城市，设置地理位置，搜索感兴趣的优惠活动，如图3-27所示。

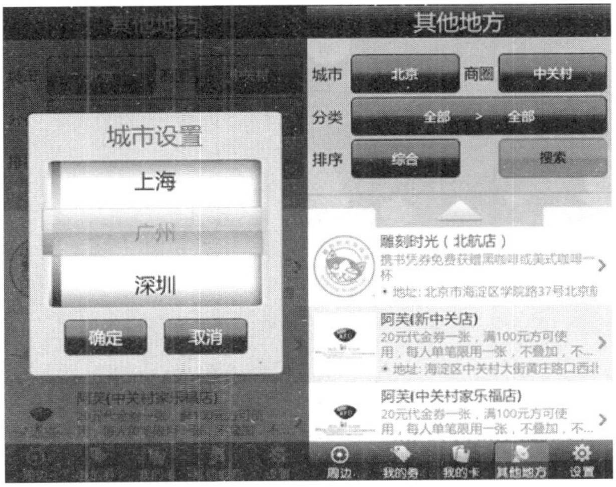

图3-27 设置城市地点

引入社交网络和LBS（基于地理位置服务）的元素，期望能达到更精准的营销效果（可以根据用户所在地理位置，推送周边的优惠券信息，这有效地解决了网络广告的精准投放问题）。

新技术趋势的使用，使"优惠券"有了新的玩法，但是，与热门的团购网站类似，对于同样定位生活消费领域的悦乐来说，或许其最大的挑战还来自于线下的运营能力。

中午为吃饭发愁时，想体验周围的美食或者购物，可以打开手机客户端，软件会把基于你当前所处地理位置的打折促销信息迅速推送给你，如图3-28所示。

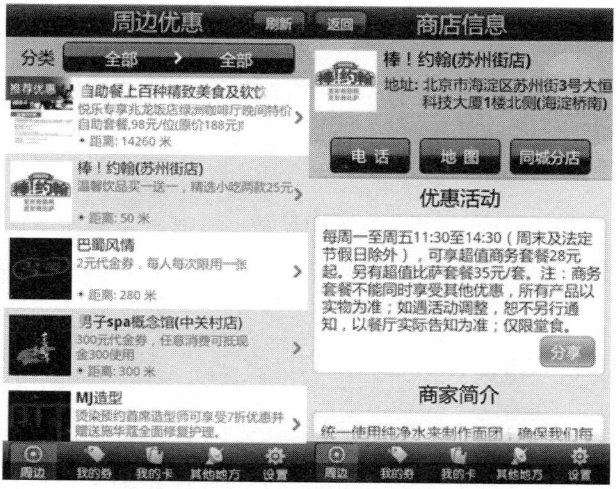

图3-28　周边优惠

　　16种信用卡优惠信息及时准确，可能有些消费者有好几个信用卡，但是从来不知道周围有什么优惠信息，借助悦乐，自动将符合需求的相关信息推送给你。数据的采集团队保证数据的准确和及时性，对于北京、深圳等重点城市，辅之以商务开发团队开拓合作商家并随时更新。

　　产品特别注重用户的使用感受，形成一种核心价值观：美、专注、诚信。悦乐相当于一个平台，一方面把零散的商家优惠信息提供给用户，另一方面，通过用户对打折信息的搜索使用，获得最佳体验效果。

　　总体上是把零散的促销信息整合起来提供给用户，让用户能够极大地方便获取和使用这些信息。与以往的优惠网站不同，悦乐希望优惠信息能通过技术手段，自动找到有需要的人。原有的纸质优惠券、打印优惠券已逐渐不太适应移动互联发展趋势。

　　创意来自团队的突发奇想，主要是从用户需求角度出发，市场还有一个缺口，大量的优惠信息无法及时推送到那些有需求的用户手中。那些非常热爱生活的人，可能无法及时接触到这些信息，而手机又是非常普遍的生活辅助工具，借助手机将这些有用的信息及时推送给用户。悦乐是把传统网站促销信息与手机APP相结合，然后选择基于LBS模式进行有针对性的打折促销信息推送。

　　针对移动互联网开放趋势，悦乐必须考虑用户早期形成的使用习惯，活跃在其他社交平台上，可以透过用户固有的习惯和行为，去使用和获取悦乐的优惠服务，进而与朋友分享这种模式。悦乐已经很好地兼容包括新浪微博、开心网在内的多家社交平台，今后会选择更多的接口方便用户体验和使用。总之，当前产品定位于LBS+SNS模式。

3.4 创新应用

LBS的营销模式呈现出多样化的趋势，主要包括签到模式、生活服务模式、社交模式、团购模式、二手交易模式，LBS模式的多样化极大地丰富了生活，结合移动端使服务更加快捷、更加智能满足用户需求。

3.4.1 问药：轻松查找附近的药店

"问药"APP是一款合理用药的手机软件，该软件操作简单易用，快速针对疾病病症、科学选药、合理用法用量，以及用药有哪些禁忌和不良反应等功能，功能十分强大，并且它是一款基于LBS定位服务的软件，可以查询到附近的药店，方便用户生活，"问药"APP的使用方法如下：

Step01 打开"问药"APP时，点击"附近药店"按钮，如图3-29所示。

Step02 进入"附近药店"界面，可以查看周边的药店具体地址，出现"惠"字图标，还可以显示优惠信息，选择商家，如图3-30所示。

图3-29 点击"附近药店"按钮

图3-30 选择优惠药店

Step03 进入"药店详情"界面，可以看到优惠药品的信息，如图3-31所示。

图3-31 优惠药品信息

3.4.2 味觉大师：做最精致的美食推荐

"味觉大师Flavours"是一款美食应用，由北京丽正网络科技有限公司推出。其尽量克制社交元素，坚持由资深业内人员生产内容，在移动互联网时代提供专业高标准的美食推荐与教学。

"味觉大师"和其他美食应用的最大分别是，它的内容坚持由餐饮管理者、美食家、明星厨师、侍酒师、高端食客等专业从业人员产生，其从主题风格到内容展现出舌尖般的高水准，给用户一种精致的视觉享受。

吃喝玩乐中，有吃喝两项都是通过味觉来体验的。而这两项也恰恰是很多人最喜欢的事情。不过光爱吃还不够，对于饮食文化、食材讲究、餐馆品质有足够多了解，甚至是下厨房露两手，才是一个合格的吃货。味觉大师就是帮助用户学习美食文化的内容平台。你可以把它看作是一个APP版的"舌尖上的中国"。

"味觉大师"这款APP也运用到LBS定位服务，使用方法如下：

Step01 打开"味觉大师"APP，点击"精选餐厅"按钮，如图3-32所示。

Step02 进入"精选餐厅"界面，点击"位置"按钮后，进行定位服务，如图3-33所示。

图3-32 点击"精选餐厅"按钮

图3-33 选择位置

Step03 进入"位置"界面,选择地点,如图3-34所示。

图3-34 选择定位

Step04 显示推荐的餐厅信息,并且会以高清大图的方式展现,让人非常的有食欲,并选择继续查看餐厅的详细信息,如图3-35所示。

Step05 显示餐厅的人均消费、具体地址、电话、大师点评等,如图3-36所示。

图3-35　选择继续查看餐厅的详细信息

图3-36　餐厅具体信息

3.5　综合应用

基于LBS的应用多种多样，涵盖日常生活的吃喝玩乐，接下来介绍几款实用的软件，轻松出行、轻松交友，生活娱乐两不误。

3.5.1　爱帮公交：查询公交生活好帮手

"爱帮公交"是一款免费公交查询手机软件，覆盖全国456个城市，240 000个公交站点，60 000条公交线路，每周至少两次同步更新全国主要城市公交动态，是出行的好帮手。

基于LBS的服务软件，"爱帮公交"能够定位附近的公交站，非常方便地帮助用户解决乘车问题，并且还能够实时查看公交车的行驶位置，把握乘车时机，对于路途远、等车难的用户起到了很大的帮助。

使用"爱帮公交"APP定位附近站点的乘车方法如下：

Step01　打开"爱帮公交"APP，点击"附近路线"按钮，如图3-37所示。

Step02　进入"附近路线"界面，点击"上车"按钮，如图3-38所示。

Step03　选择到站站点，点击"确定"按钮，如图3-39所示。

Step04　进入具体公交路线界面，如图3-40所示。

图3-37　点击"附近线路"按钮

图3-38　点击"上车"按钮

图3-39　选择站点，点击"确定"按钮

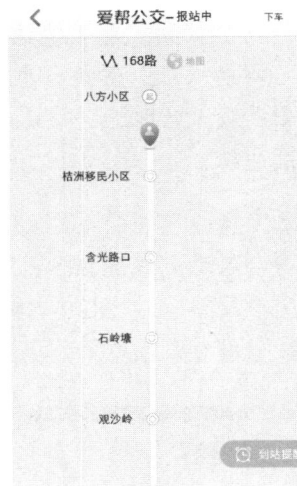

图3-40　公交路线

3.5.2　网易八方：形成良性的社交互动

"网易八方"APP是网易有道搜索推出的一款基于地理位置服务的移动社交平台，混合了社交、探索、游戏等多种元素，并提供签到功能，用户可以通过签到获得积分、徽章和国三头衔等，如图3-41所示。

"网易八方"APP提供同步功能，用户可以将动向同步到人人网、开心网、豆瓣、新浪微博等社交平台。用户还可发布基于地点的有用信息，对其他人产生帮助，也可查看别人留下的"经验教训"，如图3-42所示。

图3-41　签到功能

图3-42　发布有用信息

例如，"网易八方"与易传媒携手摩托罗拉共同推出了"兔年捉兔总动员"——"签到"赢手机活动。北京、上海、广州、成都四城市的手机用户通过"网易八方"在指定地点"签到"，将有机会获得价值近4 000元的新款MOTO手机。这也是"网易八方"与宝马等顶级品牌成功合作之后的又一轮体验营销活动。

易传媒通过整合"网易八方"LBS应用，针对摩托罗拉的机型特点设计多枚符合产品调性的LBS徽章（如图3-43所示），在全国4个城市同步举行活动。用户只要通过LBS平台参与活动，在不同地点签到获取不同徽章，凭借徽章个数有机会赢取不同级别的惊喜礼品。

💡 专家提醒

针对本次活动，易传媒还建立专属WAP网站，详细介绍活动规则和参与平台，并利用优质手机媒体资源推广WAP网站，吸引更多用户参与活动。通过LBS营销，摩托罗拉与目标受众进行深度沟通，曝光产品和品牌的同时，广泛吸引受众参与到活动中。

"网易八方"APP与同类LBS应用相比，不仅能够适配更多智能手机平台，而且拥有更强的大规模数据处理能力。此外，"网易八方"通过与新浪微博、网易微博、豆瓣、开心网、人人网等社交网络的互联互通，也为用户带来了更便于交流的社区互动关系。对于摩托罗拉等知名品牌而言，通过与"网易八方"的紧密合作，品牌可以与潜在用户形成良好的线上线下互动。

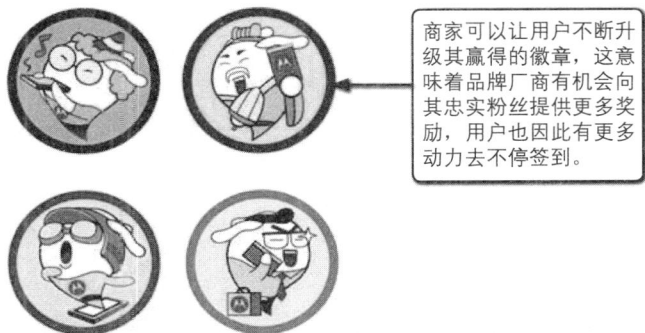

商家可以让用户不断升级其赢得的徽章，这意味着品牌厂商有机会向其忠实粉丝提供更多奖励，用户也因此有更多动力去不停签到。

图3-43　网易八方的活动徽章

- 参与活动的用户在实际签到过程中不断加深对摩托罗拉品牌和产品的认知，企业用最小的营销成本，获得了最大的宣传效果。
- 摩托罗拉可以通过用户的"签到"行为了解用户的消费信息、消费习惯、建立顾客数据库，增加用户黏性，也为其精准营销奠定了基础。

据悉，活动执行期间，累计签到次数超过50万，发放超过3万枚徽章，在各大主流SNS网站和微博媒体上分享超过40万次活动信息，大幅提升了品牌和产品知名度，并有效促进了新产品的线下销售。

专家提醒

笔者认为，随着智能手机使用的普及、3G和4G网络环境的改善、海量APP应用的激发，移动营销已受到更多企业所认可并尝试应用。移动终端的移动性、互动性与精准性为跨媒体营销带来前所未有的新机遇，APP＋LBS＋SNS的移动整合营销模式日趋成熟，势必成为新的营销趋势。

3.5.3　周末去哪儿：查找周边的好玩去处

"周末去哪儿"是一款基于LBS的APP，专注于让人们体验更美好的周末生活而存在的应用。2014 年元旦首秀于Android市场，一个月内用户突破十万。3月份上线iOS 平台，4月即在双平台下载量过百万。多次入选 App Store 和安卓市场的精品应用推荐，并被苹果（中国公司）甄选为中国区苹果官方零售店的 Demo APP 预装在店内样机中向数以亿计的中国果粉展示。

"周末去哪儿"在全国已有近四百万的用户每周固定使用"周末去哪儿"探索城市及周边生活。

"周末去哪儿"坚持精选内容，以同城辐射周边，专注休闲概念，以活动为基础单位搭建城市休闲生活体验平台。聚会集市、美食午茶、艺术展览、节庆派对、音乐戏剧、亲子活动、周边游，所有关乎周末的，尽在"周末去哪儿"。它的APP使用方法如下：

Step01 打开"周末去哪儿"APP，在界面上点击"发现"按钮进入其界面，如图3-44所示。

Step02 进入"发现"界面，点击"附近"按钮，如图3-45所示。

图3-44 点击"发现"按钮   图3-45 点击"附近"按钮

Step03 进入"附近"界面，可以选择感兴趣的活动，例如"真人密室"活动，如图3-46所示。

Step04 进入"活动详情"界面，可以查看活动的详细时间、地址、价格等信息，点击"参加"按钮，即可参加到活动中去，如图3-47所示。

图3-46 选择活动   图3-47 点击"参加"活动按钮

第4章

BAT三巨头的LBS应用

随着移动互联网的兴起，各大互联网巨头开始瞄准LBS模式，百度、腾讯、阿里巴巴三大互联网巨头纷纷打造移动互联网LBS营销模式，基于自身优势，根据不同的逻辑进行布局，加强营销策略，巩固巨头地位。

4.1　百度：地图模式战略布局者

百度是互联网三大巨头企业之一，随着LBS营销的火热来袭，在百度的规划中，百度LBS平台将成为线上线下的桥梁，为传统企业与商家提供数字营销的快捷通道。LBS的核心是"位置"，而位置的背后代表的则是"用户、流量、购买力，以及营销和交易机会"。而且百度的用户基础很大，未来变现可能性很好。

4.1.1　商业价值：百度地图的产品开发

作为百度掘金移动互联网市场的战略产品，百度地图近来新增的功能越来越丰富，其正在逐步从单一工具转变为本地生活服务平台。百度地图推广是国内最主流的LBS搜索营销的实现方式，具有功能强大、投放灵活、效果明显的特点，成千上万的企业从中获益。

从未来的发展趋势来看，地图APP也有望成为全新的生活服务平台。百度地图APP对挖掘消费者生活类需求数据有很重要的意义，日常生活中，无论是打车、吃饭、购物、逛街，都伴随着地理位置的变化，这让地图扮演了更为重要的角色。

可以肯定的是，随着地图领域竞争日趋激烈，未来的地图服务不仅是地址查询工具，而且是生活服务延展的一个全新平台，用户可以通过地图产品搜索更细小的地址，例如小的便利店，小的餐馆等，因为用户对这类信息的搜索频次可能会更高。

当然，这种大趋势也会反过来对地图产品提出更高的要求。从理论上讲，地图APP要成为消费者依赖的生活服务平台，必须满足以下两个条件。

1. 海量数据作为支撑

目前，大部分地图产品仅仅能搜索到重要的地理位置，对于很细小的地理位置则无法涉足，这在未来必须有所改善。

百度地图API除了能够在地图方面提供丰富的POI数据，公交、驾车路线规划，调用在线导航、实时路况、离线地图等完备的基础服务外，针对用户关心的定位精准度以及流量问题，百度地图API也同样给出了优化的解决方案。

另外，百度LBS日提供定位请求服务最高次数超过100亿次，如图4-1所示。目前，已经有覆盖23个行业的25万个网站和APP，以及40万开发者选择了百度LBS开放平台。从这些数据可以看出，百度地图API正成为越来越多开发者的首选平台。

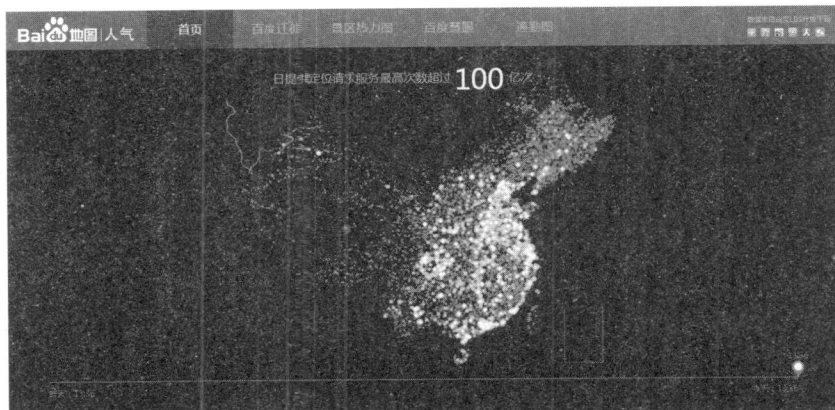

图4-1　地图位置大数据分析门户——百度地图"人气"

2．信息更新必须及时

尤其是商家地理位置或者路况发生变动时，一定要及时更新，否则会给用户造成误导。

百度地图的定位SDK借助基站、Wi-Fi、GPS等多源定位技术，凭借超过2 500万的基站数据以及2亿Wi-Fi热点数据，能够实现Wi-Fi精度30米，整体定位精度61米的定位服务，而且定位一次消耗的流量仅为0.3KB，网络正常的情况下定位速度小于1秒。百度地图的矢量版地图SDK使得地图加载时耗费的流量请求降到了最低，而近期开放的底图绘制引擎则可以令地图加载、数据标注更快。

笔者认为，从API到LBS开放平台，百度地图实现了质的变化。百度地图相关负责人也表示，希望能够有更多的开发者、合作伙伴加入百度LBS生态圈建设，完善LBS生态系统，共同成长，开发出更多便捷生活的创新应用。在未来，百度地图还将帮助开发者们推广产品，获得产品变现的机会，实现多方共赢，一起谱写LBS的未来。

4.1.2　地点搜索：迅速定位查找的地方

当用户不知道要去的地方在哪里？"百度地图"APP可以帮助用户迅速准确地找到所需要的地点。

Step01 初次进入"百度地图"APP时，软件提示用户打开GPS功能，如图4-2所示。

Step02 点击"设置"按钮，进入"位置服务"界面，选择"GPS卫星"复选框即可，如图4-3所示。

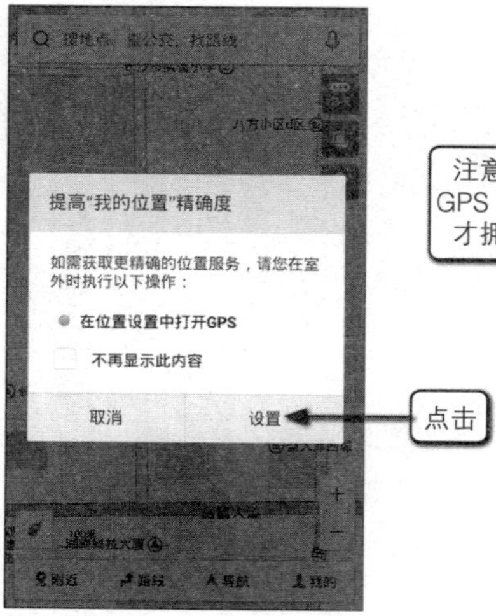

图4-2 软件提示

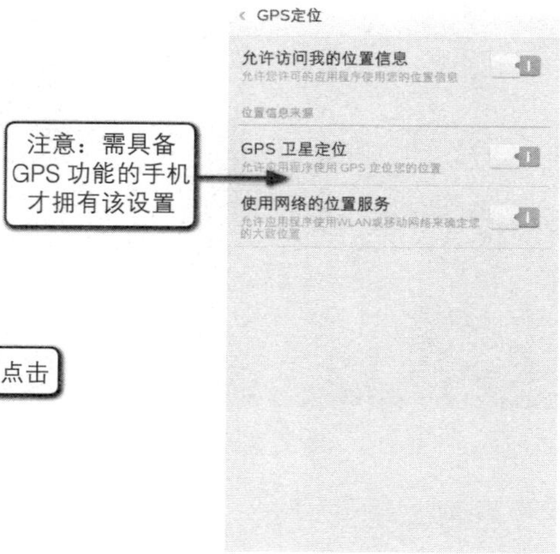

图4-3 打开GPS功能

Step03 返回"百度地图"APP，手机会进行自动定位，在地图中显示用户的位置，如图4-4所示。

Step04 点击顶部的搜索框，进入搜索状态，输入要查询地点的名称或地址，点击"搜索"按钮，例如搜索"铁道学院"，如图4-5所示。

图4-4 自动定位

图4-5 输入地址

Step05 执行操作后，地图上的标记点为相应结果对应的地点，如图4-6所示。

Step06 点击切换不同的标记点，即可找到正确的位置，如图4-7所示。

图4-6 搜索结果　　　　　　　　图4-7 找到正确的位置

Step07 点击"详情"按钮，显示地点详情，用户能够发起进一步操作：搜周边、到这去和拨打电话。如图4-8所示。

Step08 例如，点击"到这去"按钮，用户可以通过"百度地图"APP搜索具体抵达路线，如图4-9所示。

图4-8 详情界面　　　　　　　　图4-9 "到这去"

4.1.3　周边搜索：轻松定位到周边位置

　　想要看看您家附近都有哪些生活服务？"百度地图"APP的周边搜索功能能帮你大忙。选择或输入要查找的内容，在当前的屏幕范围内，结果将直接展现在地图上。

Step01　在"我的位置"选项区中点击"附近"按钮，如图4-10所示。

Step02　即可显示周边生活服务列表，包括美食、酒店、休闲、交通设施、超市、药店、银行、医院、厕所、商场等类目，如图4-11所示。

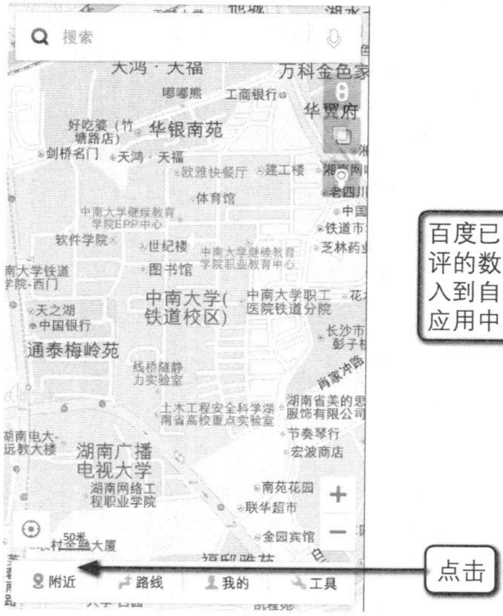

图4-10　点击"附近"按钮

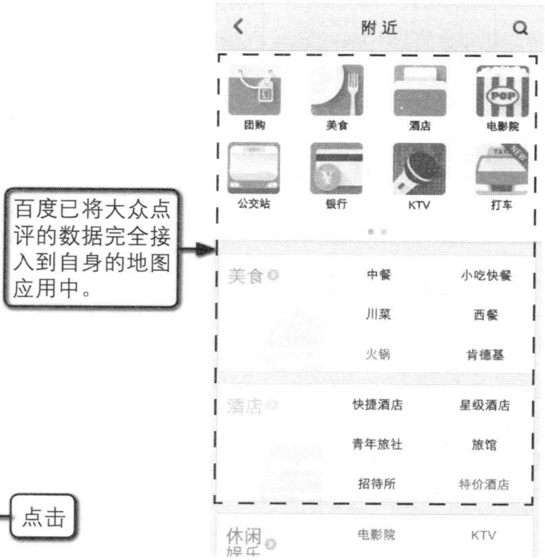

图4-11　周边生活服务列表

Step03　例如，选择"美食"中的"中餐"选项，即可显示用户周边的中餐饭店，并显示人均价格、推荐星级、地点距离、电话等信息，如图4-12所示。

Step04　点击"地图"按钮，即可进入地图模式查看，如图4-13所示。

Step05　点击"详情"按钮，显示地点详情，如图4-14所示。

Step06　点击"折扣"按钮，用户还可以通过百度地图直接查看商家的优惠折扣，如图4-15所示。

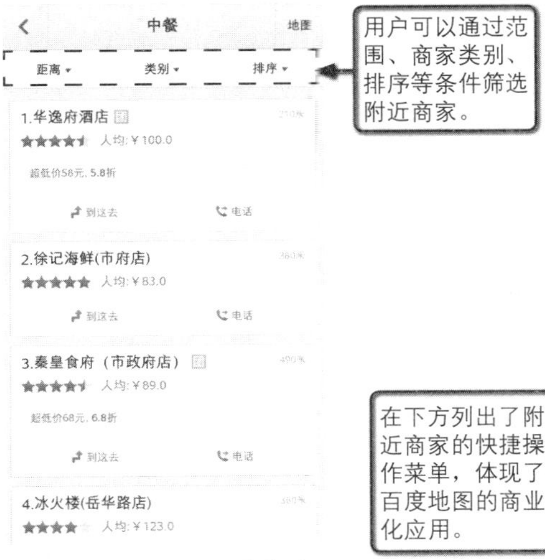

用户可以通过范围、商家类别、排序等条件筛选附近商家。

图4-12　搜索附近中餐店

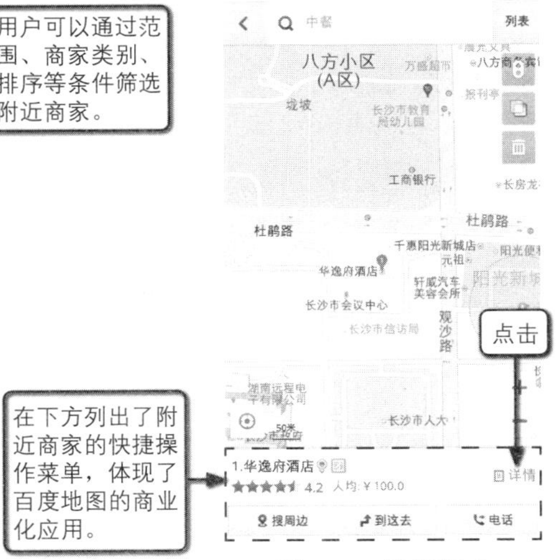

在下方列出了附近商家的快捷操作菜单，体现了百度地图的商业化应用。

点击

图4-13　地图模式

点击

对商家来说，"百度地图"APP也是一营销推广的好渠道，通过LBS精准定位来选择自己感兴趣的美食，而且通过详情页面能够看到该美食的优惠活动，促进消费。

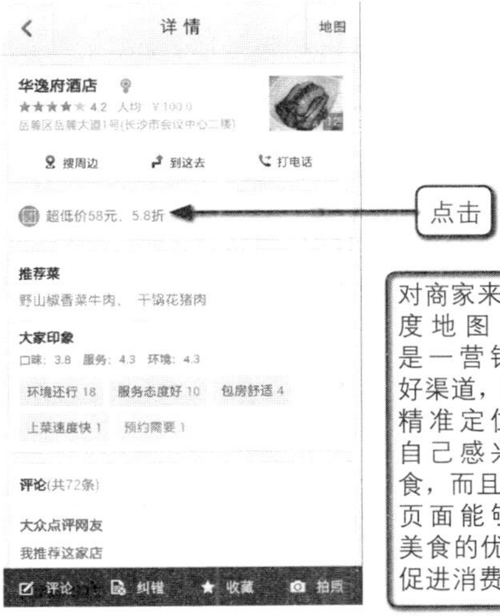

图4-14　地点详情

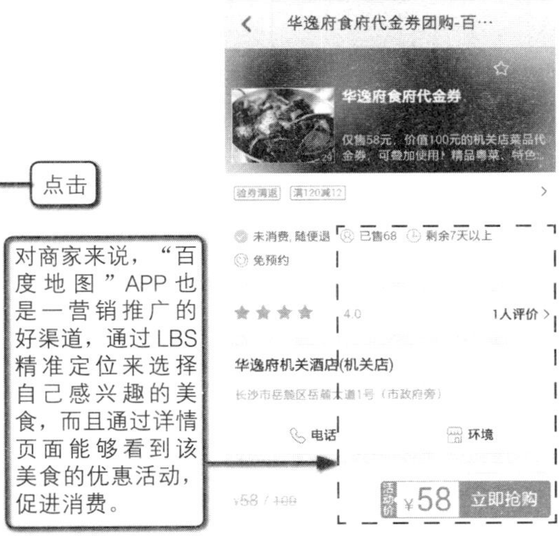

图4-15　美食折扣

4.1.4　步行导航：最佳的步行领路帮手

"百度地图"对步行导航进行了升级，对于步行出行很重要的天桥、地下通道、人行道、广场、公园、阶梯等设施，能更智能、更准确地给出导航路线，将大大缩短用户步行的路程。

大家可能都有这样的经历：过某一条大街，由于没有过街通道，得绕很大一个圈子才能到达，过去之后才发现，原来有一条更近的地下通道。如果是步行，显然走地下通道是更便利的路线。

在"百度地图"APP中，如果搜索的起点和终点的距离比较近，除了会提供步行的线路，如图4-16所示。另外，与之前进入步行路线导航的方式相同，当用户发起公交检索后，若距离较短，百度地图右侧结果页还会提供步行方案。

图4-16 步行导航模式

从步行导航线路的不断优化，可以看出百度对地图导航产品来说，照顾细微、精益求精尤为重要。除了自驾和公交路线外，百度地图对步行导航功能的重视，体现了百度地图对用户需求的深刻理解与把握，以及百度工程师对提升用户体验的极致追求，这也是百度地图不断取得成功和自我突破的内在动力，从而为用户带来了更多便捷、细致、全面的地图应用体验。

4.1.5　百度迁徙：掌握人口流量大迁徙

"百度地图春节人口迁徙大数据"（简称"百度迁徙"）是百度公司在2014年春运期间推出的一项技术品牌项目，于2014年1月26日0：00正式上线。"百度迁徙"利用大数据技术，对其拥有的LBS（基于地理位置的服务）大数据进行计算分析，并采用创新的可视化呈现方式，在业界首次实现了全程、动态、即时、直观地展现中国春节前后人口大迁徙的轨迹与特征，很明确地反映了中国人在春节期间迁徙状况。

"百度迁徙"具有区域和时间两个维度，可用于观察当前及过往时间段内，全国总体迁徙情况，以及各省、市地区的迁徙情况，直观地确定迁入人口的来源和迁出人口的去向，如图4-17所示。

进入"百度迁徙"首页，可以看到一个中国地图，在右边可以根据快捷键看各城市迁徙状况，也可以在搜索框里输入相关地址名，可进行人口流动数据动向。"百度迁徙"可根据不同时间与不同日期搜索当天人口的流动图。

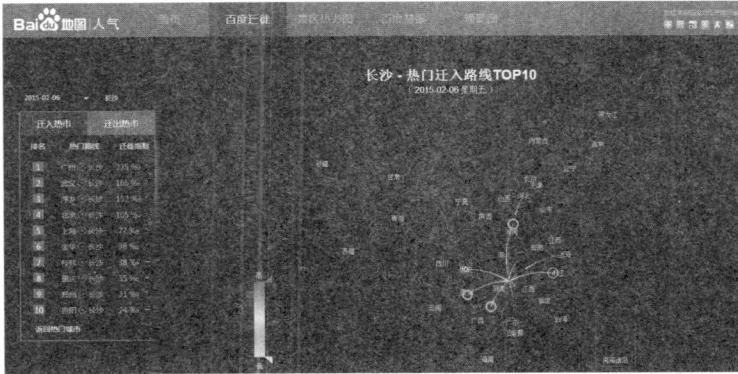

图4-17　"百度迁徙"主页

"百度迁徙"的LBS大数据来自百度地图LBS开放平台，该平台为数十万款APP提供免费、优质的定位服务，日处理用户定位请求超过35亿次，是中国LBS数据源最广的数据和技术服务平台。

作为一项创新项目，"百度迁徙"希望能通过对大数据的创新应用服务于政府部门科学决策，赋予社会学等科学研究以新的观察视角和方法工具，同时为公众创造近距离接触大数据的机会，科普数据价值。"百度迁徙"用数据说话，根据定位知道人口的流向图，而且还可以多省做比较。根据图上数据，相信各省市也能做出柜应的应对措施。

4.1.6　全景推荐：打造城市的美景地图

全景是通过将平面数字图像转换为三维空间，从而带来拟真交互体验的地图浏览方式。通过专业相机将现实世界的空间场景捕捉下来，利用软件将多幅平面照片拼接合成，并模拟成三维空间的360度全景景观。全景具有真实感强、交互性强、易于沉浸的特点，可以真实地表现现实空间场景。

百度全景与其他街景产品不同，百度全景不仅将全景图像技术运用于城市街道，还不断探索它在酒店、景点、餐厅、房产等其他场景的应用，力图将更多的空间场景数字化、三维化，从而实现"索引真实世界，构建虚拟空间"的宏大理想。

百度全景深度整合在百度地图之中，作为对二维地图的延伸，百度全景把真实世界的空间场景带入地图产品中，从而帮助人们更加方便地查找目的位置、了解周边环境。百度全景旨在打造跨平台、多终端的地图工具和生活服务平台。使用百度地图移动版"全景推荐"，可以看到各大城市的美景推荐和街景全景，查看方法如下：

Step01 在百度地图手机APP的工具栏里，就有全新的"全景推荐"功能，打开百度地图，点击右下角的"工具"按钮，如图4-18所示。

Step02 在工具界面，选择"全景推荐"选项，如图4-19所示。

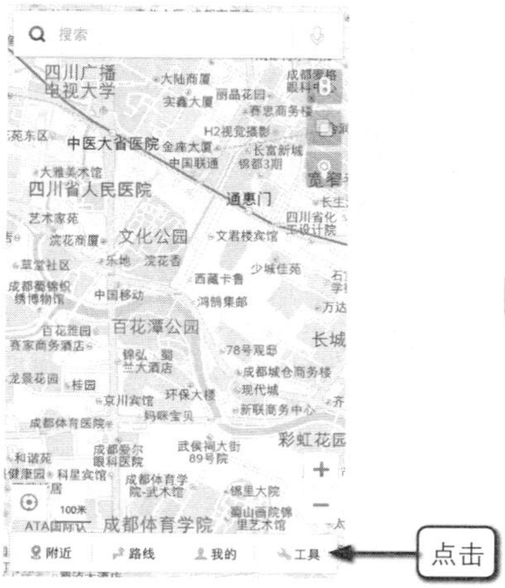

图4-18　点击"工具"按钮

图4-19　选择"全景推荐"选项

Step03 进入"全景推荐"界面，选择城市的推荐街景图片，如图4-20所示。

Step04 进入城市推荐街景画面，可以清晰地看到路边的街景，如图4-21所示。

图4-20　选择城市推荐的街景

图4-21　路边的街景

4.1.7　生活圈鉴定：给小窝鉴定生活指数

"生活圈鉴定"是百度地图推出的一项新功能，也是一款非常有趣的功能，其主要作用就是用于鉴定用户所在地区的生活指数，对自己居住的生活、娱乐、保健、交通、空气指数进行打分，并告诉你到底属于哪个圈。

Step01 打开"百度地图"APP，在个人信息功能页面点击"工具"按钮进入其界面，选择"生活圈鉴定"选项，如图4-22所示。

Step02 进入"生活圈鉴定"界面，"百度地图"将自动鉴定用户现在所在的生活圈，如图4-23所示。

图4-22　点击"生活圈鉴定"选项 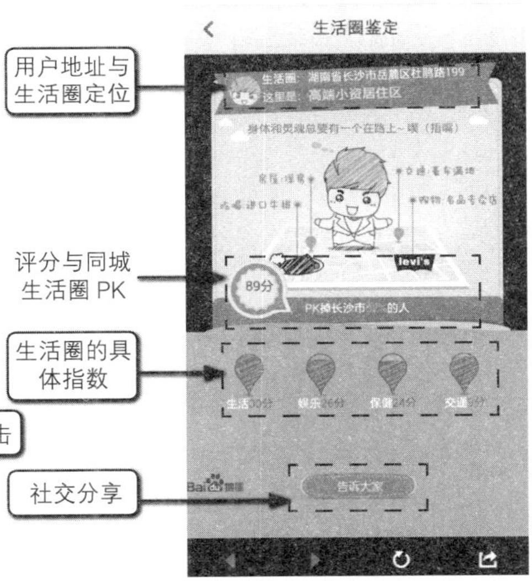　　　图4-23　"生活圈鉴定"界面

通过生活圈鉴定，用户可以了解该地区的一些热门指数。百度生活圈鉴定让用户形象了解到很多地方的生活形态，如北京朝阳区建国路是"高端小资居住区"，海淀区大有庄蝈蝈街是"凑合生活区"，颇为有趣。

百度地图开发出"生活圈鉴定"的应用，主要目的是以轻松诙谐的形式，让网友了解和展示自己所在的生活圈形态。当然，在今后也将加入更多互动的成分，让百度地图的"生活圈"更加"接地气"，通过众多网友的参与，"生活圈"鉴定也会越来越准确与客观。

4.2　腾讯：用微信打造LBS营销

腾讯是互联网三大巨头企业之一，腾讯旗下的微信是众所周知、应用最广的社交软件，随着LBS营销的渗透，腾讯也开始将微信与LBS相结合，为用户提供更好的服务，创造商业价值。

随着微信用户的增长以及市场条件渐趋成熟，微信的广告肯定是商家的必争之地。作为一个强关系属性的社交工具，如果能够将本地用户聚集起来，实际就是忠实客户的积累，这将会大大降低企业的营销成本。

然而本地微信如何做？有的人做微信，号称粉丝上千过万，其中的真实性和精准度都有待斟酌。现在一个城市的人口数量动辄上百万，如果有上万的粉丝，即便是同城的也实在算不上一个大号。现在微信不能互推，要是没有其他资源的配合，想把本地粉丝聚集起来实在不易，想要盈利更难。

本地微信盈利的难点在哪呢？无外乎以下两点：好的定位与丰富的客户资源。微信营销貌似并不像我们想得那么简单，然而并不是没有方法。本书将详细介绍微信的LBS营销策略、营销功能以及商业案例。

4.2.1　位置营销：追溯微信的LBS功能

在各种平台化电子商务中，最缺的不是商家，而是消费者。哪里有人哪里就有商业，哪里就有盈利空间。

据第三方统计显示，70%的手机用户开通了个人微信，其年龄涵盖了小学生至老年人，各年龄阶层的人群。全球性社交营销代理机构WeAreSocial对世界大型网络社交平台进行调查排名。

在其列出的世界五大社交网络排名中，腾讯公司旗下QQ、QQ空间和微信进入前五名。

与腾讯的发展史一样，微信在骂声中飞快成长——虽然既非原创，又不具备首发优势，但仅仅一年，微信竟远远超越对手们，拥有了5 000万用户，如图4-24所示。

消费者才是企业追逐的目标，人的数量决定了财富的数量。"海量用户打底＋高端用户定位＋关系链二度挖掘"，微信的强社交属性让第三方开发者看到借助微信迅速崛起于移动互联网的机会。而微信则借助众多第三方开发者的内容，向更为强大的移动社交平台挺进。

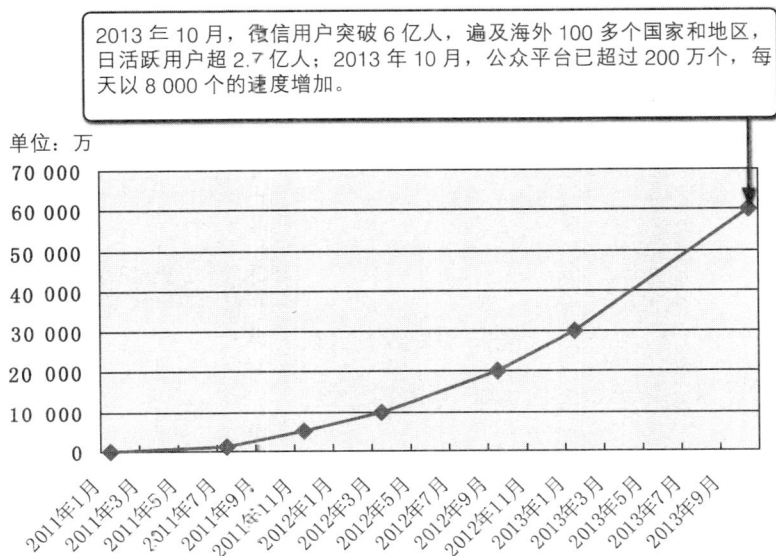

2013年10月，微信用户突破6亿人，遍及海外100多个国家和地区，日活跃用户超2.7亿人；2013年10月，公众平台已超过200万个，每天以8 000个的速度增加。

单位：万

图4-24　微信粉丝的增长

通过微信LBS精准定位，它可以任意设置一个点为中心，附近只要有使用微信的人，都可以通过打招呼推送自己的信息，100%到达率，效果比较直观，特别适用于酒店、餐饮、医疗、房产、展会、旅游、汽车、娱乐、服务、学校、律师等行业需要网络宣传的企业和公司。

2011年，腾讯推出微信2.5版本，同时加入了LBS功能，引爆沟通新趋势，如图4-25所示。同时，LBS厂商如当初的团购网一样不断涌现，诸如街旁、玩转四方、切客、开开、嘀咕等类Foursquare厂商纷纷出现。

据相关调查显示，微信2.5的新功能中，有70%的人喜欢玩LBS。可以说，微信LBS的试水阶段初见成效，在前期积累了一定的用户数量，培养了用户的使用习惯和需求。随后，国内LBS厂商雨后春笋般出现，但都很难独立发展，根本原因就是缺少一个社交网络的支撑。国内用户对于LBS还比较陌生，而微信实现了QQ好友、腾讯微博、手机通讯录的打通，用户好友关系无缝隙复制，有了好友网络，LBS的发展就水到渠成了。

图4-25　微信2.5首推LBS功能

总的看来，微信LBS具有以下5大优势。

（1）充分利用手机屏幕的实用性。由于手机打开普通的PC网站时不仅加载慢，而且查看起来也非常麻烦，经常需要缩放，无法给客户良好的体验。因此，微信充分考虑到屏幕的适用性，制作良好的交互界面，更有利于提升客户的浏览体验。

（2）界面简洁大方，导航系统清晰。由于手机屏幕大小有限，导致手机网站首页无法展示过多的内容，因此APP界面和导航系统的设计显得尤为重要，同时充分考虑到用户的使用习惯，微信量身定制的导航系统使得手机网站更受用户青睐。

（3）跨平台互动，融合营销思路。营销型网站使得网站自我营销能力更强劲，将其思路深入融合到手机网站页面也显得尤为重要。

（4）打造公众平台，实现无缝对接。微信用户的剧增，公众平台的影响力日益加强，其不俗的功能，更有利于客户关系维护及品牌推广。将手机网站与微信公众平台无缝对接，更有利于资源整合。

（5）源代码开发，利于SEO优化。微信的前台全部生成静态或伪静态页面，代码精简，网页页面小，手机打开速度非常快。

4.2.2　附近的人：打造免费的广告宣传

微信"附近的人"是一种最精准的营销推广方式，通过这一种方式可以最有效地定位一个区域，然后向这一区域内的用户发送信息，告诉他们这里有优惠，效果通常都不错，如图4-26所示。

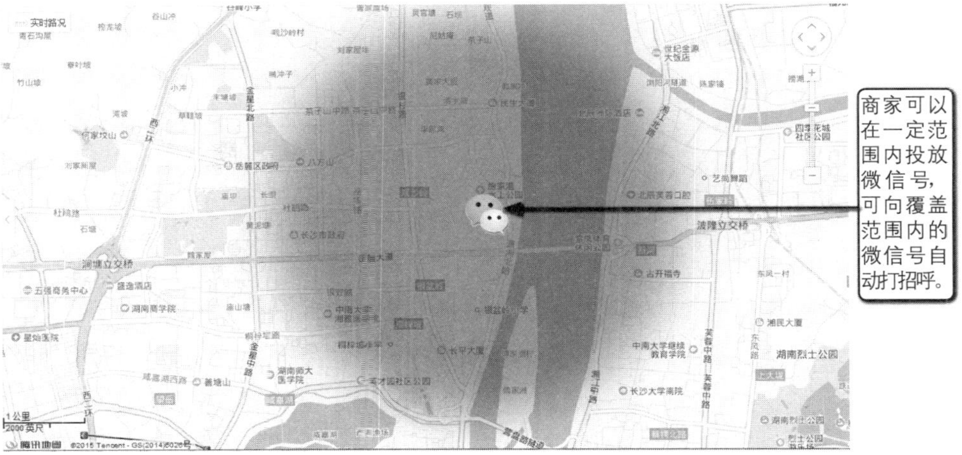

图4-26　微信"附近的人"营销策略

签名栏是腾讯产品的一大特色，用户可以随时在签名栏更新自己的状态签名。也有许多人利用签名打入强制的广告，也有一定用户可以看到。但是这种单调的硬性广告，通常只有用户的联系人或者好友才能看到，那么有什么方式可以让更多陌生人看到呢？就需要结合微信的另一个特色应用，利用地理位置定位的"查看附近的人"便可以做到。

商家点击查看"附近的人"后，根据自己地理位置查找周围微信用户，并将促销信息推送附近用户进行准确投放。"附近的人"是微信推出的一项LBS功能，目的就是为了方便用户交友，它将会根据用户的地理位置找到附近同样开启这项功能的人，使用户轻松找到身边正在使用微信的其他用户，具体操作方法如下。

Step01　启动微信后，点击底部的"发现"按钮进入"发现"界面，选择"附近的人"选项，如图4-27所示。

Step02　进入"附近的人"界面，点击"开始查看"按钮，如图4-28所示。

Step03　执行操作后，立即弹出"提示"对话框，选择"确定"选项，如图4-29所示。

Step04　执行操作后，进入"补偿个人信息"界面，用户可以设置性别、地区以及个性签名，如图4-30所示。

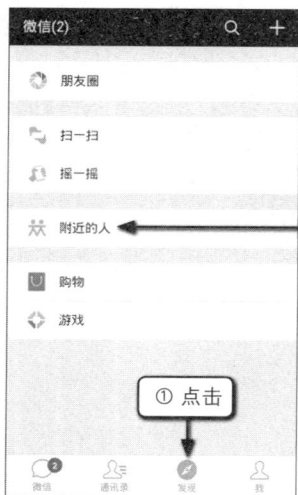

图4-27　点击"附近的人"选项

图4-28　点击"开始查看"按钮

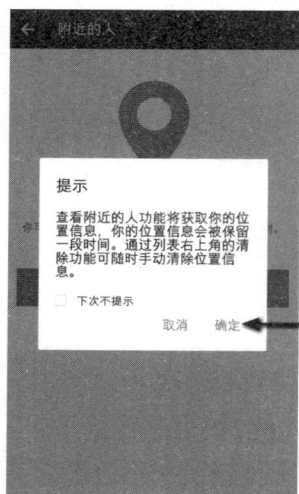

图4-29　弹出"提示"对话框

图4-30　"补充个人信息"界面

Step05 选择"地区"选项，进入"选择地区"界面，手机GPS会自动定位用户的位置，点击该位置即可，如图4-31所示。

Step06 返回"补充个人信息"界面，点击输入个性签名，此步骤十分关键，用户可以在这里推送自己想要推广的信息，如图4-32所示。

Step07 依次点击"保存"和"下一步"按钮，微信开始查找附近的人，如图4-33所示。

Step08 附近其他用户进入"附近的人"界面即可看到你，如图4-34所示。

图4-31　选择地区

图4-32　输入个性签名

图4-33　查找附近的人

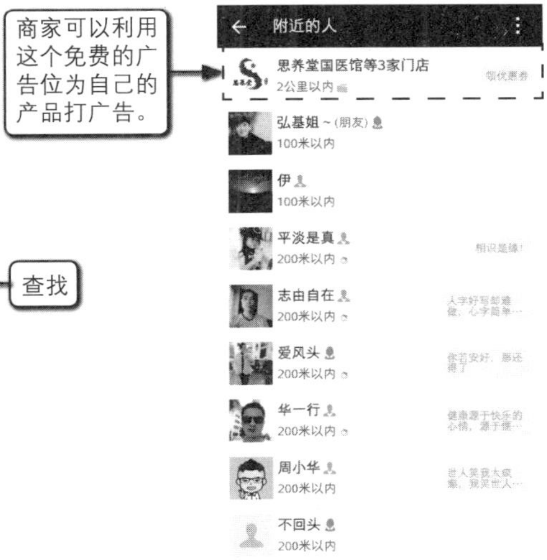

图4-34　"附近的人"界面

添加附近的人为好友，成为好友后，有两种宣传方式可以选取：第一，先积累用户，做长久打算；第二，立刻发广告，利用微信的一个群发助手，可以一次群发多个广告。笔者认为此功能是可以打造成一个非常不错的营销工具，尤其是对于O2O（Online To Offline，在线离线/线上到线下）模式的企业或商家而言。

商家可以在人流最旺盛的地方后台24小时运行微信，如果"附近的人"使用者足够多，这个广告效果也会不断随着微信用户数量的上升而上升，可能这个简单的签名栏也会变成会移动的"黄金广告位"。

💡 专家提醒

利用"附近的人"功能进行产品或者品牌的推广，只需支付流量，无须花费太多的钱，就能够将产品广告等信息发送到用户的手机上，而且信息的接受率是百分百。或者直接用企业的名字作为微信昵称，再加上签名广告和头像，就可以吸引不少用户添加你为好友。

4.2.3　摇一摇：偶然的交友互动好机会

微信"摇一摇"，是微信推出的一个随机交友应用，通过摇手机或点击按钮模拟"摇一摇"，可以匹配到同一时段触发该功能的其他微信用户，从而增加用户间的互动和微信黏度。

（1）产品描述："摇一摇"是微信最独特也是最强大的交友方式，支持通过摇一摇手机找到同时也在摇手机的朋友。只要是在同一时间摇动手机的微信用户，不论你在地球哪一个角落，都可以通过这个功能认识彼此，非常强。

（2）功能模式：通过"摇一摇"这个功能，用户能享受多重的服务体验，而且它操作方便，随时随地都可以进行，因此推出后立刻受到广大用户的欢迎。

- "摇一摇加友"：首先点开摇一摇功能，在摇到周围的陌生账号之后，向对方打招呼，发起对话，在征得对方同意之后，添加好友，如图4-35所示。

- "摇一摇搜歌"：这个功能主要是帮助用户搜寻歌曲，有时用户听到某首歌曲，又不知道歌名，即可采用搜歌功能，自动获取歌曲名称，如图4-36所示。

- "摇一摇传图"：通过二维码连接一部计算机后，两个设备可以自如地发送图片和文字链接等。

图4-35　摇一摇加友

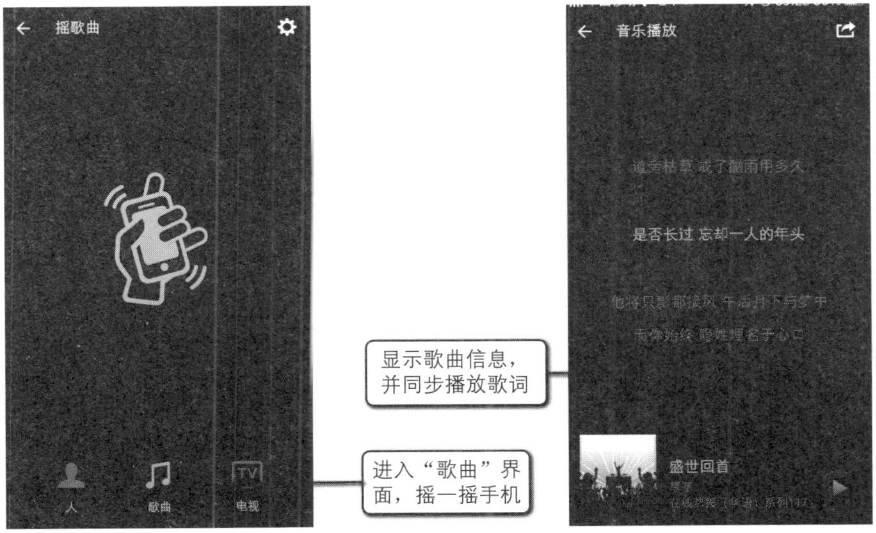

图4-36　摇一摇搜歌

（3）营销方式：不管是主动添加或者是"摇一摇"甚至是"附近的人"，商家只要有机会就应该出手，尽管这样的方式会不断遭受拒绝，但随着微信好友的逐渐增加，微信营销的成果越发明显。一个负责摇一摇的人员工资加上一部手机的投入，就帮助商家实现了精准性的广告推广，低投入而高回报。

4.2.4 滴滴打车：出租车司机的好帮手

除了微信之外，腾讯还大力投入"滴滴打车"，如今，移动打车类应用已进入白热化竞争，随着微信支付的加入，让已经领先市场的"滴滴打车"应用迎来新一轮爆发。用户使用"滴滴打车"APP可以马上叫车，也可以进行预约。

Step01 打开微信，点击底部的"我"按钮进入其界面，点击"钱包"选项，如图4-37所示。

Step02 进入"我的钱包"界面，点击"滴滴打车"按钮，如图4-38所示。

图4-37 "通讯录"界面

图4-38 点击"滴滴出行"按钮

Step03 弹出信息提示框，提示系统将使用用户的地理信息，点击"是"按钮，如图4-39所示。

Step04 执行操作后，进入"滴滴打车"界面，微信会自动定位用户的位置，输入"要去"的位置后，点击"叫出租车"按钮，如图4-40所示。

Step05 用户还需要设置手机号码，方便司机与你进行联系。等用户上车后，到达目的地，司机在"滴滴打车"司机端会输入本次打车的费用。

💡 专家提醒

"滴滴打车"APP的原理非常简单，与电话叫车服务类似。即用户在手机中发送一段语音说明具体的位置和要去的地方，用车信息会被传送给用户附近的出租车司机中，司机可以在手机中一键应答，并和用户联系。

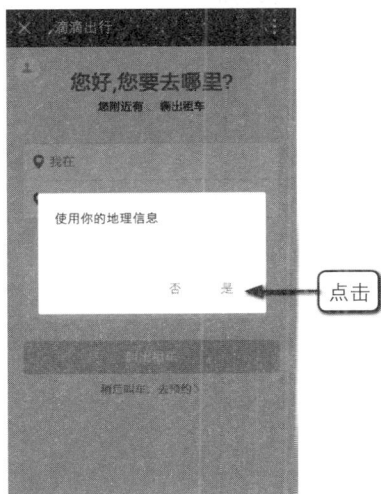

图4-39　点击"是"按钮

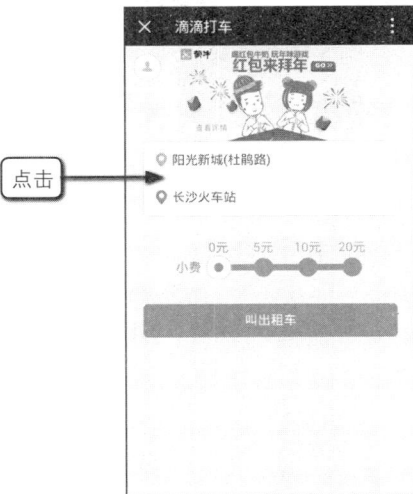

图4-40　自动定位

笔者认为，"滴滴打车"接入微信支付的成功，不仅在于对乘客、司机的便捷性，更在于真正实现了移动互联网的价值闭环。另外，微信分享抢红包活动更加强调乘客参与的趣味性，通过用户的主动分享，也会加强"滴滴打车"在用户心中的"存在感"。

专家提醒

一直以来，传统行业苦于进入移动互联网不得其门而入，线上和线下的支付手段很难衔接，导致线上、线下业务只能分开运营。微信支付就是传统各行业以低成本、快速、便捷融入移动互联网电商的大好机会。

作为首个接入微信的移动叫车应用，"滴滴打车"带来的变革并不只是简单的出行方式的改变，更多的是移动互联网O2O模式被大众的认可和支持。据"滴滴打车"目前的数据状况显示，新用户从下载注册到呼叫的周期越来越短，二次呼叫频次也越来越高，也就是说，越来越多的人会主动了解、安装、使用"滴滴打车"，首次叫车成功体验过后，便将之纳入实用类生活工具，成为随之而来的自然是无尽的正向口碑传播。

4.3　阿里巴巴：收购高德地图深入LBS

高德地图是国内一流的免费地图导航产品，也是基于位置的生活服务功能最全面、信息最丰富的手机地图，由国内最大的电子地图、导航和LBS服务解决方案提供商高德软件提供。高德地图采用领先的技术为用户打造了最好用的"活地图"，不管在哪、去哪、找哪、怎么去、想干什么，一图在手，统统搞定，省电省流量更省钱，堪称最完美的生活出行软件。

阿里巴巴收购了高德地图，O2O就有了可能。并且，从冷冰冰的C2C，通过LBS，阿里巴巴提供了一个虚拟向实体迈进的可能。比如，阿里巴巴可能通过定位服务，告诉你周围有哪些淘宝店，然后你自己去实体店选择。请不要认为这是个小事情，很多人选择淘宝是为了"代购"，但是代购又可能遇到假货。从网上选好价格，再从网下去验货。这个吸引力对女孩子来说不容小觑。

4.3.1 位置搜索：精准定位轻松出行

对于一款手机地图产品来说，位置搜索与路线提供可以说是最基本的服务，也是用户最重视的一个功能。在这方面高德地图就比较人性化，不仅可以直接在界面上输入想要去的地点、餐厅等名称。另外，软件还提供了多个常用的地点类别，比如，餐饮、住宿和购物等，这就方便了在没有主意的情况下寻找到想去的地方。

类别之下还分别设置了众多小类别，可以让定位更加精准，而搜索结果则按照从近至远的方式排列，任我们挑选，如图4-41所示。

高德地图提供了公交和自驾车两种乘车方式，按照不同用户的不同需求，公交方式具有、"换乘少"、"时间短"、"步行少"以及"地铁优先"的方案，如图4-42所示。

图4-41 高德地图搜索界面

自驾车则可以选择"躲避拥堵"、"避免费用"、"不走高速"和"高速优先"、"避开限行"的偏好设置，如图4-43所示。在选好乘车方式之后，软件会提供给我们详细的解决方案，只要按照提示就可以轻松到达目的地。

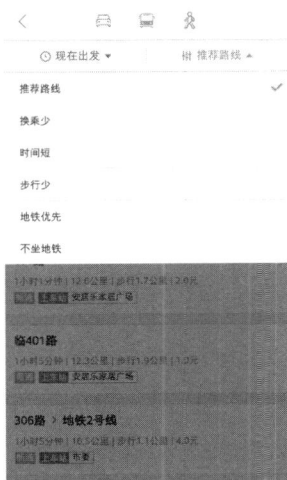

图4-42　乘坐公交的推荐路线

图4-43　驾车的偏好设置

4.3.2　主题丰富：生活娱乐一览无余

高德地图的附近地理位置信息以主题的形式展现，所以能在"附近搜索"界面看到美食、酒店、景点、银行、加油站、旅游指南、银行、洗浴、公交地铁、电影、团购等多个频道。最新的高德地图还在"附近快查"版块新增了4S店、钟点房、地铁图、网吧等一键查询，如图4-44所示。

其中，酒店频道是和携程网合作，整合了全国两万家酒店的信息，我们不仅能在高德地图上了解酒店的介绍、星级评分、详细的房价与酒店照片，还能直接拨打电话预订或通过页面预订，如图4-45所示。

图4-44　"附近搜索"界面

图4-45　酒店搜索

4.3.3　离线地图：没网也能查看地图

地图对于大家来说非常的方便与实用，出行在外的时候，如果遇到手机网络信号不好，或者手机欠费的尴尬情况，"离线地图"的作用就显而易见了。

高德地图就有"离线地图下载"功能，软件提供了众多主流城市的离线地图，我们在下载之后就能更省流量了。当然在这里也需要提示大家，在使用离线地图的时候，滑动、查看地图是不需要流量的，但当我们查询一些信息时，还是会花费少许流量，所以千万不要以为离线地图，就是"0流量地图"。

想要使用高德地图的"离线地图"，需要在有网络的环境下提前下载好，使用方法如下：

Step01　打开"高德地图"APP，点击"更多"按钮，如图4-46所示。

Step02　打开"更多"界面，点击"离线地图"按钮，如图4-47所示。

图4-46　点击"更多"按钮

图4-47　点击"离线地图"按钮

4.3.4　语音导航：多样化的定制语音

行车导航如今已经成为人们与手机地图交互的一个重要渠道，又因为驾车情景的独特性，语音导航就成为手机地图发挥指引作用的重要功能。高德地图之前就签下了林志玲作为代言人，并创造了"明星语音导航"这个概念。林志玲作为高德地图的"女神"级代言人，很有特色的语音导航帮助高德地图提升很多品牌的美誉度，但是也有很多女性用户表示需要林志玲之外的新声音。

驾车其实在很多时候是一件非常枯燥、无聊的事情。如果林志玲标准的"娃娃音"不是你的菜，那你可能就需要新的导航语音来"提神"。

高德地图又与郭德纲进行合作，选用郭德纲实际上是双赢：作为具有超过三亿多用户的出行地图应用，郭德纲的代言是对其本身曝光的强烈加成；而对于高德来说，郭德纲的著名相声表演艺术家的身份与产品特质又相符合——专业，而且搞笑。移动互联网工具类应用发展到今天，在基础能力上已经没有太大的差异化功能，人性化、娱乐化、个性化就成为差异化竞争的新路子，而郭德纲无疑是一个能够与高德地图产生化学反应的极佳选择。

适合做导航且具有号召力的艺人名单其实并不多，不过也证明高德签下的两位也确实代表了用户的需求和呼声。"郭德纲"成为又一个成功的移动互联网产品代言案例。

而相比较林志玲，郭德纲的语音导航版本中还添加了各类搞笑的段子，比如"前方有车辆汇入，不该碰的车别碰！"、"前方事故多发地，坦克都被撞翻过！"之类，各类段子的内容都是经过高德地图各个部门以及广大网友集思广益想出来的，通过郭德纲的参与，确定要放入导航语音中的段子，并缩减到合适的长度，决定在哪些导航动作中出现。

"我的导航，我做主"，高德地图的明星语音导航使用方法如下：

Step01 打开"高德地图"APP，点击"更多"按钮，如图4-48所示。

图4-48 打开"高德地图"APP

Step02 进入"更多"界面，点击"导航语音包"按钮，如图4-49所示。

Step03 进入"语音广场"界面，选择自己喜欢的明星语音，如"林志玲语音"，点击"下载"按钮，如图4-50所示。

图4-49 点击"导航语音包"按钮

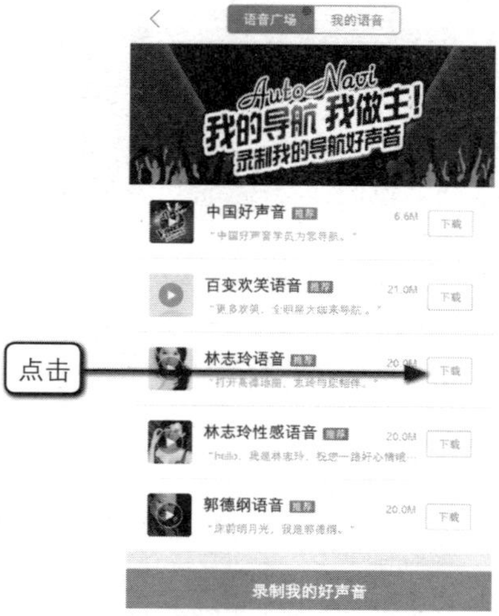

图4-50 点击"下载"按钮

根据用户反馈的情况来看，林志玲、郭德纲及方言导航语音的合成效果还是很好的，尤其是明星语音，具有明星特征，合成还原度高，同时，高德地图还推出了几个比较流行的方言导航语音包，这对于部分用户确实是个性化需求，在"语音广场"界面往下滑，如图4-51所示。即可查看方言版语言包，选择自己喜欢的版本，如图4-52所示。

图4-51 在界面"下滑"

图4-52 查看方言版语音包

　　除了明星语音导航与方言版语音导航之外。高德地图还推出了特别的语音定制功能——定制自己的声音，这加大了语音导航的趣味性和人性化，使驾车更加有乐趣。录制"我的好声音"方法如下：

`Step01`　进入"语音广场"界面，点击下方的"录制我的好声音"按钮。如图4-53所示。

`Step02`　进入"录音"界面，安住"录音"按钮，如图4-54所示。

图4-53　点击"录制好声音"按钮 　　　　图4-54　点击"录音"按钮

　　目前，高德也是国内唯一一家能提供明星语音全程导航的互联网地图厂商。

　　如果要做一个专业的语音导航，要注意四个要点，第一精确化；第二智能化；第三人性化；第四娱乐化。

　　"四化"之间应是层层递进的关系：精确化是指，支撑导航模块的底层数据必须完备准确，这是产品的立身之本，高德在这个领域拥有近13年的专业经验；而在数据准确的基础上，就能利用大数据技术实现"智能化"，提供躲避拥堵和路线择优规划等痛点功能；人性化则是追求体验方面的极致，例如语音提示时机恰到好处、用户理解门槛低。而最后的娱乐化，就是导入明星趣味语音等各种元素，让用户在享受专业服务同时，也能发自内心地感受到快乐。

　　基于LBS的高德地图在国内发展了十几年，一直走的路线都是机械路线，特别是千篇一律、毫无活力的机器人女声，高德地图将林志玲、郭德纲等明星有特色的声音纳入地图导航中头是一个创新。

4.3.5 深度合作：联手神州专车推LBS

LBS是移动互联网最核心、最基础的服务之一，大量移动应用所提供的产品服务都与位置信息强相关。过去LBS开放平台只是向开发者和合作伙伴提供移动端LBS开发工具，但对于大部分开发者和合作伙伴来说，这还远远不够。

高德发布的"LBS+"，在LBS开发工具之上，整合了地图大数据和地图云计算，能够帮助合作伙伴进行自有数据管理、分析、预测，并基于此进行智能商业决策，更好地构建开放共赢的LBS生态。

其实我们平常所使用的众多APP都是离不了"LBS+"的，微信、微博、大众点评、打车软件等都需要使用定位服务，而这就是属于"LBS+"的范畴之内。而在移动互联网时代的众多应用，都是离不开"LBS+"的支持的。

高德"LBS+"能够提供覆盖"工具+数据+服务"全系列的LBS能力。在地图工具方面，高德能够提供免费的互联网地图基础服务和移动端LBS开发工具；在位置大数据方面，高德推出专注于位置大数据的分析网站——高德观景台，能够提供用户数量、位置和业务热度区域分析，帮助合作伙伴进行智能商业决策；在位置云服务方面，高德云数据平台——云图能够对用户自有数据存储、管理和分析展现。

LBS已经成为移动互联网不可或缺的基础能力，但对大部分开发者来说，自建LBS能力的门槛很高——需要具备地图测绘资质，拥有足够的地图数据采集和后端云数据处理能力。而高德专注于LBS领域长达12年，推出"LBS+"就是为了将这些能力更好地开放给开发者。简单来说就是方便开发者，将相应的接口对接"LBS+"，让开发者可以腾出更多的经历，来开发出软件的功能。

高德和神州租车已经达成战略合作，神州租车可以运用高德LBS开放平台，为神州旗下租车、专车、拼车等业务提供地图、定位服务，并利用高德观景台这一位置大数据分析平台为神州租车各业务线提供数据分析预测，实现智能用车资源分配。

比如，基于高德地图和定位SDK，神州租车旗下各产品客户端能够显示司机位置的变化，接单后能够自动为司机规划最优路线以便更快到达；通过高德观景台，对区域业务热度进行分析，哪些区域用车需求较大但车辆较少，就能调配其他区域车辆进行支持。

神州租车利用LBS服务能够实现城市出行时间、成本和能力的有效组合。神州租车与高德的合作，既是基于技术服务的体系合作，也是面向智慧出行服务的数据和服务合作。

第5章

LBS中的社交应用

2010年，著名风险投资人John Doerr提出了"SoLoMo"这个概念，用以形容Social、Local、Mobile（社交、本地、移动）三大技术在催生大批新兴互联网公司、驱动新一轮互联网繁荣的巨大影响。如今，LBS的到来，进一步让地理位置融入社会化媒体营销成为可能。

5.1 互联网的革新：SoLoMo

"SoLoMo"这个词形容3种概念混合的产物，即：Social（社交的）、Local（本地的）、Mobile（移动的），连起来就是SoLoMo（索罗门），即社交加本地化加移动，它代表着未来互联网发展的趋势，如图5-1所示。

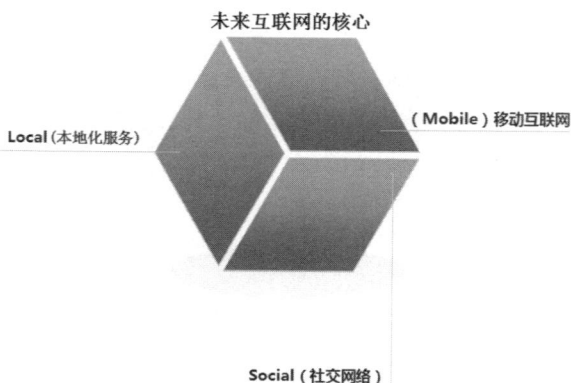

图5-1 互联网的改变：SoLoMo

5.1.1 SoLoMo成为热门潮流

2011年2月，著名风投、美国KPCB风险投资公司（Kleiner Perkins Caufield & Byers）合伙人约翰·杜尔（John Doerr）第一次提出了"SoLoMo"这个概念。他把最热的三个关键词整合到了一起：Social、Local和Mobile。随后，"SoLoMo"概念风靡全球，被一致认为是互联网未来发展趋势。

SoLoMo的出现，Social毫无疑问是当下乃至未来的潮流，而Local和Mobile则更多的是建立在Social的大平台下获得快速的发展，它们的结合改变了互联网与移动互联网的入口和交互方式。

1. 入口

早在PC互联网时代，就有这样一句话："得入口者得天下"。入口是指用户寻找信息、解决问题的方式，成为入口意味着获得巨量的用户。虽然掌握用户并不直接等同于商业变现，但如果失去这个阵地，也就同时失去了成为行业巨头的机会。

随着移动互联网的发展，一些在传统互联网上已经被解析无数次的"观念"也在移动互联网上出现。互联网先驱们做浏览器、做资讯门户、做搜索、做社交，背后隐藏的都是对用户使用入口的明争暗斗。

在传统的商业领域，只要控制了渠道，也就离成功不远，在移动互联网时代，"得入口者得天下"的观点也同样适用。大多有野心的公司，进入移动互联网领域，都不是以单纯的服务来运作产品，无论是硬件还是软件，都是"野心家"们完成移动互联网布局的工具。根本的目的在于聚合用户到自己的平台上，通过后续应用和流量获得更高更广泛的收益。

当然，这也是众多互联网巨头斥巨资争夺移动互联网入口的根源。借用DCCI的定义，所谓"移动互联网入口"就是用户接入移动互联网的第一站，通过移动网络获取信息、解决问题的第一接触点，如图5-2所示。

2. 交互方式

继2012年手机成为中国网民第一大上网终端后，2014年手机网民规模保持稳定增长态势，手机作为上网首选终端地位进一步巩固。在近两年来新增的网民中，使用手机上网所占比重为73.3%，远超使用台式电脑（28.7%）和笔记本电脑（16.9%）上网的用户。使用手机接入移动互联网的流量占移动互联网流量的71.7%，如5-3所示。

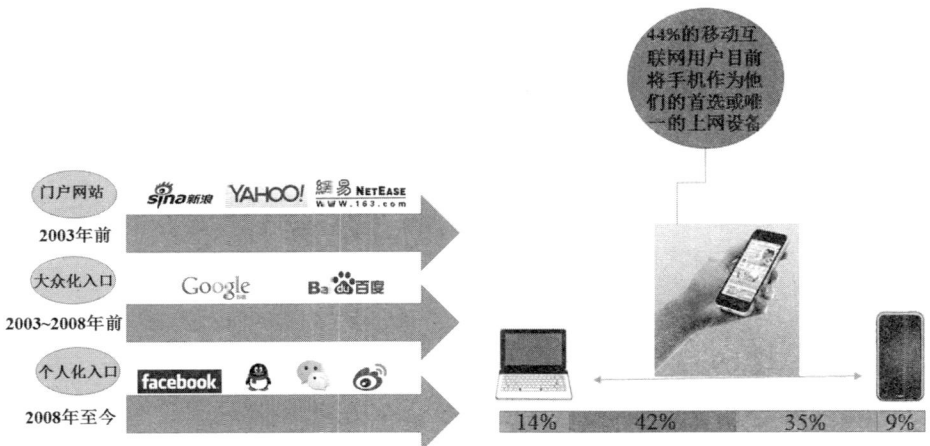

图5-2　互联网入口的改变　　　　　图5-3　网民的上网方式

于此同时，在计算机端开呈现的所有应用程序，都将在移动平台上呈现，其呈现方式将更多元化，更贴近用户需求，更方便用户随时可用，如图5-4所示。

键盘   键盘+鼠标+主机   触摸屏

图5-4　用户交互方式的改变

💡 **专家提醒**

　　随着全球移动化的到来，人们观察事物的视角也发生了全新的变化。因为智能手机高度个性化，每个人都可以从自身视角判断市场。想赢取大移动营销预算的营销者，需要意识到当前这种大众化传播向个性化传播的转变，因为控制预算的广告主会基于他自己使用手机的体验来判断营销者的提案。他们对消费者未来如何使用手机的看法往往会被自身的使用经验所左右。

5.1.2　Social：社交网络

　　这是一个社交媒体大爆炸的时代，谁不会利用社交网络这种廉价高效传播广的营销方式，谁就失去了一条与用户最直接的沟通渠道。社交网络营销型网站被人们称为社交站，它是Web2.0或者新世纪的交流平台，最有名的如Myspace、Facebook等。

　　随着网络越来越深入人们的日常生活中，社变网络的崛起，正改变着企业的营销策略与方式。在LBS营销中，电子商务和移动互联网是源动力，而社交网络则是"催化剂"，如图5-5所示。

　　社交网络源自网络社交，网络社交的起点是电子邮件。互联网本质上就是计算机之间的联网，早期的E-mail解决了远程的邮件传输的问题，至今它也是互联网上最普及的应用，同时它也是网络社交的起点。BBS则更进了一步，把"群发"和"转发"常态化，理论上实现了向所有人发布信息并讨论话题的功能。

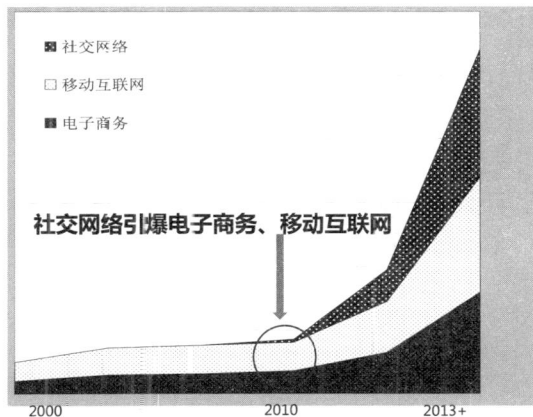

图5-5　社交网络与移动电商的关系

随着网络社交的悄悄演进，一个在网络上的形象更加趋于完整，这时候社交网络出现了。社交网络已经成为现代网络达人们必不可少的交往方式，通过一个好的社交网站，网友可以实现在线分享图片、生活经验、开心趣事、在线交友，甚至可以通过一个比较好的社交类网站，可以实现在线求职，解决自己工作的燃眉之急。国内社交网站的代表如图5-6所示。

多功能大众社交：新浪微博

基于大众化得社交：QQ空间

基于学生用户的交流：人人网

基于美化照片的社交：in

找工作找房子：58同城

基于读书、电影分享：豆瓣

图5-6　国内社交网站的代表

社交网络简称SNS（Social network service），通俗的来说就是"社交＋网络"。通过网络这一载体把人们连接起来，从而形成具有某一特点的团体。社交网络是社会性服务网络，使得人们可以在社交网站上做以下3件事。

（1）发布自己的信息。

（2）浏览他人的信息。

（3）与其他用户建立连接实现信息的交流。就是这样我们在社交网站上实现了信息的传播。

5.1.3　Local：位置服务的本地化

为什么手机将取代PC成为个人信息中心？

如今的朋友圈中流行着这样一句话："世界上最远的距离不是生和死的距

103

离，而是我在你身边，你却在玩手机。"可以说，移动互联网已经将那些"低头族"进行了彻底地进化。

据悉，有90%的用户做到了24小时手机不离身，用户在各种场景下使用手机上网的比例都超过50%，其中8成手机用户在家中利用手机上网，6成的手机用户在乘坐交通工具时使用手机上网。由此可见，"第三屏"的重要性日益上升，未来将成为"第一屏"，成为时刻在线的移动互联网设备，如图5-7所示。

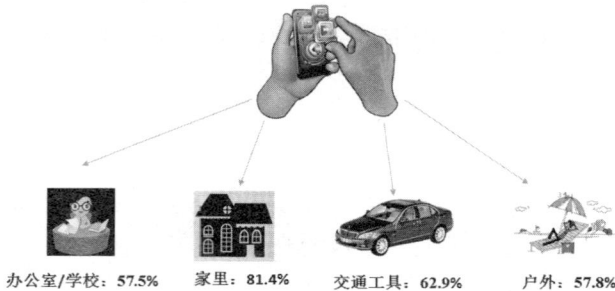

办公室/学校: 57.5%　　家里: 81.4%　　交通工具: 62.9%　　户外: 57.8%

图5-7　手机用户上网使用场景分布

"SoLoMo"是当下互联网最热的概念，即人类在真实生活中所产生的位移，通过位移所要达到的目的，都可以通过LBS应用，体现在虚拟的网络生活中。但在"基于位置的服务"（Local）中，真正的核心还在服务。虚拟网络通过这些服务，可以反作用于真实的人类社会。

5.1.4　Mobile：移动互联网

智能手机的普及带动了移动互联网（Mobile）的发展，移动互联网的发展推动了移动电商进程，随着智能手机的异军突起和迅速普及，它已经成为人们日常生活中须臾不可离身的沟通交流平台，可以真正做到24小时与用户形影相随。

1．用户群体的发展

工信部公布的数据显示，2014年移动互联网用户总数达到8.38亿户，在移动电话用户中的渗透率达到67.8%；移动互联网接入流量1.33亿GB，同比增长46.9%，户均移动互联网接入流量达到165.1MB，其中手机上网流量占比提升至80.8%，月户均手机上网流量达到139.3MB。国内移动互联网用户规模如图5-8所示。

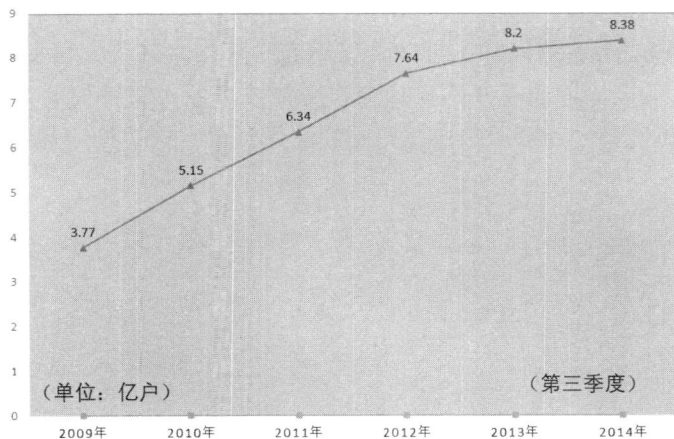

图5-8 2009至2014年国内移动互联网用户规模

2．智能终端的发展

根据IDC的报告，2013年全球智能手机出货量达到了10.042亿部，第一次突破了10亿这个里程碑数字，比2012年的7.17亿部增加了38.4%，如图5-8所示。2014年9月，智能手机出货量为3014.9万部，同比下降7.3%，环比增长25.4%，市场占有率为83.9%；其中Android手机出货量2862.4万部，同比下降3.5%，环比增长25.0%，占同期智能手机出货量的94.9%。

进入21世纪，互联网和移动终端成为发展最为迅速的科技产品技术，随着规模的扩大、产品的普及和中间平台的推广，互联网和智能终端逐渐成为改变世界的力量，从根本上影响着人们生活、工作、休闲、沟通的方式。同时，智能终端的快速普及促进了互联网内容和应用的发展，同时也为移动支付的快速发展提供了规模性的终端基础。

3．移动电子商务的发展

移动电子商务就是利用手机、PDA及掌上电脑等无线终端进行的B2B、B2C、C2C或O2O的电子商务。它将因特网、移动通信技术、短距离通信技术及其他信息处理技术完美地结合，使人们可以在任何时间、任何地点进行各种商贸活动，实现随时随地、线上线下的购物与交易、在线电子支付以及各种交易活动、商务活动、金融活动和相关的综合服务活动等。

移动互联网的发展以及用户规模的激增，为企业移动电子商务提供了用户基础，必将创造出巨大的市场。据悉，2014年第二季度中国移动互联网市场规模为444.9亿元，同比增长104.1%，环比增长接近于25.0%；移动购物的迅速增长及移动营销的回升，推动了移动互联网整体规模的增长，如图5-9所示。2014年下半年移动互联网将加速渗透传统产业，将不仅助力传统产业的发展，也将拓宽移动互联网的覆盖范围和应用场景，推动移动互联网市场规模进一步增长。

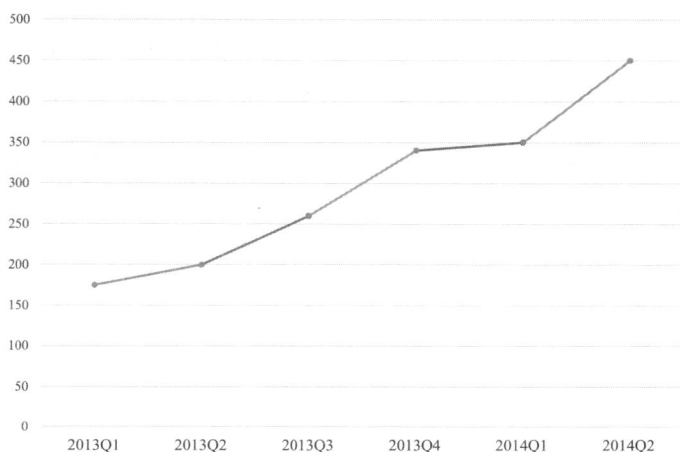

图5-9　2013年至2014年上半年的移动互联网市场规模

在移动互联网时代，众多行业开启了全新的发展之路，在国家大力支持移动互联网发展、加快转变经济发展方式的大背景下，移动互联网是大趋所势已成各行各业的共识，在这样快速变化的移动互联网时代，商机不需要等待和观看，需要的是把握和执行，移动互联网市场更是需要如此。

因此，国内外500强的企业纷纷开通属于自己的手机APP，务求从线下乃至手机上也把顾客捕获，如麦当劳、肯德基等餐饮巨头尤甚。在智能手机迅猛普及的情况下，当移动互联网影响着人们的衣食住行的时候，人们将毫无疑问地习惯指尖之下的订餐、购物、娱乐、社交等活动。

💡 专家提醒

2014年，移动互联网市场规模的增长主要得益于各大电商频繁进行的店庆、世界杯等促销活动。其中移动购物显著增长，移动市场亦开始回温。移动互联网市场呈现快速发展的态势，互联网公司、创业型公司加速移动端布局，进一步探索新的盈利模式，商业化进程加速，O2O带动传统企业积极参与，移动产业链进一步丰富和完善。智能穿戴设备、"车联网"概念的兴起，拓展了移动终端的范围，为移动互联网提供更为广阔的市场空间。

5.2　LBS下的移动社交

LBS的出现本身给用户带来了足够的新颖度，但这仅仅只是刺激用户使用的一种行为，称不上用户需求。当LBS几乎成为所有APP应用的底层工具，还以LBS为核心竞争力的公司已经没有了太多的机会。

社交，可以说是与LBS结合最紧密的互联网运营模式，凭借LBS技术，网络社交完成了从虚拟社交到现实社交的转变，最典型的例子莫过于国内的社交巨头腾讯，依靠微信和手机QQ两款APP，使得腾讯长期占据移动应用排行榜的前两位。

LBS下的移动社交，使得人与人之间的联系呈现多元化，更加具有趣味性和商业价值。

5.2.1　手机QQ的移动社交的情结

手机QQ是由腾讯公司打造的移动互联网领航级手机应用，目前已经全面覆盖至各大手机平台，服务超过5.7亿的月活跃用户。手机QQ将入口"附近"中"附近的群"、"活动"、"约会"、"热聊"进行了统一，同时将附近的人作为其默认的展出项，如图5-10所示。

图5-10　手机QQ界面

手机QQ给LBS技术的发展带来了启示，释放了三个信号，如图5-11所示。

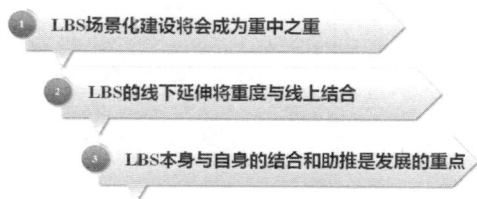

图5-11　手机QQ给LBS技术的启示

1．LBS场景化建设将会成为重中之重

人们早已对基于地理位置的"常规"约会方式免疫，似乎附近的人已经无法激起荷尔蒙的产生，而更多的要在场景之下，群、热聊之类的方式反而成为人们"试一试"的动力之源。

2．LBS的线下延伸将重度与线上结合

由于LBS的存在，用户似乎显得已经没有那么急躁，就像女生一般对直入主题都没有太多好感那样，约起来需要更多的前戏铺垫，而活动、约会这种更对自己有说服力的方式成为重要因素，而在其中，LBS扮演的是可以直接在网上找寻一个一眼看透的地方。

3．LBS本身与自身的结合和助推是发展的重点

社交一直为人所诟病的无非是无法直接的切入交易领域，进而让现金离自己更近一些，而移动互联网下，LBS顺理成章地成为连接社交和商业的渠道，在LBS的助推下，社交可以直接的切入商业，完成变现。

不过，目前手机QQ并没有完成"社交—商业—交易"的闭环，原因是虽然手机QQ拥有了基于LBS定位的社交和商家，并且有成熟的支付体系，但在商业和交易的流程中，缺少在线预定和点餐的环节，使得在商业和交易中出现了断层。

好在，手机QQ完成了移动社交的闭环。由于在陌生人社交中，手机QQ给用户提供了第二身份——用户在陌生人社交中可以重新设置资料进行交友，所以可以形成基于从LBS定位的陌生人社交到线下见面形成熟人添加真实QQ的陌生人到熟人的转化闭环。

LBS对于手机QQ之类的移动社交软件来说，起到了"场景化"的功效。

举个例子，很多国内约会网站排行榜，豆瓣都毫无争议的雄踞第一位。或许在很多人看来，豆瓣只是一个文艺小清新的地方，怎么能够有如此影响力。

实际上，对于社交来说，主动权其实一大半掌握在女生的手里。要知道，在一个社交平台上，女性用户获取成本是男性的20倍左右。优柔寡断是女生的通病，说服自己需要一个理由，豆瓣的文艺气息无疑塑造了这样一个良好的氛围。

5.2.2　纯SoLoMo式平台"寻蜜鸟"

广大手机用户直接体验渴望已久的"社交平台（Social）、本地位置（Local）和移动网络（Mobile）"三者联合带来的SoLoMo生活的魅力。

随着85后新生代消费者崛起，消费方式、消费观念、消费场所也逐步发生变化，他们喜欢简单、便捷地消费模式，享受消费沟通过程，也更愿意分享消费结果。单向性的推送式消费已远不能满足新生代的生活消费需求，而"寻蜜鸟"基于移动支付、社交营销、区域合作、多方共赢的创新商业模式可以完美解决这一问题。

消费者通过"寻蜜鸟"APP的LBS定位可选择距离自己最近最优惠的商品，同时通过社交化方式，增加与商户及用户之间互动，扩大个人社交圈与人脉，升级人脉圈。如图5-12所示。

图5-12　"寻蜜鸟"用户版APP

而商户则可以通过"寻蜜鸟"产品平台基于大数据系统进行用户分析、用户管理、用户营销，如图5-13所示。最终实现用户无限增值，同时可以运用精准营销系统进行产品优化、促销及营销管理，实现品牌提升、用户黏性增加。在这个85后新生代消费主权崛起的契机，"寻蜜鸟"科技必将迎来中国本地生活大时代。

图5-13 "寻蜜鸟"商家版APP

那么，从商户们的角度来看，SoLoMo模式该如何实现呢？纯SoLoMo式平台"寻蜜鸟"上线后，彻底打开了中小商户的O2O电商运营模式，从根源上提供技术平台与支持服务。

实际上近几年以来，电子商务的风起云涌让实体中小商户们对互联网领域的商机望尘莫及，眼下还面临着员工成本越来越贵、推到互联网平台的利润越来越薄的尴尬境地。

而"寻蜜鸟"新型电商平台却通过"O2O+LBS"，将中小商户推到了消费者的面前自主展示自家店铺优势，对于成千上万的中小商户们来说，这就是"寻蜜鸟"创造的商业新机会。

简而言之，互联网尤其是移动互联网的市场前景和掘金机会是最大的，一年的销售额都达到上百个亿，但是中小商户们能不能赚到互联网的钱？这确实是件很不容易的事儿，"寻蜜鸟"却秉承着"聚合共赢"的精神把实体商户们都集合起来，为他们创造了巨大的商业财富机会。

更为惊喜的是，在"寻蜜鸟"平台中，能够帮助广大商户运用互联网思维打破经营的时间、空间和行业限制，最终创造出一个能够让商户、消费者和平台多方共享共赢的积极健康商业生态。其"手续费全免""零门槛加入"的政策，也可以让广大中小商户借助"寻蜜鸟"无成本地进入高速发展、增加盈利的快车道。

严格意义上来讲　"寻蜜鸟"把最有利的消费者价值、商家价值和社会价值都融合在了一起，这个纯SoLoMo式移动电商平台当下及未来的发展中，还在用诚意的态度不断探索发展着。对于"寻蜜鸟"的理念和模式，业内人士给予了高度认可，表示"寻蜜鸟"通过移动支付，实现多方共赢的模式"大有可为"。

5.3　微博与LBS的结合

微博未来发展趋势将朝着SoLoMo方向发展，即Social、Local、和Mobile，它从根本上改变了人们使用网络的方式和使用网络的纬度。未来微博的LBS商业模式将主要围绕互动精准广告、实时搜索、电子商务、社交游戏、无线增值服务及数字内容收费六个方向开展。

5.3.1　新浪微博LBS平台开放

新浪微博手机客户端此前已经具有位置分享功能，现在PC端的位置功能也上线，用户可以在首页左侧工具栏中看到"位置"链接。点击可进入"位置首页"，可查看自己及好友的足迹、微博网友分享的热门地点、基于各类具体位置及其周边的人物、微博和其他相关信息。

"位置"服务上线的同时，新浪微博宣布其LBS平台正式开放，将向第三方开发者提供4类免费接口，包括基于用户的接口、基于POI的接口、动态接口以及周边接口。

据悉，基于用户的相关接口是使用用户能获取单个人的时间线动态，包括微博信息、点评签到等，用户可查看自己或者好友的动态，类似Twitter的时间线功能。

POI接口是基于某个具体位置的接口，用户可以按兴趣、标签进行分类查找，获取该地点的所有微博用户、微博信息、照片、商家等，同时支持查询地点和获取地点详情。

动态接口及周边接口则是指用户可以获取个人关注的微博用户所有最新动态及某地周边的相关信息，获得动态的结果列表支持按照时间、距离、权重多种参数排序。所有位置服务平台上的信息，都是基于用户公开分享的地点及微博。

有了行业的切入，如何利用行业及自身优势吸引用户成了重点。新浪微博LBS平台的开放，降低了第三方的技术开发成本，降低了行业门槛，此外，微博强大的社交网络及兴趣图谱，更将给第三方应用提高用户活跃度。

相较于其他LBS运营商，新浪微博LBS平台具有用户、内容、数据及运营等各方面先天优势。新浪微博庞大的用户基础及高活跃度令人难以企及，在新浪微博网友发布的微博中，有大量优质内容带有空间属性，且新浪微博LBS平台已经拥有庞大的POI数据，提供国内及海外位置服务。

5.3.2　新浪微博的LBS机会

微博的LBS机会在于自身已经积累了庞大的用户技术，具有较强的用户粘性和良好的跨平台属性，而且也培养用户主动打开微博，通过微博获取最新资讯，查看朋友动态的使用习惯，而且，微博很早就已经开始使用LBS。

现在，微博要做的是从帮用户获取实惠，解决用户生活需求的等角度出发通过"微创新"，开发出类似微信"摇一摇"、"漂流瓶"这样的娱乐功能，或者集成"微博会员卡"，向用户提供商品优惠券下载等能够提升用黏性，培养用户习惯的实惠功能，把微博打造成为一个"用户生活服务平台"。

在深刻理解用户需求的基础上，做好产品，做好用户服务，然后利用LBS技术，推出地图显示、瀑布流定位、LBS标记置顶，采用时段竞价排名的模式，相信会有不少商家会喜欢这样的营销模式。

以微博"周边"这一LBS功能为例，参考微信功能。当用户点击"周边"后，可以查看到自己附近的微博用户，如图5-14所示。在用户查看到的这些微博用户中，除了能看到其他用户的姓名等基本信息，还会看到用户的签名档信息，这是一个类似QQ签名的功能，只不过这个是给"周边的人"看的。所以用户可以利用这个免费的广告位为自己的产品打广告。

图5-14　微博"周边"界面

　　该LBS功能特别适合饭店、商场、影院等服务型行业。当然，如果微博再推出"查看附近的酒店宾馆"、"查看附近的XX4S店"、"查看附近的加油站"等，也同样适用。

5.3.3　阿里巴巴投资新浪微博牢抓LBS

　　阿里巴巴战略投资新浪微博，投资金额为5.86亿美元，阿里巴巴占新浪微博总股份的18%股份，并且未来还可以将股份比例提高至30%。新浪微博可以解决阿里巴巴在基于地理位置的电子商务布局上的空缺，这块是和大众点评以及微信竞争。

　　阿里巴巴为什么要投资新浪微博呢？其原因可能是以下几点，如图5-15所示。

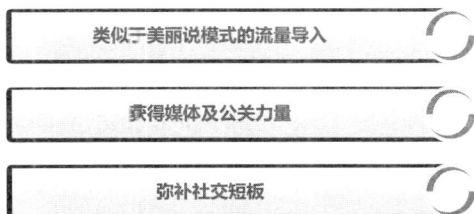

图5-15　阿里巴巴投资新浪微博的原因

　　但是阿里巴巴在移动端的意图被忽略了，事实上，基于位置的服务是阿里巴巴一直想做但是没有做起来的一块业务，而新浪微博刚好已经搭建了LBS平台，培养了用户习惯，积累了大量数据。

阿里巴巴的算盘是，将自己的电商数据和新浪微博的位置数据结合，对抗大众点评和微信，抢食O2O蛋糕。

新浪微博在LBS上的探索经历了从与签到应用合作到推出自有LBS应用"微领地"，再到开放LBS平台三个阶段。

2012年4月，新浪微博推出了LBS（地理位置服务）平台，向开发者开放了基于用户、位置、动态、周边的接口。此外，新浪微博还同高德地图达成了合作，双方表示要共同做一个"地图社交平台"。

新浪微博做LBS的优势在于，移动客户端已经是用户打开新浪微博的主要方式，75%的活跃用户通过移动终端登录微博。

用户使用移动终端可以便捷地分享位置，获得位置服务，并有可能进行线上线下的互动。这一用户习惯正是阿里巴巴梦寐以求的。

淘宝把线下商家的顾客管理、支付、促销等转移到线上，形成用户生活圈。淘宝将面临的竞争对手是大众点评和微信，如果能够与新浪LBS平台相结合，淘宝O2O的道路必然走得更加顺利。

5.4　基于LBS的丰富的移动社交案例

社交网络本身是以聚合人群为特点，在这些网络应用中，人们可以交友，相互联系。有时候，就算应用本身没有明确的交友功能，但一些活跃的人物都会有大批的跟随者。社交网络营销的核心是关系营销，社交的重点在于建立新关系，巩固老关系，任何企业或创业者都需要建立新的强大关系网络，以支持其业务的发展。

5.4.1　【案例】"陌陌"：微妙的社交工具

"陌陌"基于地理位置的移动社交工具，用户可以通过"陌陌"认识周围任意范围内的陌生人，查看对方的个人信息和位置，免费发送短信、语音、照片以及精准的地理位置。最早扛起LBS社交功能的"陌陌"，让社交变得更加有趣。

从表面看，"陌陌"是一款基于LBS的社交产品，但在其背后，依然隐藏着人本身的原始冲动，无论"陌陌"会如何演变，只要类似需求在，产品必然有着此种形态，而LBS在其社交体系的构建中，只不过是一项最基本的功能，不过衡量社交成本的尺度之一。

Step01 初次启动"陌陌"时，默认进入"附近"界面，显示附近的用户和商家动态，如图5-16所示。

Step02 用户可以点击"筛选"按钮，设置查找好友的条件，更精准地查找附近的目标好友，如图5-17所示。

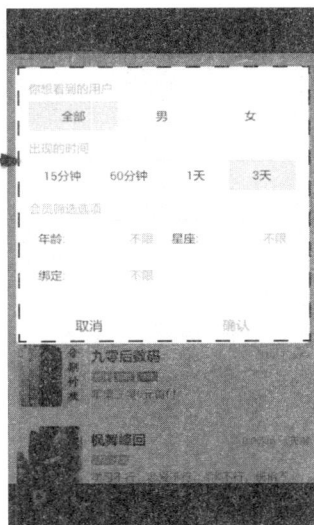

图5-16 "附近"界面   图5-17 设置查找好友的条件

专家提醒

"陌陌"依靠着LBS服务让陌生人社交成为一种潮流，也让查看附近的人这一功能深入大街小巷，现如今的IM和社交应用还有哪个没有查看周边功能？没有这个功能的社交和IM基本上都被淘汰了。

Step03 点击"发现"按钮进入其界面，"陌陌"具有春节一起走、同城服务、附近活动、地点漫游等LBS功能，如图5-18所示。

Step04 58同城为"陌陌"用户独家提供涵盖招聘、房产、二手车、家政等全方位的本地生活服务信息；而在"陌陌"的APP应用版面上，为58同城开辟了一个"同城服务"入口，如图5-19所示。

图5-18 "发现"界面

图5-19 同城服务

Step05 "附近活动"板块的众多电影、戏剧等演出活动可实现在线购票服务，该功能旨在将用户的兴趣社交需求与生活服务相连接，再次尝试进军O2O领域，如图5-20所示。值得一提的是，"陌陌"的每一条活动信息都包含活动时间、地点、距离、价格等相关信息。

图5-20 附近活动

専家提醒

"陌陌"表示："附近活动"功能的推出目前主要是为了满足人们的商业需求，增加用户黏性，但不排除其中会有商业想象空间。当用户出差在外地住进宾馆时，只要打开位置就能通过"陌陌"摇一摇找到相关服务人员，LBS社交的出现不仅仅方便了用户，同时也带动了相关产业的发展。另外，"陌陌"还开始了LBS社区的建设，而这个概念目前还没有深入人心。

Step06　2014年8月，"陌陌"正式上线针对线下商家的广告平台——到店通，如图5-21所示。截至2014年9月，到店通已收到超过11万本地商家的店铺申请。此次"陌陌"与58同城的合作也为"陌陌"的商业化进程打开了更大地想象空间。

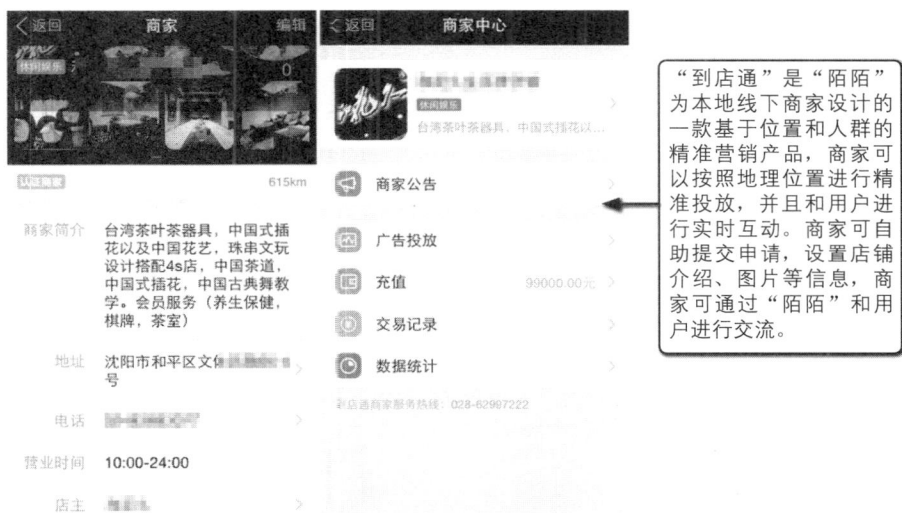

"到店通"是"陌陌"为本地线下商家设计的一款基于位置和人群的精准营销产品，商家可以按照地理位置进行精准投放，并且和用户进行实时互动。商家可自助提交申请，设置店铺介绍、图片等信息，商家可通过"陌陌"和用户进行交流。

图5-21　到店通商家平台

作为创新的移动社交平台　"陌陌"以个性和生动的方式将人们连接在一起。基于强大和精准的地理位置特性，"陌陌"让用户彼此连接。通过社交兴趣图谱引擎以及用户行为数据分析，"陌陌"为用户提供个性化的社交体验。

笔者认为，"陌陌"的"发现"功能加强了地理位置功能的价值，打通了线下和线上的连接，有利于"陌陌"围绕该点展开O2O商业化服务。这就表明将有越来越多的商家可借助"陌陌"推出的这一新功能展开"陌陌"推广营销之道。

而在当下，很多商家可能只将眼光放在微信推广营销上，却忽视了像"陌陌"推广、遇见推广、手机QQ推广等其他社交平台相结合的推广营销，而后者加起来的用户数量也是相当可观的，这笔生意丢了也是相当可惜。

"陌陌"的社交关系是基于地理位置的关系，"陌陌"的用户会在自己的关系网内分享、讨论各种生活信息，本地化服务与本地化社交协同效应优势明显，两者结合的想象空间是"信息流与服务流合二为一"。截至2014年9月30日，"陌陌"用户数超过1.8亿人，月活跃用户6 020万人，日活用户2 550万人。

5.4.2 【案例】人人网：强大的移动社交

"人人网"的手机用户通过APP修改状态时可以附带准确的位置信息，与此同时，用户也可以将位置信息作为独立的内容发布。

人人网具备典型的SOLOMO属性，人人网在注册用户基础上产生了庞大的LBS信息，并大力发展移动业务，有利于提升曝光度和用户回流。这些由用户产生的签到信息，具有社交属性，人人网利用这些UGC信息，与商家合作，可以为移动用户提供O2O服务，产生更多的盈利模式。

Step01 进入"人人网"首页后，点击右下角的个人主页图标，如图5-22所示。

Step02 执行操作后，点击"附近"按钮，如图5-23所示。

图5-22 "人人网"首页

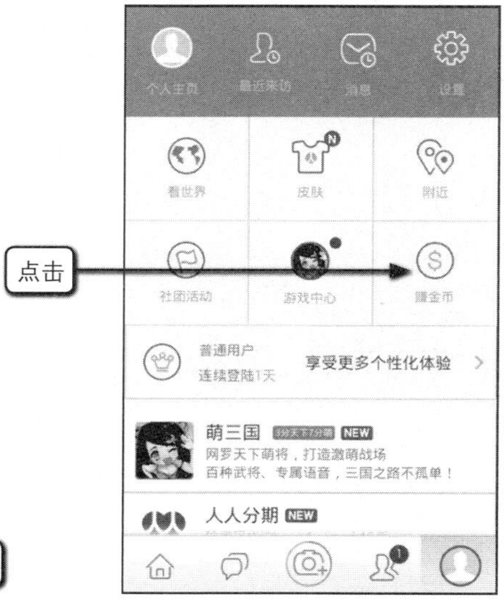

图5-23 点击"附近"按钮

Step03　进入"附近的人"界面，点击"活动优惠"按钮，如图5-24所示。

Step04　进入"活动优惠"界面，显示用户周边的商家活动，如图5-25所示。

图5-24　点击"活动优惠"按钮

图5-25　"活动优惠"界面

Step05　点击"更多"按钮进入其界面，点击"报到"按钮，如图5-26所示。

Step06　执行操作后，进入"当前位置"界面，用户可以搜索或创建附近地点，如图5-27所示。

图5-26　点击"报到"按钮

图5-27　"当前位置"界面

Step 07 　选择或创建地点后，进入"报到"界面，用户可以分享心情、上传图片以及@好友等，如图5-28所示。

Step 08 　点击"发送"按钮，即可分享报到内容，如图5-29所示。

图5-28　"报到"界面

图5-29　分享报到内容

Step 09 　"人人网"APP通过对用户位置的准确定位，用户不但可以查看在自己附近的朋友，手机还会推送位置附近的商家活动和广告信息，如图5-30所示。除了可以让好友间的见面变得更容易，同时也可以将广告信息准确地传递给用户，让用户参与到商家的营销活动中。

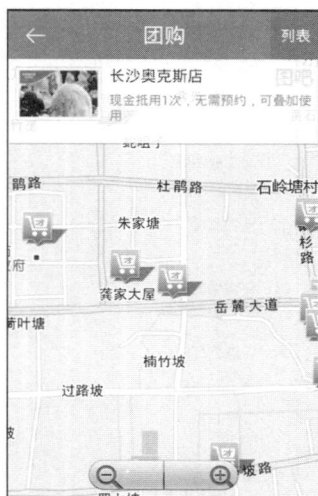

图5-30　推送位置附近的商家活动

社会化营销活动在参与形式上具有很大的局限性，主要的活动形式如互动游戏、品牌公共主页、信息分享和转发等都仅仅提供给用户"静止"的参与机会。"人人报到"提供一种全新的沟通途径，用户更愿意向真实身份的好友分享自己的空间位置，这才是LBS的意义所在。可以说，"人人报到"的出现，改变了以往的不利局面。

💡 专家提醒

除了"人人报到"强大的LBS技术支持外，"人人网"庞大的用户群和用户之间已经形成的真实身份的社交关键也是重要因素。

5.4.3 【案例】Vemii-night：酒吧的社交文化

"Vemii-night" APP是一款基于智能手机平台的应用软件，也是一个基于移动互联网LBS应用及酒吧文化圈的真实社交平台，如图5-31所示。对于初次到酒吧的两个陌生人来说，只要通过"Vemii-night"这款软件，便可以实现初次交流。

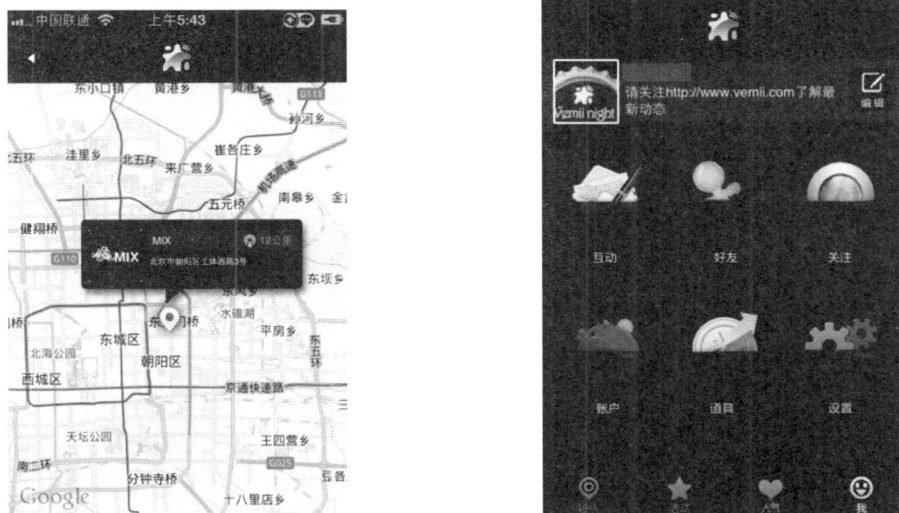

图5-31 "Vemii-night" APP应用界面

"Vemii-night" APP的开发者发现了一个重要的事实：大多数人在现实中不习惯与陌生人搭讪，但是在网络中却很健谈。基于此，"Vemii-night" APP最大的优势就是把这种移动位置社交的感觉现实化、真实化。

例如，当你走进一家酒吧，在手机上打开"Vemii-night"APP，即可看到整个在这家酒吧签到的人，你可以和这家酒吧里的任何一个人聊天，打消了你直接面对陌生人的不适与尴尬，可谓算得上社交途径的全新拓展。

从实质作用方面来看，"Vemii-night"APP将会结合时下流行的QQ与微博，更加真实地满足人们在扮演不同角色时的交流，从长远方面来看，它人性化的交互体验加之精准的文化圈指向，定会释放人们在夜色中的情怀。

"Vemii-night"APP最主要的作用就是打消了在某个身份或某个场景中陌生人与陌生人之间交流的那种隔阂，极大地拉近了人与人之间的距离。虽然这款软件只是服务于特定的人群，但是它所发挥出的即时通讯与真实的场景社交功能却有一种跨时代的意义。

在社交网络中，很多移动APP架构在传统的社交网络的架构之上，但手机独特的环境可以形成3层结构，分别是：手机操作系统、手机通讯录以及传统社交网络开放平台、移动LBS应用，如图5-32所示。与PC社交网络不同的是，由于通讯录的天然存在，使得社交APP无须像PC互联网那样需要另外的开放社交平台。

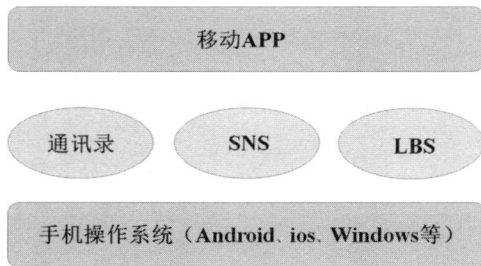

图5-32 手机社交网络的3层结构

依赖通讯录的社会化APP实际是复制了现实的社交关系到移动互联网领域，它与传统互联网社交网络有着一些微妙的区别，前者更加真实和封闭，依赖通讯录快速形成一个社交网络是社会化APP很好的方式，但并不是唯一的方式。例如，手机的LBS定位能力，可以使位置、距离成为形成社交网络基础的另外的一个选项。同样虚拟的社交关系同样存在于移动互联网领域。

"Vemii-night"APP充分体现了LBS在社交互动性方面的优势。除此之外，随着社交网络的普及，笔者认为这类软件还需要体现社交网络的大数据特性，企业如果能做好社交网络的数据分析与处理，也能从APP营销中收到很大的好处。

专家提醒

在开放的网络结构下，消费者的数字行为变得越来越无序也越来越自主，品牌在社交网络中建构品牌社群经营与消费者的关系，并不能完全满足品牌对消费者行为管理的需要，品牌需要更加全面和完整地管理消费者行为与体验，更充分地整合多种营销手段，整合优势资源，不断积累和沉淀用户关系提升用户体验，才能不断地实现品牌市场任务。

5.4.4　【案例】开心网：LBS打造品牌口碑

开心网是国内基于非开放平台的植入营销的典型应用，在开心网上，企业既可以在游戏组件和功能组件，如"争车位"、"买房子"、"投票"、"音乐"、"转帖"中植入产品，还可以联合开心网开发游戏组件。

例如，开心网的"签到"功能可以让朋友或同伴之间互相跟踪地理位置，在特定的时间知晓彼此所在的位置。

Step01　在"开心网"APP主界面点击中间的＋号按钮，弹出功能菜单，点击"发位置"按钮，如图5-33所示。

Step02　执行操作后，进入"附近"界面，选择你所在的地点，如图5-34所示。

图5-33　点击"发位置"按钮

图5-34　选择你所在的地点

Step03 进入"签到"界面，用户可以输入签到附言、设置权限、上传照片等，并点击"发表"按钮，如图5-35所示。

Step04 执行操作后，即可完成签到操作，如图5-36所示，在"附近的人"界面中，其他好友便可以查看你的位置。

图5-35 "签到"界面

图5-36 成功签到

开心网是社交应用，用户之间的关系更有黏度，其LBS营销也更注重朋友圈的推广和口碑营销。口碑营销以用户体验产品为基础，用户将体验的结果进行小范围对1∶1的传播方式，80%的用户对1∶3口碑的信任度超过其他的信息来源，如图5-37所示。口碑营销是一种成本低廉但效果明显的推广营销方式，是社交网络营销的重要手段之一。

图5-37 口碑营销

　　口碑传播其中一个最重要的特征就是可信度高，因为在一般情况下，口碑传播都发生在朋友、亲戚、同事、同学等关系较为密切的群体之间，在口碑传播过程之前，他们之间已经建立了一种长期稳定的关系。

　　社交网络时代，用户对品牌的认知将不在局限于从新闻、博客、论坛、微博、facebook等社交网络获取信息，用户在消费时将更多的参考品牌在（本地）LBS网络的口碑指数作为指导，届时，品牌口碑指数将更加直观，也更加具体和真实。

专家提醒

　　随着LBS的逐渐发展，用户对商家评论的增加，LBS平台将对商家的口碑进行评级，或者用颜色，或者用某一符号在LBS地图上进行标识，以方便消费者对商家口碑进行区分。同时，LBS品牌口碑搜索将成为消费者常用的工具，也将成为平台的盈利模式之一。

5.4.5 【案例】QQ空间：好玩的签到互动

　　在QQ空间中，地理位置的常见应用就是在照片上标记用户的信息，从最初的日期信息到现在的地理位置信息。另外，"QQ空间"APP的"签到"功能也可以让朋友或同伴之间互相跟踪地理位置，在特定的时间知晓彼此所在的位置。

Step01　在"QQ空间"APP主界面点击"中间的＋号"按钮，弹出功能菜单，点击"签到"按钮，如图5-38所示。

Step02　执行操作后，进入"签到"界面，如图5-39所示。

图5-38　点击"签到"按钮

图5-39　"签到"界面

专家提醒

任何好的社会化媒体类APP都会与用户互动起来，使其广泛参与。这就要抓住人性方面的元素，比如好奇、欲望、分享、愤怒、健康、懒惰、善良、感性、嫉妒、虚荣等。当然，究其APP本身也要设置互动性强的内容，能吸引用户参与，这样才能下一步的传播。

Step03　在"热门推荐"选项区中，用户可以选择参加相应的签到活动，如图5-40所示。

Step04　进入"签到"界面，点击"显示所在位置"按钮，如图5-41所示。

图5-40　"热门推荐"选项区　　　　图5-41　点击"显示所在位置"按钮

Step05　执行操作后，即可显示默认的地址，如图5-42所示。

Step06　再次点击该地址，弹出相应快捷菜单，点击"修改位置"按钮，如图5-43所示。

Step07　执行操作后，进入"位置"界面，手机可以识别出用户所在的位置，并且提供几个地点让用户选择，如图5-44所示。

Step08　选择相应的地点后，即可更改"签到"位置，让自己位置显示更加准确，如图5-45所示。

图5-42　显示默认的地址

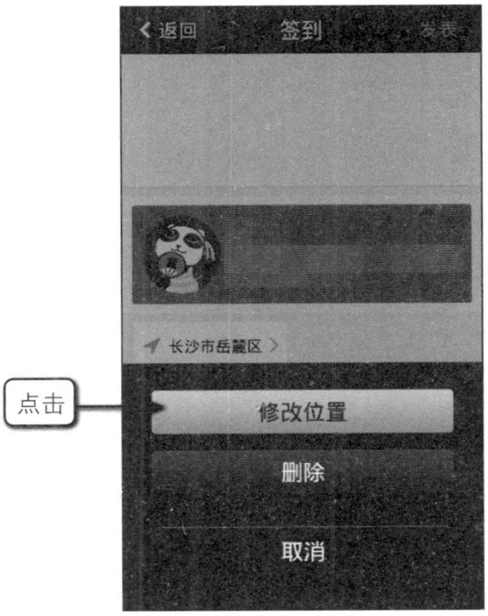

图5-43　点击"修改位置"按钮

图5-44　"位置"界面

图5-45　更改签到位置

Step09　点击"发表"按钮，即可完成签到操作，在"动态"界面中，其他QQ好友便可以查看你的位置，如图5-46所示。

Step10　另外，在"QQ空间"APP中，用户还可以添加"位置"应用，直接修改自己的地址，如图5-47所示。

图5-46　完成签到操作

图5-47　添加"位置"应用

Step11　QQ空间还具有"水印相机"功能，用户可以将地理位置、当时的日期以及天气作为水印印在照片上，并且有多种水印模板可以选择，照片也能够传达更多的信息，如图5-48所示。

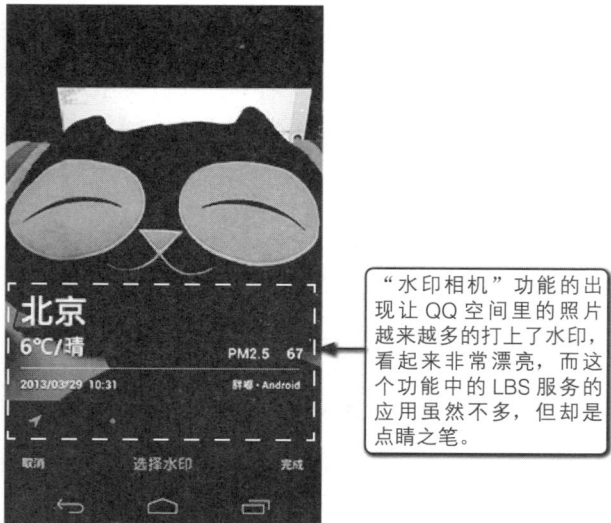

图5-48　"水印相机"功能

"QQ空间"这样的社交媒体可以用来与顾客建立联系，借此，企业可以参与到网络社区的活动当中，而这个社区最显著的成果是其凸显的数字化和即时、真实的网络对话。企业可以阅读、参与甚至测量分析这些对话，它们都会是自己的资本。

另外，"QQ空间"的地理位置功能包含了巨大的商业机会，有实体店的企业可以通过提供激励来为现有及未来的消费者进行互动，并为他们提供价值。企业可以为在店内签到的消费者提供奖励，借社会化媒体的口碑传播力量触动他的交际圈，带来更多的消费者。

━━━━━━━━━━━━━━━━━━━━━━━━━━━━

专家提醒

地理位置服务业可以用于大型的营销活动。即使用户在某地并没有多少朋友，他也可以在特定时间查看人们聚集的地点，因为地理位置服务可以根据地点查看活动，同时个人信息不会在非好友用户间出现。

5.4.6　【案例】有闲网：基于LBS与移动社交的闲置物品交换平台

二手闲置物品交易在PC端上已经形成很大的市场，比如58同城、赶集、百姓网每天都会促成不少闲置物品交易，但是在移动端上，还不够成熟，另外在PC端平台的闲置物品交易手续比较复杂，给很多人造成不便，有闲网将突破这两点，成为"下一代的移动版傻瓜式的闲置物品交易平台"。

"有闲网"是一个基于朋友和朋友的朋友的闲置物品交易平台，需要售卖闲置物品的卖方直接拍照、上传即可将物品信息发布出来，产品形态上类似"垂直闲置物品交易话题的微博+朋友圈"。另外，在"有闲网"也可以基于LBS查看附近的人在出售什么闲置物品。因为"有闲"团队调研时发现，有52%的闲置物品交易发生在熟人之间，而22%的交易发生在本地的地理位置相近的人之间，所以"有闲"只为熟人或邻里牵线，不做完全陌生人之间的交易。

"有闲网"不同于其他的产品的三大突破点，其一是有闲网的产品体验非常好，把用户体验做到极致和精准；其二是充分利用熟人圈和地理位置定位来做产品，而且是在移动端做，可以语音发布搜索产品，所以非常的简单便捷。其三是在产品细节引入了微识别、云解析技术，可以更好地分析产品，这一点是在其他同类型的闲置物品交易网站所不能模仿的。

有闲的产品叫作"闲云"，用户家中如果有闲置物品可以付费寄存到"闲云"上，也可以选择让"闲云"代售。这样用户只需要付出一键让人上门收货的成本，最后等货物卖出收钱即可，其余中间环节由"有闲"完成。而这对"有闲"的好处是，他们会形成一个中间的货品站，如此一来便可以通过闪购等形式集中统一销售这批成规模的物品，形成B2C的模式。

"有闲网"客户定位主要是18~35岁的白领和学生，满足他们之间有很多的闲置物品交易需求，主要交易物品数较多的分别是服装、数码科技类产品、图书音像产品，以及母婴产品，因为在国外闲置物品交易已经有比较成熟的产业链。

开始的时候，"有闲"在闲置物品的寄存和代售上，以及用户交易时收取交易费用。至于未来，"有闲"想做成移动端的生活交易平台，除了实体物品，各类服务也可以在此交易。

5.4.7 【案例】丁丁网：位置技术吸引本地消费者

丁丁网有机会能在移动O2O领域成长为一个大平台，从阿里巴巴集团身上，丁丁网可以获得业务、产品、用户群等多种优势资源。而通过产品的融合，丁丁优惠的内容和闭环系统能够和阿里巴巴的多个业务进行打通，产生良好的协同作用，一起给移动互联网用户最好的线上线下结合的消费体验。

丁丁网以丁丁地图起家，主要业务包括商家优惠券业务丁丁优惠、本地生活信息服务业务丁丁生活及社交产品丁丁签到等。

梳理丁丁网的业务发展，这家公司的业务方向一直在变：从早期做地图、做交通路线，到做本地生活服务，后来开始做优惠券。不过，丁丁网都是在做一件事情：Location Based Service（LBS），基于位置技术的本地生活服务——即一个人的衣食住行、吃喝玩乐和生老病死。

在这一层意义上，丁丁网和传统的黄页、优惠券DM杂志并没有什么区别，提供的是相同的东西，本地化的生活服务和优惠打折信息。

但从放在便利店里的小册子，到网站上和地铁里维络城的优惠券打印，再到现在智能手机上的APP应用，在一步步影响消费者的生活。对于消费者而言，操作更加便利，更贴近他们的生活，也更多地进入他们的日常生活。

不断变革的产品创新对于传统产品来说，是颠覆式的。丁丁网对O2O做了好几年的探索，当智能手机普及后，手机解决了线上线下链接的难题。从互联网到手机，把消费者的使用习惯全部推翻，但不是为了推翻而推翻，而是需求驱动，把用户体验简单化了。

手机客户端的产品创新迎合了消费者的需求，但对于商家来说，他们的需求还是在于收费方式。在业内，丁丁网第一个革新了对商家的收费模式。传统的本地生活公司，做点评、做优惠券，用的都是老套的广告费模式。

智能手机出现以后，解决了O2O的问题，也给了折扣模式革命性的意义。丁丁革新了收费模式，商家不用付广告费，而是根据客人多少来付费，还可以根据消费额付费。这种改变，不是由我驱动，而是由商家，希望有客人来了再给你钱。它的原始基因是羊毛出在羊身上，商家习惯了这种思维。

据了解，丁丁网的签约商家都安装了优惠验证机，从而完成O2O闭环体系。用户在手机上下载优惠券，到商家消费时在验证机上验证完成，便可消费；而商家根据消费者的消费额分成给丁丁，这使得丁丁优惠实现了按效果计费、按交易额提成的盈利模式。

与阿里巴巴的合作，让丁丁网如虎添翼，从阿里巴巴集团身上，丁丁网可以获得业务、产品、用户群等多种优势资源。而通过产品的融合，丁丁优惠的内容和闭环系统能够和阿里巴巴的多个业务进行打通，产生良好的协同作用。

比如，在产品端，丁丁优惠将与支付宝手机客户端实现完全打通。未来，用户可以在支付宝移动终端"支付宝钱包"上搜索到所有丁丁优惠的优惠券信息，并完成支付、消费验证等所有流程。

在使用验证机完成手机支付这一环节上，丁丁优惠正与投资方阿里巴巴展开深入的合作，丁丁优惠验证机系统已与支付宝的线下支付体系成功完成对接，同时双方即将升级各自APP产品以完成数据交互和支付宝移动支付，为消费者使用手机消费提供便利。

解决了量的问题，又解决了质的问题、解决了消费者平台门槛的问题，再解决商家收入方式的问题。这样来说整个是一个生态系统，手机优惠券及它所携带的商业模式是颠覆性的。

第6章

LBS+使想象变成可能

从郊游、逛街、再到买菜、找房，LBS应用在不经意间就渗透了我们的日常生活。而移动时代和智能硬件的到来，让LBS有了更广阔的用武之地，如智能跑鞋、智能手表、智能家居等，都是硬件与位置智能相结合的产物。层出不穷的智能硬件在改变世界的同时，更是潮人们格调生活的不二选择。

6.1 不只是签到，LBS已经成为水和空气

与云计算、大数据和物联网一样，LBS已经从飘在空中的概念成功落地，渗透到人们生活的方方面面，一切服务都在基于位置。人们的逛街购物、娱乐游戏、工作学习、旅游出行、健康医疗、教育学习，均与地理位置紧密结合起来。毫不夸张地说，LBS现在已经影响到每一个人，它就像空气和水一样成为必需品，无处不在。

6.1.1 儿童手表：GPS + LBS结合定位

儿童安全卫士手表，不同于我们通常见到的搭载各类手机功能的智能手表，而是专注于监管儿童安全的可穿戴设备。家长在自己的手机上安装儿童安全手表的APP后，只需通过手机向手表发送一个指令，就能获取孩子目前所处的位置及周边环境信息，从而判断孩子所处环境的安全性。

还可以设定孩子的安全活动范围，一旦孩子超出设定范围，设备就会向家长的手机发送报警信息。此外，还有设置在预定时间收到孩子的信息位置的功能，比如是否已到达指定地点或者是否已回家等，随时知道"宝贝去哪儿"了，监管孩子的安全，如图6-1所示。

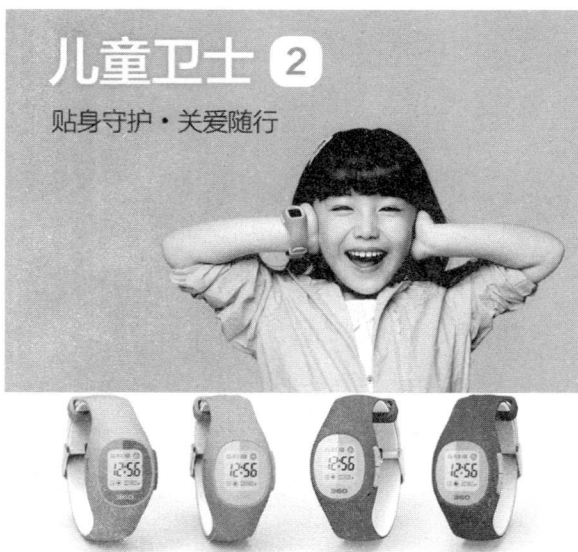

图6-1 儿童安全卫士手表

关键在于定位技术，通过GPS卫星定位技术和LBS基站定位双结合的技术实现。GPS卫星定位准确、稳定，但是受到天气和位置的影响比较大，当遇到天气不佳或者位置不利的情况，就会受到很大影响，甚至无法进行定位。

LBS基站定位系统是通过电信移动运营商的网络获取移动终端用户的位置信息，在电子地图平台的支持下的一种位置服务，其使用方便，成本低，只要用户手机有信号即可定位，不受天气和位置的影响。

但是其定位精度同位置技术站的数量相关，误差在50～500米之间，在偏远地区或者手机信号不佳的地区，会产生比较大的定位误差。儿童智能手表将两种定位技术相结合，优势互补，为用户提供更精准的定位。

此外，儿童安全卫士通过使用GPRS来进行数据的传输，突破行业传统的短信指令传输，数据传输的速度可达十秒以内，方便家长迅速获取孩子的位置信息，起到精准、高效的安全监管功能。

6.1.2　智能跑鞋：卫星智能导航定位鞋

伴随着LBS的热潮，智能硬件越来越丰富，LBS也开始在鞋类产品上做文章，并且关注儿童市场，国内首款卫星智能定位鞋——万里顺已经诞生，带来了一种全新的多功能的智能鞋，它既是一双定位鞋，又是一双导航鞋，还是一双恒温保健鞋。如图6-2所示。

图6-2　智能跑鞋

智能穿戴设备万里顺卫星定位鞋的出现，改变了我们的生活方式，它将我们每一个普通人带入一个智能的世界里。

智能定位鞋拥有GPS+LBS双模定位功能，支持实时定位、随时看护、历史轨迹、一键导航等儿童安全功能。给孩子们穿上这款定位鞋，家长多了一份放心。家长需要在手机端下载万里顺智能定位鞋的APP，扫描鞋子上的芯片表面的二维码即可实现绑定。

一个APP可以绑定多双鞋，而一双鞋也可以被多个监护人的APP绑定。其中，芯片模块的重量不到30克，穿在脚上可忽略不计。而整双鞋也是极轻，类似NIKE的超轻跑鞋。鞋子上的芯片可以取出来充电，充电一次可待机3天，充电接口与安卓手机一模一样。而且，取出芯片也能方便用户清洗鞋子。

儿童智能定位鞋拥有两个明显的优势：第一，新。目前国内市场上的儿童智能定位鞋寥寥无几，鞋的出现让人眼前一亮，能够迅速吸引消费者的目光。第二，靓。多彩的颜色、多变的花纹，配上精致的做工，能够大大降低家长和孩子的"抵抗力"。将来会开放个性化的定制服务，用户可以DIY出自己独一无二的鞋。

儿童智能定位鞋市场将会很大。再穷不能穷教育，再苦不能苦孩子。国内家长在考虑为孩子消费时，往往十分豪爽。而智能定位鞋的定价策略则是十分聪明。智能定位鞋的确代表了最高的专业水平，但是从价格上来看，大众消费的标准也可以买得起，这就是给老百姓做的鞋，就是让高科技更好地服务现代时尚生活的一种体现。

6.1.3　智能家居：海尔路由器结合LBS

随着不同企业频频跨界发布智能化战略，市场对智能家居产品的敏感度逐步降低，但独具特色和差异化的产品则有望重振市场信心并引领新一轮的智能风向标。从这个意义上讲，海尔路由器的LBS位置推送功能不失为一个极具潜力的产品突破口，或许，不久之后海尔路由器将会成为下一个炙手可热的"滴滴打车"。

"滴滴打车"是移动线打车软件，它迅速闯入人们的生活，并成为众多出租车司机和打车人士使用最多的应用。之后打车软件更是一发不可收拾，快的打车，神州专车等层出不穷。而在智能家居界，也诞生了一种类似该打车软件的位置推送应用产品，这便是海尔生产出的智能家居路由器。

众所周知，"滴滴打车"是基于LBS位置推送功能和GPS定位原理，并利用手机帮助我们定位出租车的具体位置，同时通过APP与司机进行信息交流，从而快速达成乘车协议的软件应用服务。而海尔这款路由器是否也如上述在线打车软件一样，能自动为用户提供位置推送服务。

海尔路由器可自动检索用户手机位置，当进入离家300米范围内，路由器便会启动回家模式，热水器、空调自动启动，灯光、背景音乐等在开门的瞬间同时开启。这些服务不再需要用户掏出手机来控制，而只需将GPS保持开启状态，机器不再是接收、执行指令，而是具备了思考能力，会'主动'提供服务，如图6-3所示。

图6-3　海尔智能家居系统

海尔智能家居路由器以智慧生活操作系统为依托，其涵盖全套智能家居解决方案，以智慧家庭互联平台、云服务平台及大数据分析平台为技术支撑。基于这一平台，海尔路由器可通过手机等外设移动终端设备，自动感知用户地理位置等信息，再经由系统反馈，即可统一管控家电、灯光、安防等家居设备的运行，实现设备之间的互联互通。

随着不同企业频频跨界发布智能化战略，市场对智能家居产品的敏感度逐步降低，但独具特色和差异化的产品则有望重振市场信心并引领新一轮的智能风向标。

6.1.4　Life 360：呵护电池的定位跟踪

说到位置跟踪技术或者说定位，大家都很容易想到GPS。但长时间开着GPS实在浪费电源——一两个小时可能没有问题，但如果要开着APP做一天的位置追踪，那么即使带着移动电源也很快会被吸干。

Life360是一家提供位置跟踪服务的创业公司，其APP能让你随时知道家人朋友的位置——这点对于工作中的父母尤其重要，因为他们能时时知道孩子的安全和动向。

对于这样一款APP，"耗电怎么样"常常是用户最大的顾虑。因为长期开启的位置APP通常会借助GPS来获取用户准确的位置。

其实Life360 APP不需要长时间借助GPS，从而帮助用户省电。他们的技术实现是在GPS之外加入其他的数据连接来确定用户的位置：Wi-Fi信号，通信基站信号和用户设定的地理围栏。它会首先检测你是否处于设定的地理围栏之中，一旦确定用户处于地理围栏中，APP就会确保GPS没有打开。

同样，如果你处在几个已知的位置：比如正在工作或者处于家中，APP会关闭GPS并监听那些表示你正在移动的信号。而当用户发生了位置移动，APP才会重新打开GPS。

Life360的这个系统同时也是智能的，比如它会根据你的活动规律得知你在下午2：00午休，在这段时间它就会停止读取通信基站的信号。如果你的手机不停地与不同的Wi-Fi信号连接，相应的结论是用户正在开车或者在火车上——总之处于快速移动状态。

虽然Life360允许家庭成员通过其智能手机追踪彼此的地理位置，但它并不具备任何社交或者病毒特性。对用户来说，通过这款APP跟踪到的，也仅仅是亲近的家庭成员。

6.1.5　无人机：LBS的高科技探索应用

以移动APP操控的无人机厂商亿航宣布与阿里巴巴旗下的数字地图内容、导航和位置服务提供商高德达成战略合作伙伴关系，作为最早接入高德"LBS＋"开放平台的智能硬件厂商，亿航将继续与高德展开深度合作，引领移动互联时代的智能硬件探索更深层的软实力和创想空间。

作为使用了高德LBS服务的智能硬件代表，亿航厂商推出了 "LBS＋Ghost无人机"的应用方案。作为国内第一款能够纯用手机操控的智能无人机，Ghost基于高德Android SDK开发的手机AP。

P操控平台，改变了传统航模遥控器的操控方式，大大降低了无人机的使用门槛，让人人都能到手即飞。

此外，亿航引入高德地图数据及导航服务，确保能为用户提供精准的地图定位、飞行数据显示及导航线路规划，让用户可以做到在地图上"指点飞行"，随心所欲地操控飞机。

未来亿航将借助高德LBS在全球定位、地图导航、位置大数据、位置云服务方面的专业优势，更加致力于空中平台战略及生态系统的建设，逐步建立起基于亿航无人机的第三方开发平台、社交酷玩平台、视频分享平台、空中无人机网络平台等。

与高德LBS＋开放平台的结合，不仅让亿航抓住了移动互联时代位置服务的入口，还让无人机这样的移动智能硬件成为新的连接线上、线下的核心，打造出智能硬件在物联网时代的软实力。如果说无人机行业是智能硬件浪潮中的一片蓝海，那么基于LBS的空中移动互联平台将是这片蓝海中的新大陆。

6.2　与LBS紧密协作的关键技术

此前为人熟知的"定位技术"主要是电信移动运营商的无线电通讯网络（基站定位）或外部定位方式（如GPS）。随着LBS的发展，对与定位精准性、定位粒度、定位场景和定位诉求的变化，一些新的技术也在LBS中发挥关键作用。

6.2.1　Wi-Fi技术

LBS定位理论的核心思想：一个特征如果具有空间上的不变性，那么就可以通过它的特征来反算到该特征的空间位置。

在目前的情况下，具有这种空间位置不变性，且容易被移动设备获取的特征，主要有两类，如图6-4所示。

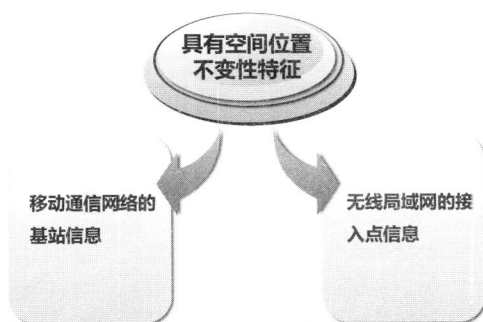

图6-4　具有空间位置不变性特征

因此，当移动设备捕获到的基站信息和WLAN AP信息与之前曾经捕获到的信息一致时，就可以认为用户应该基本上是处于同一个位置。如果把一个地点能够探测到的基站信息和WLAN AP信息统称为该地的电磁频谱特征，而之前又在数据库中记录了电磁频谱特征和坐标的关联关系，那么，所谓的定位其实就是根据电磁频谱特征查找空间坐标的过程。

以上是从理论角度分析基站和Wi-Fi定位的基本原理，从实用的角度（程序开发人员视角）来看，我们所需要的就是可以通过服务提供商所提供的定位接口，通过向其发送相关的电磁频谱特征，来获取其数据库中所记录的对应特征的空间位置，而无须关心其背后的算法细节。

关于目前常用的定位服务API，包括三大API，如图6-5所示。

（1）谷歌的定位服务API，行业标杆。

（2）百度的定位服务API，在国内的定位精度不逊于Google，目前完全免费。

（3）驴博士的定位服务API。

Wi-Fi基本是用指纹识别，而不是GPS那种三角定位。为方便于理解，简单地说，就是把你当前位置的数据和数据库校对，判断你的位置。并不是直觉上想的那种，什么通过已有路由器位置、离路由器的距离来推算，那样基本算不出。

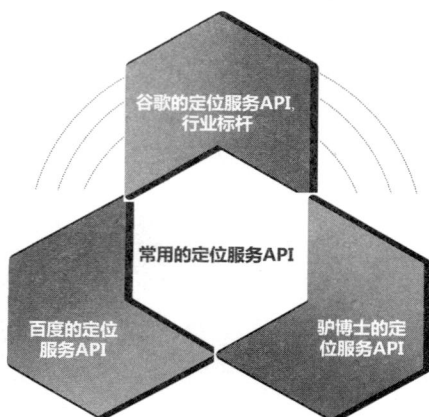

图6-5　常用的定位服务API

具体来说，每当已开Wi-Fi搜索的设备通过Wi-Fi以外的方式获取到位置时，谷歌等就会自动搜索，如图6-6所示。

1 搜索附近Wi-fi路由的MAC地址

2 把Wi-fi路由器的MAC地址与GPS等其他方式获取的物理地址绑定，记录下来

3 下次再有设备在这附近时，如果搜索到相同MAC地址的路由，就可以通过跟数据库校对来判定位置

图6-6　自动搜索

6.2.2　近场通信

近场通信（Near Field Communication，NFC）。又称为近距离无线通信，是一种短距离的高频无线通信技术，允许电子设备之间进行非接触式点对点数据传输，交换数据。

通信不一定非要在两个手持设备之间进行，例如两个手机之间。它还可以在移动设备和某些目标上工作，例如商店收银台的销售终端系统，内置有近场通信芯片的标签、商标标签、海报、印花或者卡片。

对于这些简单的目标，近场通信芯片无须电池支持。相反，芯片处于被动状态，可通过另一个设备产生无线射频场进行激活。NFC近场通信技术将会从各个方面改变人们的移动生活，例如商务汽车存取，通过Foursquare之类的LBS应用签到，甚至可以完全取代你的钱包，信用卡、借记卡、现金、优惠券一应俱全。

基于NFC、RFID或者iBeacons的近场通信则可以让设备与设备可以感知到彼此的存在，并可进行一些小数据量的交互。鉴于我们已经将智能手机当成一部分，当智能手机具有NFC等功能时，人与物之间也具有近场通信的能力。

这时候，你在商场、停车场、博物馆，每移动一米，甚至半米，都会被"定位"到。基于此便可以做到你在博物馆大厅，走到不同显示屏面前显示屏自动播放介绍；未来的分众传媒将感应到不同的人针对性播放广告；还有你在超市购物时，购物车上便会自带一个自动导购屏根据你位置的变化导购信息。

随着智能手机的普及和发展，具有NFC（近场无线通信技术）功能的手机越来越受到市场的青睐。智能手机内置NFC技术等一系列物联网技术的应用，将使产品更具竞争力，用户也可以体验到更丰富多样的终端应用。NFC技术的出现打响了物联网的第一枪。

蓝牙虽然是非常早出现的无线通信技术之一，能够与消费者的移动设备进行实时的互动，但是成本比较高、安全性较弱，而且连接的时间比较长；而二维码也缺乏统一的标准，导致信息获取过程中易出现错误；Wi-Fi虽然可以进行传输但特定的连接方式，对户外消费者而言费时费力不说，还需要耗费很高的电量也是个极大的难题。

相比之下，通过NFC连接则非常便捷，就像在网上点击一个按钮一样，对准读卡器刷一下手机，信息就会即时传输到手机上，可以时时接收信息。

NFC技术不仅搭载的应用平台越来越多，应用的方法和模式也在不断扩展，特别是手机领域。NFC手机有三种主要应用类别，如图6-7所示。

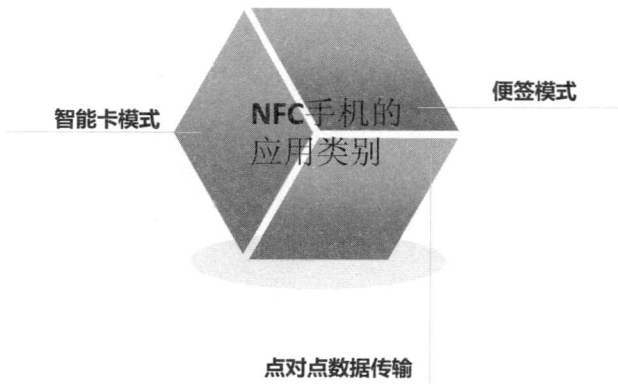

图6-7　NFC手机的主要应用类别

智能卡模式是指NFC手机终端可以模拟成一张非接触卡，主要用于支付、门禁等方面。便签模式是将具有NFC功能的手机与设置过的NFC便签相接处后，手机会直接完成该NFC便签所设定的操作。点对点数据传输就是用户只需选中需要传输的文件，然后与另一只具有NFC功能的手机轻"碰"，对方确认后便可传输，安全性较蓝牙得到了很大的提升，同时也使手机游戏的可玩性大大提升。

事实上，在不久的未来，NFC技术将会出现在公交车、加油站、地铁、停车场、便利店、餐厅、超市、电影院、校园、出租车等众多的消费场所，可以为商家提供更多的商业信息的传播服务，人们只要简单轻轻一碰就可以获取优惠券、内容、游戏下载等，甚至涉足商品的交易环节。

从营销传播的角度看，品牌率先使用一个新技术会给消费者留下比较积极的印象，消费者使用NFC的品牌，对这个品牌的认知是全新的，它似乎代表一个市场的引导者地位。

在很多电子商务人士看来，在大型体育赛事等公共活动中，通过售票点进行卖票的方式已经过时了，取而代之的是电子票的形式——通过短信的形式将票务信息发送给购票者之后，用NFC进行扫描验票，为消费者提供一种终端对终端手机购票和验证的系统。点对点的模式会让NFC手机之间，用户相互之间传输信息、传输内容，直接进行支付。

而NFC与信用卡连接以后，通过NFC手机可以购买、存储、验票，这些功能都可以一一实现。在中国目前最为普及的一个领域是交通领域NFC的应用，例如公交系统的一卡通，NFC的应用还可以轻易地扩展到其他领域，例如酒店、餐饮等。

对于快速购买数字产品而言，把手机当作钱包快速获取商品将会越来越普及。自动贩卖机现在是一个非常明显的例子，在国外已经有企业开始尝试，例如谷歌与可口可乐在伦敦奥运会上合作，推出可口可乐自动售卖机。

6.2.3 地理围栏

地理围栏技术（Geo-fencing）是LBS领域的全新探索，通过虚拟栅栏围出多边形的地理边界，同时通过手机定位技术确定手机动态位置，当手机进入、离开虚拟围栏区域或在该区域内活动时，手机可以接收自动通知和警告。

区别于LBS定位技术，地理围栏技术划分出的区域是被网格化的，相当于采用定位技术划定地理范围，手机终端能够识别所处的围栏，而用户的围栏信息能够彼此之间共享，也能够与应用开发商共享，这是将地图数据、POI数据、定位能力、消息推送能力封装起来提供给特定的应用。百度、Intel均有自己的地理围栏技术，在今年的Intel IDF大会上，Intel对其地理围栏技术进行了重点展示。

广告是LBS公司的主要营收渠道。除有偿提供地理位置信息数据分析服务外，主要通过广告来缓解盈利压力，包括页面广告、为英特尔等大公司提供定制化虚拟勋章、为赞助商提供商家介绍和链接等。而地理围栏技术为移动广告提供了新舞台。

与传统品牌推广大范围撒网不同，基于地理位置触发的广告模式使营销更为精准，且线上、线下的有效衔接和高度接近更易激发购物冲动，从而越发接近"广告即购买"的高效广告生态链。

除开实体店铺，交通枢纽乃至户外广告本身也成为地理围栏的"圈养"对象。与此同时，遭遇电子商务渠道挤压的线下零售商，也开始利用地理围栏技术，改善自身在移动时代的落后状态。

地理围栏技术可以在许多现实场景中得到应用：记忆障碍的老人、尚没有完全行为能力的孩子、或者一些过分活泼的宠物，都需要被"圈定"在适当的安全范围之内，通过地理围栏技术即可完美解决对象安全和看护时间成本之间的矛盾。通过百度地理围栏技术，无论是老人、孩子还是宠物，一旦离开我们划定的"安全范围"，通过手机我们能够及时得到警告。

又如，停车场的车位十分紧缺，而远程同步停车场剩余车位信息又必须手动发起查询申请才能得到反馈，使用地理围栏技术可以在车辆进入停车场的"围栏"范围内时自动发起查询申请，反馈剩余车位信息，为车主提供参考。

据了解，百度地理围栏技术是国内首家提供离线+在线地理围栏服务的产品，基于位置的提醒和离在线结合的方式，实现了功耗的大幅降低。用户离关键位置点较远的时候，会进行距离判断，在用户到达围栏周围时，再请求在线定位，询问用户是否触发围栏。

贴近用户需求，地理围栏技术为开发者提供全新想象空间。百度地理围栏技术"离线+在线"的技术策略，能够让在用户体验上更为顺畅，摆脱网络状况的限制，避免智能手机普遍待机时间短的缺点，极大提升了地理围栏的工作效率。

因此使用百度定位SDK提供的地理围栏服务的开发者能够设计开发更适合用户需求的产品。目前，已经有大量开发者利用百度地理围栏SDK开发相关应用，精彩创意层出不穷。

百度地理围栏离线+在线的技术，解决了该项技术在实际应用中的用户'痛点'，从而更受开发者欢迎，同时百度通过LBS技术的不断进步，为开发者提供更加便利的条件和技术支持。

6.2.4　芯片升级

前面提到的所有的关于LBS的场景、应用和技术，都离不开"计算"。数十亿终端不断地理位置数据的采集和存储，海量数据需要通过网络设备上传到云端，云端计算集群则要通过大数据技术对数据进行处理、挖掘和应用呈现。

定位如何更精准、计算如何做到更低功耗、挖掘如何更有效率，核心都是由Intel这类底层芯片商来实现。尤其是一些瓶颈问题，如低功耗的解决，是LBS普及的前提。Intel在地理围栏技术、物联网解决方案、Wi-Fi定位技术、无线定位技术、蓝牙技术上也有突出的成就，在"端"和"云"，Intel为代表的芯片厂商是LBS普及的无冕之王。

6.3　LBS＋将成为行业标配

LBS要是想积淀用户、不断产生一波波的高质量实时位置信息，必须要进入一个"LBS+"的状态，搭上其他功能，成就"乘法效应"。LBS是移动互联网区别PC互联网的最大变量，并将成为行业标配。

6.3.1　LBS＋交通

移动互联网行业一直合纵连横不断上演，在百度已经形成完整的"一体化生活服务平台"生态链条之时，被百度LBS的强势崛起所迫，阿里巴巴全资收购高德地图、腾讯入股大众点评，敲响了两记资本重锤。

另外，"滴滴打车"和"快的打车"两大打车APP，"烧钱"抢市场的行为更是持续数月。通过总结这些事情，可以发现互联网巨头的重心已经发生偏移，围绕LBS的生活服务和营销已经成为广告主布局的重点。

每天出门，当你打开手机上的地图APP，运用实时交通功能，帮你更顺畅地到达目的地。其实在简单的点点屏幕背后，有着看不见的复杂口令。在地图的实时交通领域，大数据令很多细碎烦琐的事情落地，"复杂"才决定了"简单"。

对于LBS服务的价值，LBS对移动互联网的入口效应正在显现。十年前买一台计算机常常需要装十几种软件，但是现在没有什么可装的，因为所有的功能都可以通过浏览器完成。地图之于手机正像是浏览器之于计算机，地图将会成为每一部手机最重要功能。

互联网竞争到今天，始终就是一个入口的竞争，之前浏览器成为Web互联网最重要的入口，而今天LBS将成为移动互联网的入口，谁控制这个入口，谁就会比较厉害。

"高德地图"生产过程可分为三大环节：数据采集、数据生产、数据应用，如图6-8所示。高德在微信公众平台推出了服务号，可以供用户进行上下班路况查询，这同样是基于大数据的服务功能。

Step01　关注"高德地图（微信号：高德地图）"微信公众号后，可以看到公众平台下方有"微地图"、"微交通"和"微互动"3大板块，如图6-9所示。

Step02 点击"微地图"按钮，进入地图模式，系统会自动定位用户的位置，用户可以在此搜索公交、地点和路线，如图6-10所示。

第1步：数据采集   第2步：数据生产   第3步：数据应用

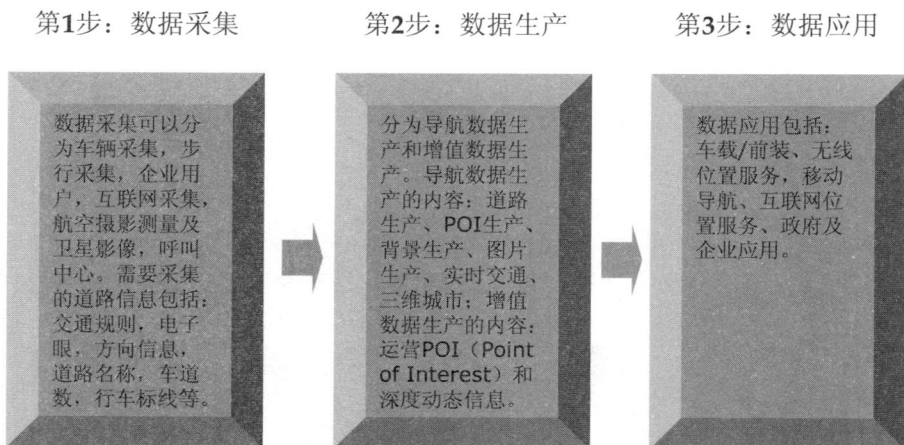

数据采集可以分为车辆采集，步行采集，企业用户，互联网采集，航空摄影测量及卫星影像，呼叫中心。需要采集的道路信息包括：交通规则，电子眼，方向信息，道路名称，车道数，行车标线等。

分为导航数据生产和增值数据生产。导航数据生产的内容：道路生产、POI生产、背景生产、图片生产、实时交通、三维城市；增值数据生产的内容：运营POI（Point of Interest）和深度动态信息。

数据应用包括：车载/前装、无线位置服务，移动导航、互联网位置服务、政府及企业应用。

图6-8 "高德地图"生产过程离不开大数据

图6-9 "高德地图"微信公众平台

图6-10 地图模式

Step03 点击"附近"按钮进入其界面，用户可以在此搜索身边的美食、酒店、电影院、团购等生活服务，以及地铁图、车站、火车站等出行服务，如图6-11所示。

Step04 选择相应的服务后，用户可以直接通过手机下单。例如，点击"抢购"按钮，即可抢购附近的低价团购项目，如图6-12所示。

图6-11　"附近"界面

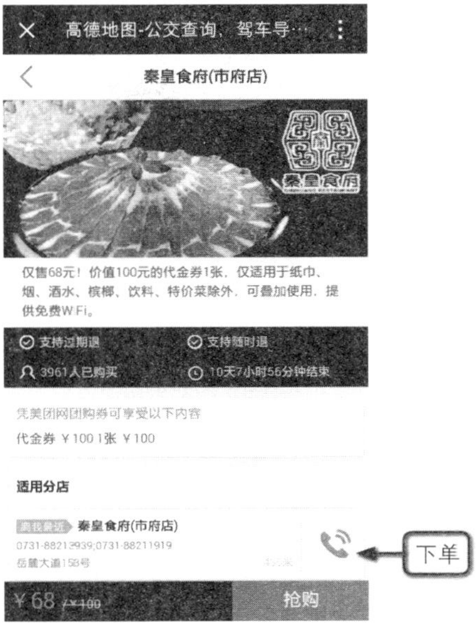

图6-12　手机下单

Step05　另外，用户还可以通过"高德地图"公众平台中的"微交通"板块查看全城路况、定点查路况、沿途路况、出行天气等，如图6-13所示。

Step06　例如，选择"沿途路况"选项，用户发送出发地位置和目的地位置后，即可查询相应的沿途路况信息，如图6-14所示。

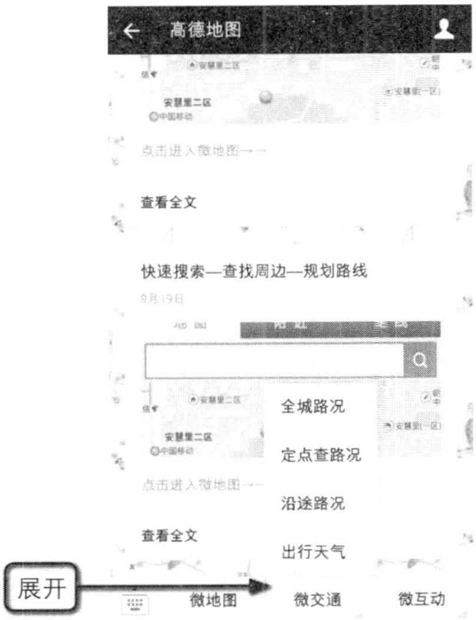

图6-13　"微交通"板块

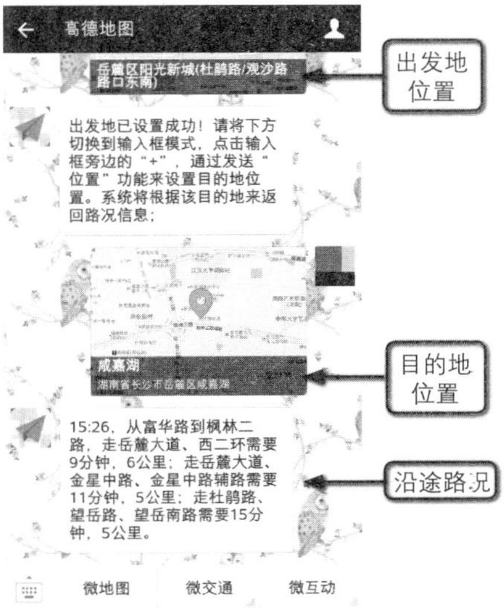

图6-14　查询沿途路况

Step07 在"微互动"板块中，提供了官方活动、产品反馈、官方App下载、联系我们、微社区等功能，为地图应用添加相应的社交元素，如图6-15所示。

Step08 例如，选择"微社区"选项，用户可以在这里畅所欲言，与其他用户深度交流，如图6-16所示

图6-15 "微互动"板块

图6-16 微社区

💡 专家提醒

笔者用一个实景比喻来解释大数据究竟能做到如何智能：当一个用户在某购物网站买过一张床后，他面对的不应该是隔三差五地收到同类产品的推荐信息，而是在几个月后收到特别为他定制的配套家具推荐。而在地图应用中，通过个性化的分析，同样可以做到量身定制的主动服务。例如，当你快下班时，就会收到一条推送信息，告诉你今天回家路上堵不堵，走哪条路最方便。

2013年5月份，阿里巴巴宣布战略投资高德地图2.94亿美元，持有高德28%的股份，成为高德第一大股东。通过收购高德，阿里巴巴将在线上到线下业务中收获与 LBS、商户导航等相关的功能完善，完成闭环。通过高德提供的地图与导航数据，阿里巴巴将能够为其旗下的B端签约商户的C端用户提供导航服务以及基于地理位置的移动广告服务。

另外，阿里巴巴表示入股高德之后，会以移动互联网位置服务和深度生活服务的基础设施作为切入点，日后也将在数据建设、地图引擎、产品开发、云

计算、推广和商业化等多个层面展开合作。

根据相关统计数据显示，高德导航地图应用在国内被广泛使用，占有26%的市场份额。地图APP不仅能凭借LBS数据，为公众出行提供实时交通信息，还能整合生活服务，起到O2O总入口平台的作用。通过商家服务信息与LBS地理信息的数据融合，地图将给用户带来更便捷的使用体验。

地图本身承载着各种各样的商业机构，无论是路边商店、实体店，还是日常生活中，和吃喝玩乐、衣食住行相关的机构，都是在地图上有体现。因此，地图天然就具备承载各类生活服务的平台属性。

专家提醒

移动公司尽快商业化的冲动，成为阿里巴巴本轮投资的重要抓手：电子商务已被证明是最靠谱的变现渠道。依靠电子商务强大的优势，阿里巴巴得以将投资对象揽入自己的生态体系，并借此确保用户在使用移动互联网产品的多数时间里，能够将个性化的精准消费服务送到用户面前。

6.3.2　LBS + 旅游

对于喜欢旅游的驴友来说，每到一个陌生地方，怎么找到自己喜欢的景点、心怡的小吃，怎样高效快速地找到这些地方呢？不用担心，LBS应用会帮你，LBS应用通常具有指路导航功能，除此之外，还具备帮用户推荐当地特色的餐馆和景点，为用户规划如何到达目的地路线等功能。

许多人都抱怨旅游团看似便宜，一旦进团后却发现四处要花钱，如景区交通（缆车、光观车等）、购物消费等。其实，热爱旅游的用户完全可以找一款不错的手机应用，来帮自己实现真正的自助游，玩得更顺心的同时，还能更省钱。

景点通是一款旅游手机应用软件，该软件覆盖了观光、休闲、历史、文化等各种类型。对于旅行前没空做功课、到达景区内不知道游览路线、不愿花钱请导游的用户，这绝对是一款不应错过的省心、省时、省钱的手机应用。

景点通提供十分详细的景点攻略，查看景点详情时，用户可以向上滑动手机屏幕以显示更多信息，如图6-17所示。

进入导游功能后，其主要功能包括：选择合适的游览时间；点击界面左下方"定位"图标可显示自己处在景区的位置；点击"＋"或"－"图标放大或缩小景区地图，如图6-18所示。

图6-17　景点攻略

图6-18　导游功能

在实地游览的同时，用户可以点击景区图上的数字，以显示该景点的介绍，如图6-19所示。点击景点介绍的"详情"图标可查看景点详情，并且可以使用语音功能，播放导游讲解，如图6-20所示。

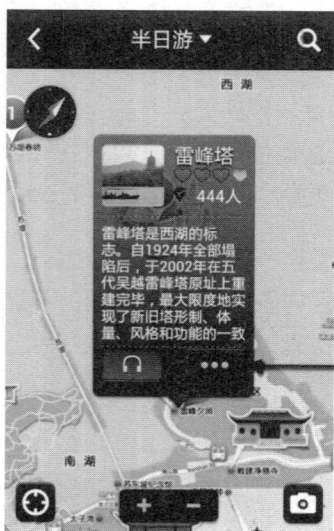

图6-19　景点介绍

图6-20　播放导游讲解

如今，掏出手机轻轻一刷，凭借电子门票即可进入景区；游玩时，手机上不时会收到景区服务信息；景区信息亭内的互动触摸屏上，各类服务信息应有尽有……这种悄然兴起的旅游服务被称为"智慧旅游"。对于游客来说，"智慧旅游"主要包括导航、导游、导览和导购4个基本功能，如下所示。

导航	⇨	用户可以利用手机等移动设备进行导航，将位置服务（LBS）加入旅游信息中，让用户可以随时知道自己的位置。
导游	⇨	在确定用户位置的同时，在APP上或地图上会主动显示周边的旅游信息，包括景点、酒店、餐馆、娱乐、车站、同伴位置等。
导览	⇨	用户通过在手机上点击感兴趣的对象，LBS应用会自动推荐这些兴趣点的详细情况，用户可以决定是否需要它。
导购	⇨	用户经过在线了解和分析，可以直接在线预订如客房、美食、门票等服务。

"智慧旅游"可以称得上是旅游业的"二次革命"，它集合了物联网、云计算、移动互联网、高性能信息处理、LBS智能数据挖掘等最新技术，并将其恰到好处地应用在旅游体验、产业发展、行政管理等方面，融合定位、通信与信息技术，以游客互动体验为中心，以一体化的行业信息管理为保障。

6.3.3　LBS + 团购

随着移动互联网市场的兴起，各种在传统互联网成功的模式被复制到移动互联网领域，部分IT企业和创业者看中了移动电子商务这一领域。在移动互联网中，基于移动定位服务（LBS）的功能被众多电子商务企业所看重，并纷纷结合自己的产品，推出新的应用。

据悉，拉手网在上线当日就开通了拉手网Android版团购客户端，此后又开通了iPhone版团购客户端。随后，拉手网又推出了iPad版拉手团购客户端。首次进入拉手网APP时，软件就会定位用户的城市，如图6-21所示。拉手网首席执行官吴波表示，团购网站结合LBS，将能为用户带来更便捷的使用体验。

为了进一步提升拉手团购体验，拉手网移动端还新添了"周边团购"功能，方便用户随时查询当前所在位置，且能显示用户身边5公里以内的团购信息，如图6-22所示。

图6-21　定位城市

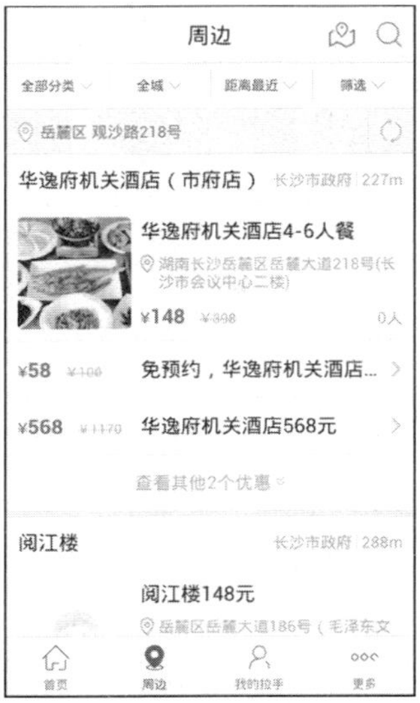

图6-22　周边团购

用户通过拉手网APP快速找到周边的团购信息，并通过手机享受优惠价格、下单、支付，还可以显示出到附近商家的具体路线，如图6-23所示。

图6-23　查看商品详情与商家路线

笔者认为，把团购和LBS结合在一起确认是一种不错的选择，团购自身优势再加上LBS定位，必定多赢。把同一时间、同一区域对同一件商品感兴趣的人集中到一起直接进行团购的形式无疑是一个很好的整合。

拉手网就是想做"G＋F"的模式，如图6-24所示。拉手网首先利用每日一款精品团购吸引用户注册，同时为用户提供地理位置服务，让用户可以通过自己的手机来"报道"自己所在的位置。以这种"签到"的方式黏住用户，增加拉手网对用户的吸引力。

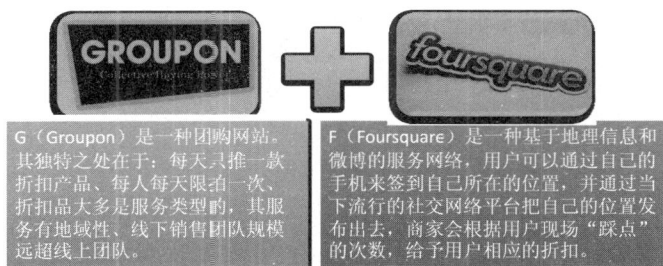

G（Groupon）是一种团购网站。其独特之处在于：每天只推一款折扣产品、每人每天抢一次、折扣品大多是服务类型的，其服务有地域性、线下销售团队规模远超线上团队。

F（Foursquare）是一种基于地理信息和微博的服务网络，用户可以通过自己的手机来签到自己所在的位置，并通过当下流行的社交网络平台把自己的位置发布出去，商家会根据用户现场"踩点"的次数，给予用户相应的折扣。

图6-24 "G＋F"的模式

在拉手网看来，基于LBS的商业模式能够带来几点好处：首先，可以增加竞争者加入的门槛；其次，可以提升对商家的吸引力；最后，改善用户关系，让用户黏合在一起，从而产生更多新用户。

据悉，拉手网获得第二轮5 000万美元投资，其估值达到5亿美元。天使投资人从中部分退出，获得180倍回报。拉手网之所以如此获得青睐，与其将"LBS＋团购"两个概念结合起来有很大关系，这足以证明LBS与团购结合的强大威力。

6.3.4 LBS＋AR

AR是指把原本在现实世界的一定时间空间范围内很难体验到的实体信息（视觉信息、声音、味道、触觉等），通过科学技术模拟仿真后再叠加到现实世界被人类感官所感知，从而达到超越现实的感官体验，这种技术叫作增强现实技术，简称AR技术。对于AR的接触很少只能通过视频和图片来感受那些绝妙的应用体验。

例如，《波斯王子》是游戏界一个非常响亮的名字，在DOS年代，它就已经成名，由其改编的电影也已经上映，利用"LBS＋AR"进行宣传。在电影的宣传海报灯箱前，用户可以通过手机中的APP进行GPRS定位，即可看到神秘美丽的塔米娜公主出现在手机屏幕上，如果用户可以答对她所提出的问题，还将赢得在movieminutes.com上50分钟的电影观看权，如图6-25所示。

图6-25 《波斯王子》的互动体验式营销

AR增强现实技术目前还处于刚被人们所认知的阶段，但和LBS功能相结合绝对做到了超前的意识。目前来说，AR增强现实技术仅仅是打开一个摄像头，融入LBS功能，再追加一些位置信息，相信随着未来云计算的发展，将虚拟的2D信息和真实的场景进行3D Register（对齐），最终抽取出来进行独立成像，这在未来很快就会实现。不过，"LBS＋AR"确实可以给用户带来新的搜索体验。

例如，"iButterfly"APP是一个有趣的捉蝴蝶应用，使用AR（增强现实），运用运动传感器和GPS定位功能，利用用户的手机来捕捉虚拟蝴蝶。

"iButterfly"项目将各色优惠券变身为一只只翩翩飞舞在城市各个角度的蝴蝶，如图6-26所示。

图6-26 "iButterfly"项目将优惠券变为飞舞的蝴蝶

用户通过下载"iButterfly"APP利用手机摄像头进行捕捉，根据各个地区的特点，蝴蝶的种类也有所不同，帮助商家进行有趣的宣传，如图6-27所示。

图6-27　利用手机摄像头进行捕捉

"iButterfly"项目采取升级制，以等级来区分蝴蝶品种，不同等级的蝴蝶拥有不同的分数。用户每次捕捉成功后都会有简单的分数介绍和捕捉时间记录，如图6-28所示。用户在捕捉蝴蝶的同时还能意外获得折扣优惠券，搜集蝴蝶的同时不仅收集了更多的优惠券，还同时获得了多种多样的商业信息及内容，如图6-29所示。玩家还能通过蓝牙与其他人交换蝴蝶。

图6-28　根据用户分数进行排行

图6-29　获取蝴蝶中的商业信息

"iButterfly"项目将APP＋AR＋LBS有机的结合，使客户既得到实惠，又得到良好的游戏体验，如图6-30所示。"iButterfly"项目对旅游业和餐饮业来说是一个完美的宣传平台，通过优惠券成功地将APP与商业营销结合起来。

当前，APP、LBS、AR等"新名词"、"新技术"的运用正风生水起，面对这场由移动时代带来的全新机遇，各品牌商家都在摩拳擦掌、蓄势待发。AR增强现实利用计算机生成一种逼真的视、听、力、触和动等感觉的虚拟环境，通过各种传感设备使用户"沉浸"到该环境中，实现用户和环境直接进行自然交互。

图6-30 "iButterfly"项目具有LBS定位功能

AR技术可以让用户享受更好玩的实景体验，将AR营销应用于产品展示、卖场、街头路演等活动中，不仅可以聚集人气，吸引关注，还可以通过这种具有丰富互动性的终端产品展示，给消费者最接近真实，又最简便的产品体验。

笔者认为，相对于传统营销来说，移动营销更加精准、实时、互动。而作为移动互联网中融合了移动、位置、社交三种重要元素的APP，通过LBS与AR加入可以联动线上与线下的位置维度，使其成为移动营销中不可或缺的一环。

6.3.5 LBS + 医疗

如今，大众对于健康的巨大刚需加上移动端的迅速普及为移动医疗发展提供了广阔的空间，让很多创业者投资人对移动医疗这个领域趋之若鹜，资本市场的热捧和大量进入，移动医疗正在迎来它的黄金期。

例如，国内医疗网站"好大夫在线"在手机客户端中整合了LBS服务，"好大夫在线"在其手机端APP中新增了LBS功能，能够让患者找到好医生变得更简单，也使线上订单转换更加快速有效。

Step01 通过"好大夫在线"APP首页的"附近医院"按钮可以一键启动该功能，如图6-31所示。

Step 02　通过该功能可以查找到自己周围数公里内所有的医院，医院名单会按距离远近显示出来，显示内容还包括医院名称、等级，如图6-32所示。

图6-31　"好大夫在线"APP首页

图6-32　附近的医院列表

Step 03　切入地图模式以后，列表所显示的医院名单以及自己目前的位置会通过地图显示出来，可清晰地看到医院所在的街道信息，如图6-33所示。地图放大即可看到医院所在街道的详细信息。

Step 04　查找到附近医院并确立就诊的医院之后，可以通过"路线说明"按钮直接进行行程规划，系统会自动为用户展示多套公交车乘坐方案，以供选择，如图6-34所示。

Step 05　"好大夫在线"APP同样具有社交点评功能，包括就医经验发布、感谢信发布、大夫投票，方便患者随时随地对医生进行满意度评价，如图6-35所示。

　　用户通过"好大夫在线"APP的LBS定位能够方便地找到附近口碑好的医生，使医生线上积累的好名声快速有效地转化为线下订单。而通过用户实时分享看病经历又能将线下口碑带回到线上，从而实现O2O模式良性互动。

　　值得称道的是，"好大夫在线"不仅为用户患者开发了APP应用，也为医生专门定制了相关程序。这样做不仅方便了医生，节省了医生时间，也方便商家进行相应的管理和结算。

图6-33　地图模式

图6-34　公交车乘坐方案

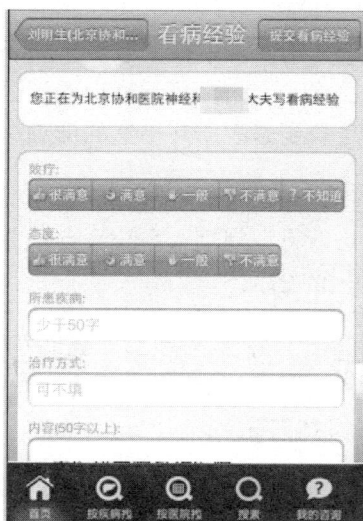

图6-35　社交点评功能

目前，"好大夫在线"的目的主要还是为用户提供更方便的互动问诊平台，加速医生口碑传递及依靠LBS加快订单转换。

"好大夫在线"APP可以说是一款很不错的医疗O2O＋LBS应用。从对话式医疗搜索，到网上挂号、寻医、就医的一站式服务平台观察，"好大夫在线"已经形成了一套完整的医疗解决方案闭环，打通线上与线下，并形成互动评价体系，让O2O模式成为良性循环的生态链。

相比于其他类似应用，"好大夫在线"做得更专业，更了解医生和患者的需求，而这些都需要时间的沉淀，并不是简单的宣传就能轻松实现的。

笔者认为，抛开"好大夫在线"的LBS功能，"线上APP＋线下医学支持中心"这一模式本身就很好地打通了医疗服务的上下环，而且能从根本上简化就医流程，提高就医效率。

专家提醒

移动互联网产业联盟秘书长李易曾说过："对创业者而言，LBS只能为其移动应用锦上添花，而不可能成为雪中送炭者。移动应用必须具有一定价值，再与LBS相结合，才能获得发展。"

发展LBS就像一个造车的过程，而其商业模式在于，企业会在LBS上承载什么内容。LBS已成为智能手机等终端设备的必备功能，随着移动互联网生态圈的形成，LBS将给互联网、无线通信、物联网、车联网带来日新月异的改变，它将彻底改变我们的生活方式，四网融合将给我们提供一片广阔的商业蓝海。另外，LBS还带动了很多行业的发展，比如地理信息业、遥感业、移动通信业、计算机业、航天业等诸多关联行业。

6.3.6　LBS＋GEO＋Social

现在，很多零售商的社会化媒体营销活动都会鼓励用户签到，和朋友分享，然后送点优惠（折扣或小礼品等）。如图6-36所示，为爱卡汽车的"签到领米"活动。以品牌的角度，这种做法在创造口碑方面效果的确不错，但是在招揽顾客方面却建树不大。

实际上，大部分签到的用户其实已经来到商家的店铺里，他们凭借店里的海报、招贴或宣传品知道有签到活动。对于店家而言，这类活动增加的更多是宣传上的价值，而不是创造销售。如果要量度ROI，不一定合格。

图6-36　爱卡汽车的签到送礼活动

ROI（Return On Investment）的中文翻译为投资回报率，它是指通过投资而应返回的价值，它涵盖了企业的获利目标，又称会计收益率、投资利润率。ROI能反映投资中心的综合盈利能力，且由于剔除了因投资额不同而导致的利润差异的不可比因素，因而具有横向可比性，有利于判断各投资中心经营业绩的优劣；此外，ROI还可以作为选择投资机会的依据，有利于优化资源配置。

除了签到之外，可能商家觉得还可以结合LBS与SMS（Short Messaging Service，短信服务）来推广。不过，这类LBS SMS活动也只能针对品牌已有的用户：一方面用户基础小，作用不大；另一方面，对于吸引新客户意义不大。

如今，出现了一种新的Geo-fencing（地理围栏）技术，能弥补前面两种相应方法的缺点，特别适合零售商。根据维基百科的解释，Geo-fence的含义如图6-37所示。

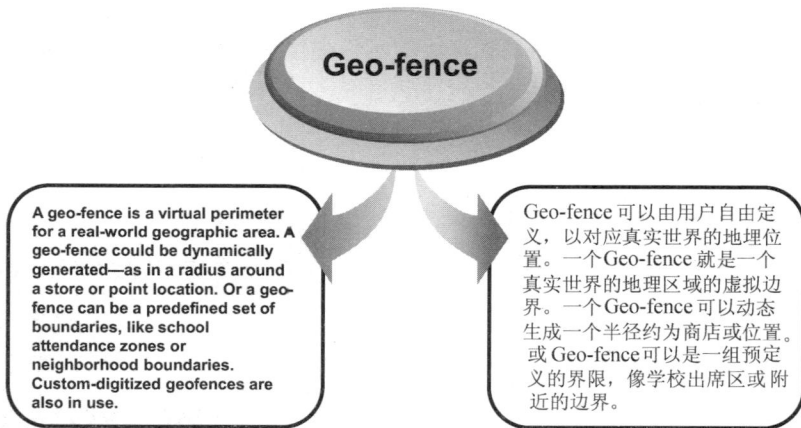

A geo-fence is a virtual perimeter for a real-world geographic area. A geo-fence could be dynamically generated—as in a radius around a store or point location. Or a geo-fence can be a predefined set of boundaries, like school attendance zones or neighborhood boundaries. Custom-digitized geofences are also in use.

Geo-fence可以由用户自由定义，以对应真实世界的地理位置。一个Geo-fence就是一个真实世界的地理区域的虚拟边界。一个Geo-fence可以动态生成一个半径约为商店或位置。或Geo-fence可以是一组预定义的界限，像学校出席区或附近的边界。

图6-37　Geo-fence的含义

街旁是一家基于地理位置的移动应用（APP），和Foursquare一样，早期以"签到、领徽章、做地主"为主，近期已经发展到利用Geo-fencing将商家活动的信息push给地理位置附近的用户。

街旁通过与马莎中国合作，为上海淮海金钟旗舰店的开幕做推广活动，主要操作如下。

Step01　打开软件在签到点用手机背部轻扫，弹出"立即签到"页面，如果街旁绑定了如新浪微博、开心网的社交网络，即可一键将签到内容同步至相应平台，如图6-38所示。

160

图6-38　手机签到

Step02　完成签到后，用户就可以获得"MS马莎"徽章，并凭着徽章到店内可以领取一个特别版英伦购物袋和实物徽章一个，如图6-39所示。

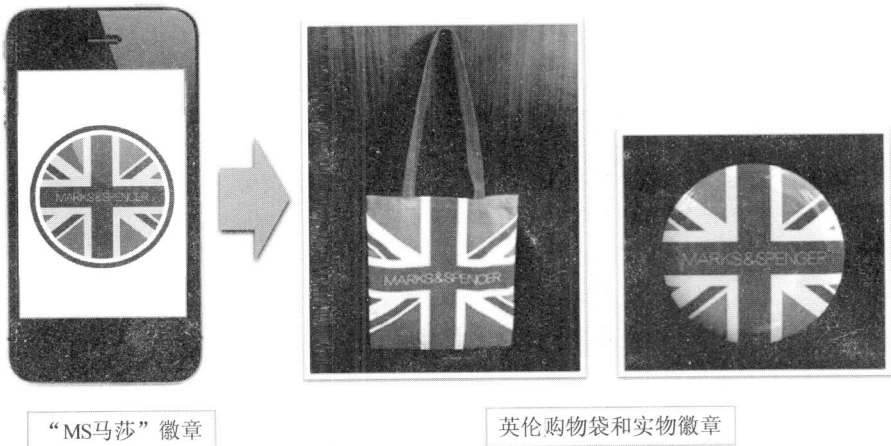

"MS马莎"徽章　　　　　　　英伦购物袋和实物徽章

图6-39　签到换礼

Step03　在签到和同步发布新浪微博时，同时将在店内拍摄到的照片上载到街旁，如图6-40所示，用户还可以有机会获得英伦巴士的饼干车作为奖励。

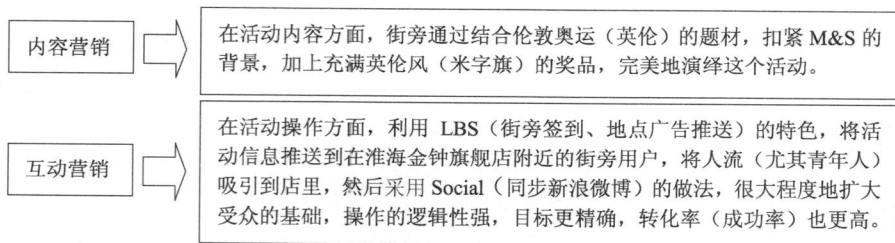

图6-40　街旁活动主页

在本次活动中，街旁通过内容营销与互动营销的方式，将"GEO＋LBS＋Social"结合得十分成功，如下所示。

内容营销 ⟹ 在活动内容方面，街旁通过结合伦敦奥运（英伦）的题材，扣紧 M&S 的背景，加上充满英伦风（米字旗）的奖品，完美地演绎这个活动。

互动营销 ⟹ 在活动操作方面，利用 LBS（街旁签到、地点广告推送）的特色，将活动信息推送到淮海金钟旗舰店附近的街旁用户，将人流（尤其青年人）吸引到店里，然后采用 Social（同步新浪微博）的做法，很大程度地扩大受众的基础，操作的逻辑性强，目标更精确，转化率（成功率）也更高。

地理围栏（Geo-fencing）是LBS的一种新应用，就是用一个虚拟的栅栏围出一个虚拟地理边界。当手机进入、离开某个特定地理区域，或在该区域内活动时，手机可以接收自动通知和警告。有了地理围栏技术，位置社交网站就可以帮助用户在进入某一地区时自动登记。

通常做法是：商家在店里安装"签到感应设备"，奖励消费者走进实体店真实签到，把虚拟世界的商业模式成功地嫁接到实体经济中，在一种互动的氛围里，为消费者带来个性化的、愉快而充满奖励的移动购物体验，为商家带来人气和回头客。

目前，零售业面临严峻的考验，京东、淘宝、凡客等电子商场把大量的消费者带到网上去购物，对实体店造成冲击，减少了走进商店购物的客流量。逛街的消费者看不见这些商店，难以知道它们的商品及优惠促销信息。

"LBS＋GEO＋Social"的结合，让用户在手机上看见附近的商店和商品信息，奖励他们走入商店，为店铺带来人气和客流。手机就像是用户手机上的会员卡，进店获得的积分奖励可以积攒起来兑换成奖品和通用的购物卡，让用户再次到店领奖和消费。"LBS＋GEO＋Social"为商家引来客户，把他们变成忠实的回头客。

笔者认为，"LBS＋GEO＋Social"运用手机营销平台，奖励消费者与商家互动，为零售商找到了与网贱对抗、改善客户购物体验、增加客流量的行之有效的方法。同时，"LBS＋GEO＋Social"可以帮助商家实现数据化精准营销。

专家提醒

消费者主动到店真实签到、点阅商店和商品信息、使用优惠券到店消费、扫描商品并提供反馈意见等行为的记录是数据化精准营销的基础和依据。数据化精准营销一方面量体裁衣，最能够满足消费者的个性化需求，为消费者带来最佳的购物和消费体验，另一方面能为商家找到目标客户，提高经营效率，改进产品，减少成本，增加盈利，加强企业竞争力。

第7章

精准营销：LBS成为移动营销神器

LBS营销已经有了初步经验，并且取得一定效果。具体而言，基于LBS的营销有很多的方法与途径，总体来说，一个品牌是否成功，就看它能否在最后一公里成功拦截用户的需求，通过离消费者购买最近的一部分来影响消费者实现转化。

7.1 LBS进行营销的思路

作为当下移动互联网热门的应用，LBS不但经常被业内人士提及，同时也吸引了越来越多的品牌广告主及代理公司的视线，初步显现出商业价值，LBS成为热门的应用之一，从目前的实践经验来看，主要有以下几种营销的思路，使LBS变得热门起来，如图7-1所示。

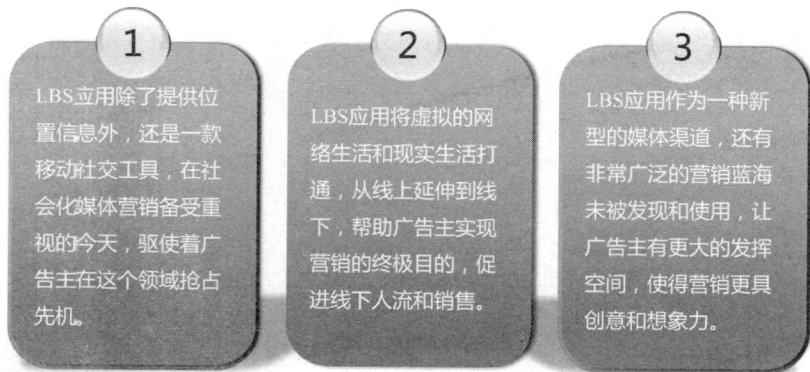

1 LBS应用除了提供位置信息外，还是一款移动社交工具，在社会化媒体营销备受重视的今天，驱使着广告主在这个领域抢占先机。

2 LBS应用将虚拟的网络生活和现实生活打通，从线上延伸到线下，帮助广告主实现营销的终极目的，促进线下人流和销售。

3 LBS应用作为一种新型的媒体渠道，还有非常广泛的营销蓝海未被发现和使用，让广告主有更大的发挥空间，使得营销更具创意和想象力。

图7-1　LBS成为热门应用的原因

本节主要以"街旁"APP的营销为例，介绍LBS进行营销需要哪些思路。

7.1.1　游戏徽章激励用户

LBS有一个好玩的应用，就是签到得徽章，在某一个品牌商家处签到，便可以领到该商家提供的徽章，徽章一旦获得将会永远保留，对于品牌商家来说，将是长期的曝光，能够较好地让用户记住品牌形象。

现在，当游戏正在变得越来越现实的时候，现实世界却正在趋于游戏化。在LBS应用中，最核心的产品机制是在某个地点签到，有机会赢取一枚特殊的徽章，如图7-2所示。

徽章对于LBS用户有非常大的吸引力，这也是品牌与LBS应用合作最简单的一种方式，利用用户赢取徽章的动力，与LBS应用合作发行具有特殊含义的品牌徽章，如图7-3所示。

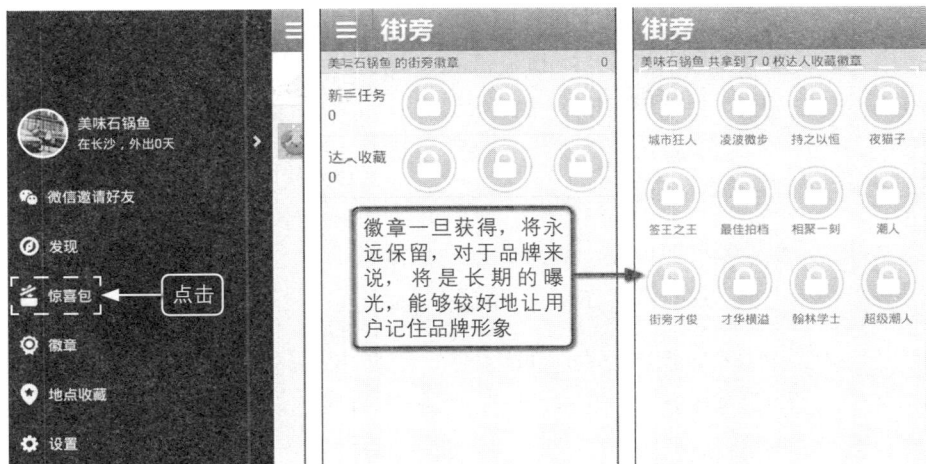

图7-2 "街旁"APP中的徽章

图7-3 特殊的品牌徽章

美国卡耐基梅隆大学娱乐科技学副教授兼游戏设计师杰西•谢尔（Jesse Schell）表示，"徽章"等游戏创意元素已经慢慢渗透了"人们生活的方方面面"，因为这种回馈模式非常奏效。

游戏化的概念正在被广泛地应用在社交媒体里。在这其中，徽章制度的游戏概念与体制在激励用户上是一个最具有可视化的元素。徽章制度是一个很好的引导与激励用户的工具，这里包括积分制、排行榜、任务、奖励、团队合作、成就等。

但是，社交媒体里的徽章应用往往被看作单一且不耐用。其中，Foursquare徽章制度的影响力正在急剧下降。许多用户开始发觉Foursquare

的徽章不在那么酷，因为大部分的用户都拥有同样的东西。在这样的影响下，Foursquare的徽章制会失去其优势。相反，如Boy Scout或是在汽车制造业里，因为遵循一些简单的法则，其徽章制的影响力正在不断成长。

这里有4个步骤可以帮助你更有效地利用徽章制去提升你的产品，服务和工作站，如图7-4所示。

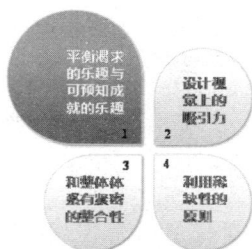

图7-4　利用徽章提升你的产品，服务和工作站的4个步骤

更好地理解徽章制的潜力能帮助商家在产品或是在服务中建立游戏化的用户参与。如下的介绍是关于在游戏化里设计徽章制一些重要的设计倾向，优点与缺点。

有时，你会利用徽章去呈现你的进度；或是展示APP的关联价值。通常大部分的用户会有意地获取它们，或者徽章可成为奖励参与者的一种方式。无论如何，为了创造一个完善的功能俱全的徽章制度，它必须与积分制有很好的结合，并且与其他的一些制度如排行榜和完成任务也有相对的配合。

笔者认为，徽章制可以成为一个非常有效的引导与激励用户的工具。如果你可以把上述所提到的4个步骤做得非常好，你即可成功地避免因为草率操作徽章制而破坏其游戏性的效果。

更重要的是你需要关注你的用户的需求与动机，并且创造相关的激励体制。确保你的徽章具有吸引力，收藏性与用户做关注的实质意义性。在开发的过程中，你需要确认并且质疑你的每一步部署都与你的关键指标有直接的影响。应用这些步骤，你会在引导与激励用户上得到一些启发。

专家提醒

在较为传统的LBS社区里，品牌徽章是最常见的品牌合作方式之一，用以奖励消费者采取某种行动。例如，企业可以将地点本身作为内容，向消费者讲述品牌价值。以一个有声望的本土品牌为例，它可以通过LBS功能向消费者提供城中哪里有知名星级大厨、设计师或者咖啡师的地点信息。从而以地点作为内容，切实提升其"具有悠久历史"这一品牌价值。

7.1.2　奢侈品牌也运用LBS

一向避免和互联网接触的奢侈品牌，也走下"神坛"，采用数字化营销手段取悦消费者。Burberry、路易·威登、菲拉格慕等国际知名奢侈品品牌纷纷进行了数字营销的创新尝试。

品牌商们不再拘泥于传统的广告投放和时尚服装展示，而是将品牌营销从线下搬到线上、从屏幕后走到消费者眼前。我们可以看到，奢侈品牌开始挖空心思玩起数字营销，而基于位置服务的LBS，为品牌与消费者的互动创造了更多的可能，数字化的营销手段为品牌整合营销打通了新的渠道。

品牌商借力数字化营销成为一个趋势，奢侈品牌路易·威登花心思玩起数字营销，主打"体验"营销牌。北京新光天地和朋友逛街的某女白领，在iPhone手机上收到了一条来自街旁网的推送信息。信息显示，距离她500米内的LV旗舰店正在举办体验活动。到该地点签到后，用户不仅可以领取到虚拟"徽章"奖励，还可以参与"旅行的意义"活动并有机会获得路易·威登品牌宣传杂志一本。

除路易·威登外，Burberry也很早就开始尝试数字化营销。据报道，Burberry近一半的媒体公共预算都花在数字营销上。这一支出比例令人咂舌。Burberry集团CEOAngela·Ahrendts曾公开谈道："要计算这些资源带来的回报并不容易。未来我们会继续坚持零售的数字营销策略，以推动长期可持续增长。"

奢侈品牌不再身居"高堂"，转身投入数字营销并不稀奇。事实上，当下的消费市场和营销环境时过境迁，传统的广告营销已无法满足年轻消费群体获取品牌信息的需求。

与传统的互联网不同的是，移动设备的特殊属性决定了移动端营销的专属模式，基于位置衍生的数字化营销方式，能够更快将分散的目标受众聚拢于特定的营销场所。依托数字化的智能终端，LBS营销实现了基于地理位置的精准定位，成功逃脱了传统网络营销模式的束缚。

7.1.3　通过同步形成口碑传播

社会化媒体平台上的口碑对于品牌来说是提升形象和驱动销售的最直接动力。目前，几乎所有LBS应用都可以绑定各类微博和常用的SNS网站，通过LBS客户端的地点、签到、徽章及商家优惠信息等都可以同步到这些平台上，如图7-5所示。

商家可以通过设置巧妙的签到营销机制，让消费者成为品牌的传播因子，并以这个消费者为核心，通过他的好友圈子形成更大范围的口碑传播。

专家提醒

商家需要注意的是，仅仅局限于以地理位置定位进行相应的信息推送，很容易掉入"众口难调"的"泥潭"。与互联网上的大众需求相比，LBS营销面对的是无处不在的个性化需求。照搬互联网的商铺点评模式，无法让移动中的消费者真正体会到随时随地消费导航的便利。笔者认为，真正"杀手级"的LBS应用尚需一种能即时满足消费需求、尽可能减少用户操作，与位置、情境相配套的推荐引擎，这些都还需要商家和开发者一起努力。

图7-5　例如，"街旁"APP可以将信息同步到各类微博和常用的SNS网站

7.2　LBS满足用户的个性化需求

随着电子商务规模的不断扩大，商品个数和种类快速增长，消费者往往需要花费大量的时间才能找到自己想买的商品。这种浏览大量无关信息和产品的过程，无疑会使淹没在信息过载问题中的消费者不断流失。

为了解决这些问题，基于LBS的个性化推荐引擎应运而生：为用户推荐周边商品或服务，并自动完成个性化选择商品的过程，满足用户的个性化需求，推荐基于：网站最热卖商品、客户所处城市、客户过去的购买行为和购买记录。本节以"长沙团购导航"APP为例，介绍LBS在手机团购APP上的精准客户定位营销。

7.2.1　LBS将改变获取信息的方式

互联网的繁荣发展是因为实现了人们在现实生活中的需求，而基于位置的需求却由于技术、行业因素而长期没有满足。定位技术正在转化我们体验与探寻世界的方式，而最终将改善我们的世界本身。基于位置的信息获取，将在很大程度上改变原来基于搜索来查找信息的方式。

例如，与朋友一起外出就餐游玩，我们总喜欢先拿出手机来查看附近的打折信息，下载打折券后再享受移动互联网的好处，如图7-6所示。

图7-6　查看附近的打折信息

不仅如此，通过LBS应用，用户还能及时了解到附近餐厅的新活动、网友对他们的评价、最好的菜等信息，如图7-7所示。

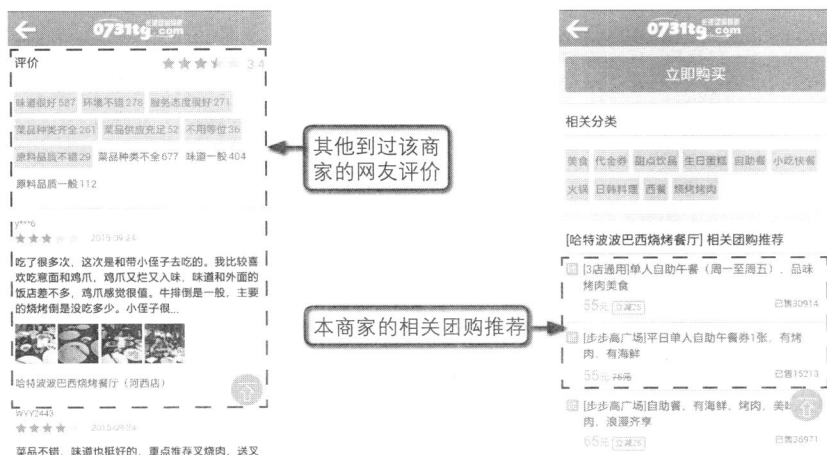

图7-7　查看网友评价与热卖活动

7.2.2 从被动查找变为主动推送

推荐引擎不是被动查找，而是主动推送；不是独立媒体，而是媒体网络；不是检索机制，而是主动学习。过去，人们想要预订某一服务，都需要打开各种搜索引擎查找服务，然后在一大堆列表中慢慢对比，寻找需要的服务，如图7-8所示。

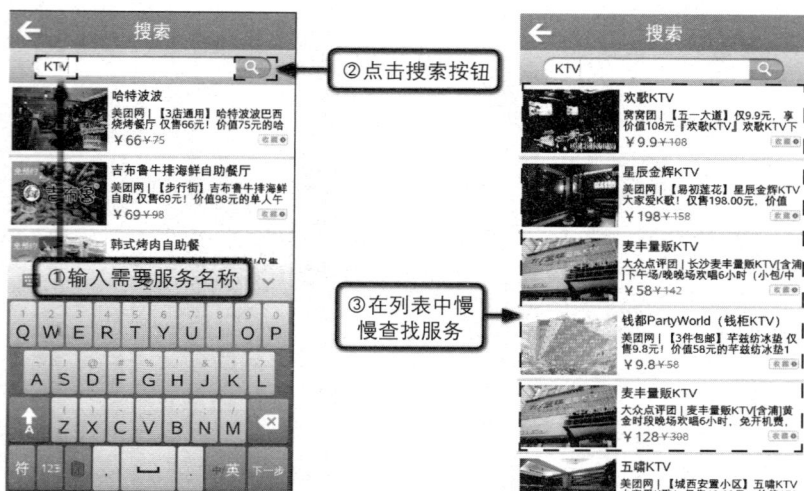

图7-8 被动查找相应服务

LBS推荐引擎利用基于地理位置、内容、用户行为、社交关系网络等多种方法，为用户推荐其喜欢的商品或内容，如图7-9所示。

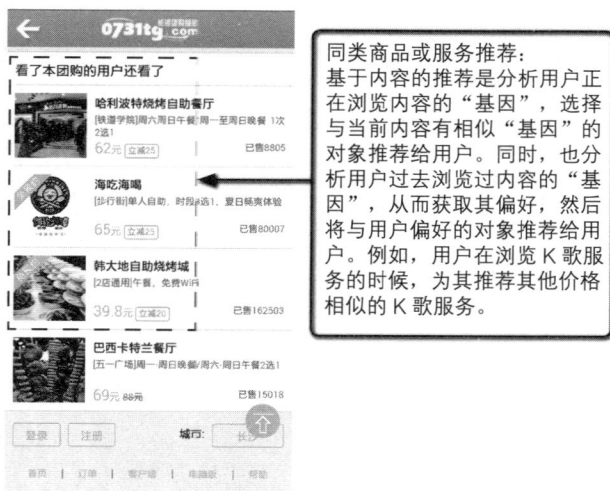

图7-9 主动推荐相应服务

172

基于用户行为的推荐则是利用群体智慧算法，分析用户的群体行为，综合分析用户与用户之间的相似度、用户对小众商品的个性化需求，从而同时提高推荐的精准性、多样性与新颖性。LBS推荐营销可以降低顾客的购买成本、购买选择的机会成本和企业的交易成本，是一种企业和顾客双赢的营销方式，如图7-10所示。

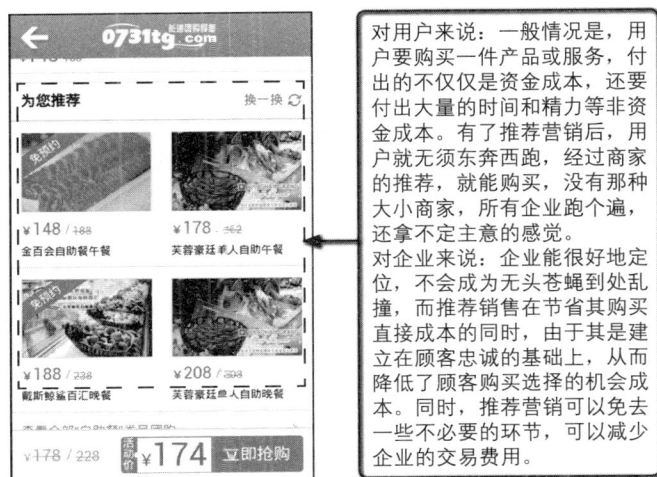

图7-10　被动查找相应服务

7.2.3　LBS将改变商家营销的模式

传统的广告通常是从电视、报纸、电台、互联网到地面贴标语，漫天盖地，针对性不强而费用高昂。在LBS应用中，用户可以设置个人的爱好，例如用户喜欢美食和电影。

那么，当用户拿着手机，去某地逛街，可以自动地显示附近几家餐馆的优惠信息；还可以显示附近有哪几个电影院，了解即将放映什么电影，有哪些优惠，如图7-11所示。

这些推荐引擎广告，是通过洞察用户消费意图，匹配最优广告，在大量媒体上实时呈现，来提高广告效率的互联网新技术，这也是个人主动设置个人喜好的一种商业场景。

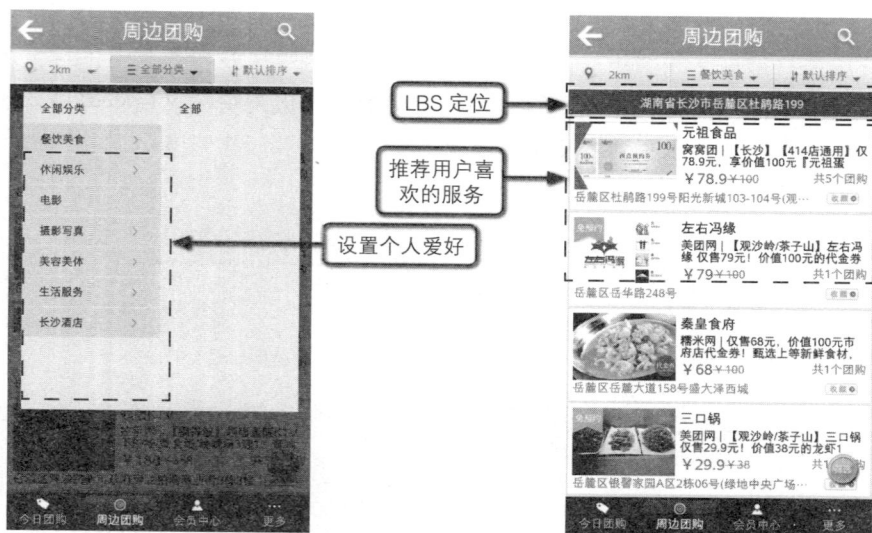

图7-11　根据用户的喜好进行周边推荐

当企业通过推荐营销，将思维从消费者模式转变到生产消费者模式时，这就是所发生的事情。企业不仅仅在花钱的时候赚钱，还可以在你的推荐合伙人及他们所有的合伙人花钱的时候赚钱。

对于企业来说，所有用户的消费行为都是重要的营销依据，只要LBS平台积累大量用户数据和消费行为数据，很多商家将找上门来进行合作，不但会为这个平台的用户提供特殊优惠，还将支出相应的广告费用。这时，LBS平台将是很大的一个营销平台，改变原来的营销方式。

7.3　LBS让企业离客户更近一步

在线购物让我们习惯于在购物前先阅读各方评论做比较。现在这个步骤也可以在实体购物前进行，LBS应用可以让用户在线进行餐饮、租房等服务的预订。对于企业来说，必须抓住用户这方面的需求，通过LBS应用进一步地黏住用户。

7.3.1　食神摇摇打造附近美食

俗话说"民以食为天"，没有任何人会拒绝吃得更好、更健康、更实惠的饮食指南。如今，各类LBS手机软件可以让用户吃得好的同时，还能吃得实惠，是"吃货们"不错的选择。

例如，"食神摇摇"是一款LBS个性化餐厅推荐软件，可以帮助用户解决"吃什么"、"去哪里吃"、"贵不贵"的难题。

Step01 用户进入"食神摇摇"软件后，可以选择"附近"、"排行"等选项，如图7-12所示。

Step02 点击"附近"选项，即可显示用户周围的餐厅，如图7-13所示。

图7-12 软件主界面

图7-13 点击"附近选项"

Step03 点击"排行"选项，即可显示用户所在城市中本周最受欢迎的餐厅，如图7-14所示。

Step04 用户也可以在主界面摇一摇手机，系统会随机为用户找到一家不错的餐厅，如图7-15所示。

无论什么时候，商业的基本原则不会改变。消费者都希望以自己能够承受的价格买到中意的产品，希望从购物到结算的过程都方便快捷，但消费者对所购商品的了解渠道却发生了很大的改变。

据悉，每年通过手机了解产品信息的消费者比例都较上一年度上升了5倍。以前，很多消费者都通过计算机访问商户网站，阅读更多评论，进行比价等，但人们总不能扛着自己的计算机去逛商场。因此，大大小小的企业品牌都积极拥抱这种变化，开发出各种基于LBS商业模式的APP应用，加强用户的移动购物体验。

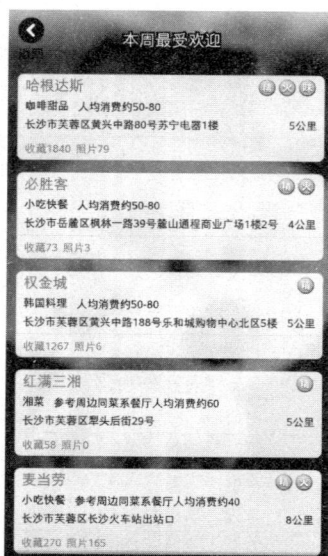

图7-14　餐厅排行

图7-15　随机推荐的餐厅

7.3.2　58同城满足用户找房需求

传统中介费用与日俱增，让房客感到压力越来越大，房东对于中介三番五次的骚扰也不厌其烦。但需求还是在这里，他们对于房屋租赁平台的需求也越来越大。

租房类手机LBS应用恰巧就是提供房东与房客能交流的平台，该类软件可以通过GPS定位系统把自己的房屋或者求租信息自动推送到相关需求者的手中，使得每条信息能最大限度满足房客对了解房屋情况的需求。

"58同城"APP是一款资讯类手机应用，其主要可以用来发布招聘信息、租房信息、宠物信息、二手物品交易和家政服务等。用户也可以登录应用查看各种类型的信息，帮助用户解决生活和工作上所遇到的难题。

正如58同城广告词所说："58同城，不用中介租房子，不用花钱招人才；58同城，'一折'吃喝玩乐，闲置物品能换钱。"

用户可以在58同城上查看其他人发布的租房信息，不用通过中介，可以省下一笔可观的中介费用，具体步骤如下。

Step01　首次进入软件时，APP会进行自动定位，用户也可以自行选择城市，点击要选择的城市即可，如图7-16所示。

Step02 进入软件主界面，点击"房产"按钮，如图7-17所示。

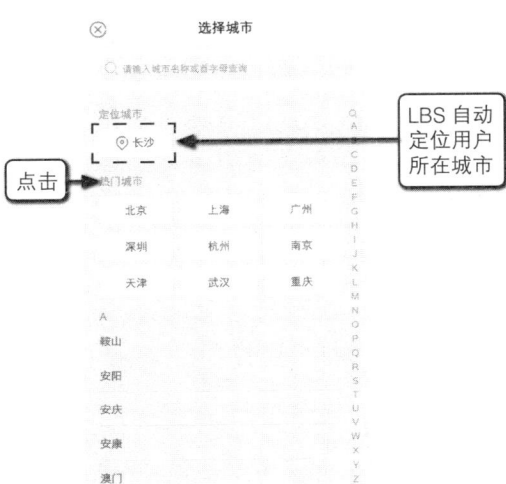

图7-16 选择城市

图7-17 点击"房产"按钮

Step03 在弹出的列表框中点击选择需要查看房屋的类别（这里以整租房为例），如图7-18所示。

Step04 用户可以挑选适合的信息，或附加条件选择，如图7-19所示。

图7-18 选择需要查看房屋的类别

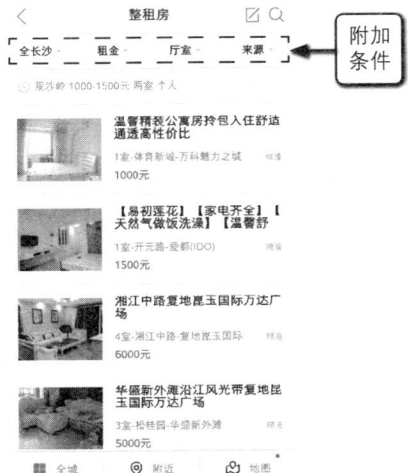

图7-19 设置附加条件

Step05 点击"附近"按钮，即可查看用户周边的整租房信息，如图7-20所示。

Step06 点击"地图"按钮，即可通过地图模式查看用户周边的整租房信息，如图7-21所示。

图7-20 查看用户周边的整租房信息

图7-21 通过地图模式查看

笔者认为，LBS方案需要通过精准的互动来发挥它的作用，用户的行为和互动是营销者不得不考虑的问题。如今的LBS营销不再是简单的企业产品和品牌的宣传，而是发展为从客户的需求入手，通过全方位的分析和预估来最终决定营销的方向，"58同城"APP显然很符合这一特点。

专家提醒

LBS营销方案的目的就在于准确的把握用户的所需，最大程度上向用户进行营销推广，分析用户的消费行为也很重要，只有企业了解用户的喜好，这样的企业LBS营销才会有作用，不要盲目地去制订营销方案，那样到最后只会是徒劳无功。

7.4 利用LBS进行营销的方法

进入移动网络时代，"位置"成为了连接每一次移动的节点，位置即生活。美国《连线》杂志评论说："人们行走在一个这样的移动设备上，它整合了互联网的数据，并能告诉用户附近的人或物……"

LBS营销就是企业借助互联网或无线网络，在固定用户或移动用户之间，完成定位和服务销售的一种营销方式。通过签到或者别的方式，可以让目标客户更加深刻地了解企业的产品和服务，最终达到企业宣传企业的品牌、加深市场认知度。这一系列的网络营销活动就叫作LBS营销。

下面以"街旁"APP为例，介绍利用LBS进行营销的方法，或许会让你对LBS营销有不一样的认识。

7.4.1 明确你的生意地点

首先，用户需要在"街旁"APP上面建立自己的档案，明确自己的地点，使得你的生意地点可以在"街旁"APP上出现，如图7-22所示。在搜索框中输入地点的名字，然后点击"添加新地点"按钮，进入"添加地点"界面，在此可以建立用户自己在"街旁"的地点信息，如图7-23所示。

图7-22 搜索地点

图7-23 "添加地点"界面

在"未分类"的列表框中可以选择一个明确描述你这个地点的种类，如图7-24所示。

主要的种类里又会被细分成更多的种类，如餐饮会细分为火锅、咖啡馆、酒吧、快餐、西餐、自助餐、烧烤、小吃等。然后继续选择细分种类，让你的地点更为精确。

最后一步就是输入你的地址，这是至关重要的，尽管对话框告诉你这是可以选择输入的。在"街旁"上面填写详细地址时，尽可能写出相关信息，这将帮助你把信息传递给现有和潜在客户，这对于其他社交网络同样适用，如图7-25所示。

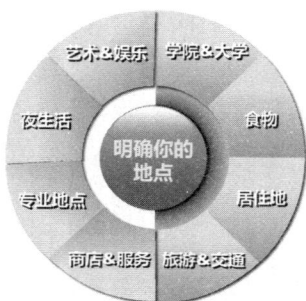

图7-24　明确你的生意地点

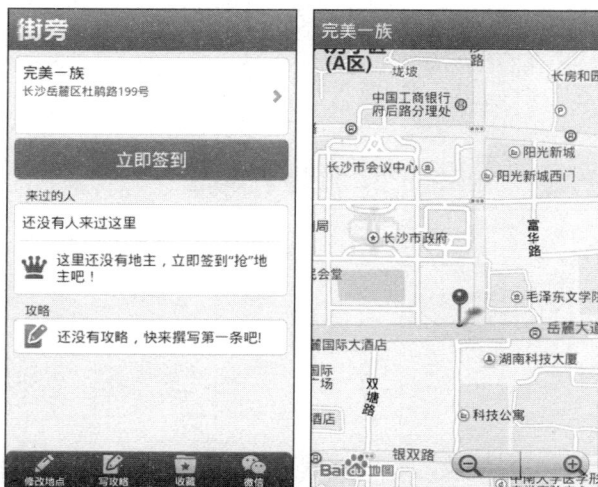

图7-25　添加地点

7.4.2　创建有象征的徽章

合作是一个快速成长业务的方法，增加你公司的形象，增加你在领域里的曝光度。和"街旁"合作是一个让你公司在线上线下不断加深客户的印象。一个和街旁合作的方法就是创建客户徽章，让用户来收集，如图7-26所示。

Bravo和"街旁"合作，创建关于他们不同的徽章，鼓励用户来签到得到徽章。

图7-26　创建徽章

徽章鼓励用户签到，作为回报，他们会得到一个属于他们的徽章。例如，Bravo创建一套徽章，如果用户在不同的和他们电视节目有关的地方签到就可以得到徽章。徽章是一个简单的方法，让签到变得更加社交化和有趣。让你的客户经常来签到，保持你品牌的曝光度。

7.4.3 不同区域分享不同的更新信息

用"街旁"发送更新信息，可以让以前来过这里或者那些附近的人得到信息，参与到你的优惠活动中。你可以更新发送一些优惠券、活动或者相关信息给"街旁"的用户，这些更新信息可以配上文字、图片或者具体活动规则，如图7-27所示。

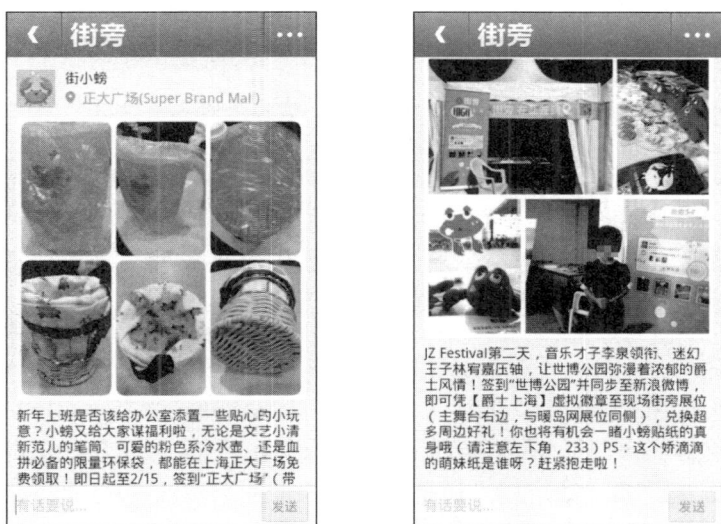

图7-27 用"街旁"发送活动信息

另一个推出的是推广更新，这个可以让商户通过付费来让一些区域的消息重新分享。这个功能现在虽然只有某些公司可以应用，但是可以让商户选择一些好的更新信息再次发布是一个不错的推广方法。

这个功能非常新，可能只有某些大公司会用到，最后还是和这种广告形式的价格有所关系。时间会告诉你，这个付款的广告功能是否可以让公司受益。

7.4.4 提供特别服务和特价活动

在LBS营销中，几乎所有的商家都会提供特别服务和特价活动，但是独特的方法是根据客户线上线下的习惯来提供一些吸引眼球的服务。例如，你可以设定一些免费的服务来吸引新的客户或者回馈给忠实老客户。

吸引新的客户的特别活动例子有不少，如图7-28所示。

回馈老客户的活动例子也有一些，如图7-29所示。

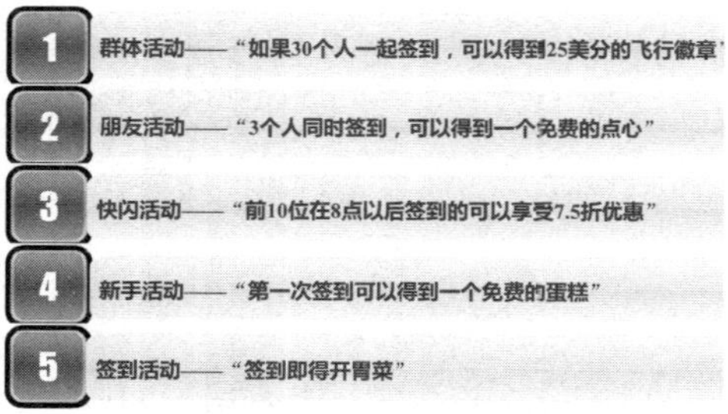

图7-28　吸引新的消费的特别活动

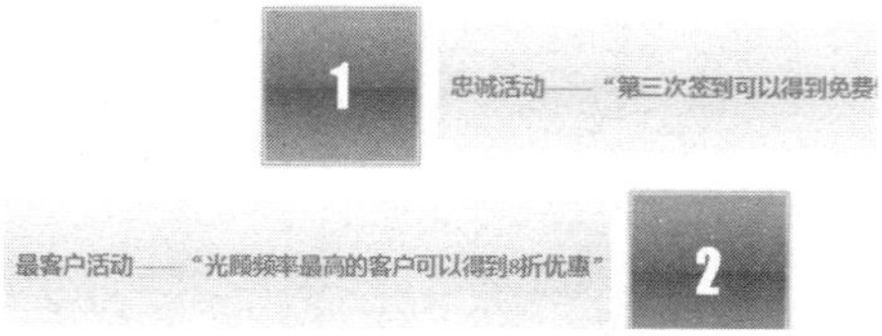

图7-29　回馈老客户

哪一个活动你觉得对你生意最有帮助？许多商家组合运用这些活动来鼓励客户，让回头客更加满意。

建议一次用两个活动来看看哪一个对你的客户比较有作用——如同网页广告A/B测试，但这个在社交中加入赠品赠送给客户。把更新的信息在微博、Facebook、微信和其他活跃的社交媒体上面发布和推销自己的优惠活动。

美国的Foursquare用推广更新功能让签到的顾客关注到纽约的一家当地杂货店，他们运用推广更新功能让很多商店有优惠活动，优惠活动排在第一搜索排名上。这样，保证了公司的曝光度增加了印象。他们希望更广泛地运用这些功能。美国运通就活动规模来说是独特的，但是运用两个Foursquare功能相互支持是任何一个营销人都可以运用到生意里的战术。

7.4.5　增加关于公司或其他有趣的帖子

浏览你页面的人可以留下评论，不管是消极的还是积极的反馈都可以留下来。排在最前面的反馈评论是最受其他用户喜欢的一条。其实，对评论进行排名，往往越是排名在前的评论越是相关和真实，如图7-30所示。

图7-30　"街旁"里的评论

第8章

结合营销：LBS+O2O消费半径上的营销

国内一些LBS公司转型LBS+O2O，此商业模式已经具备了清晰的盈利模式，在拥有清晰盈利模式的商业模式确立后，这些公司的角逐又需要做些什么？本章将结合案例来分析LBS+O2O的商业模式和发展方向。

8.1 消费半径上的精准营销

目前LBS+O2O 硝烟四起，其实开始都是一个概念，而最终将其落地并提前完成生活服务底层信息及生态圈的布局，将产品和消费者的生活紧密结合的，将是最后的赢家。

PC时代，搜索称霸的百度、电商称霸的阿里、社交称霸的腾讯、验证了一个二八法则，赢家通吃。而移动互联的世界，瞬息万变，处于LBS中最关键环节的地图也许真会成为移动互联网生态的下一个关键环节，地理位置决定了消费者对周边的需求强度和行动成本。

处于消费半径上的精准营销以团购网最为火热，不过如今很多商家也纷纷开始运用LBS+O2O的商业模式，争取在移动互联网的热潮下赢得商机。

8.1.1 基于LBS功能上的团购推荐消费

以往的团购只是一次性数量规模上的消费，消费者大多是看着价格便宜消费的，而且体验时也大多是在周末，从家里出发坐个一两小时的车到达商家，比如电影、饮食等，往往消费者都是一次性消费，回头客是很少的，即使有频率也是极低的。

这就造成一个用户黏度低问题，对商家来说，商业价值并无多少，因此团购网站的存在价值便更是相应减少。而能解决这一问题的办法就是，向用户推荐身边的商家，而所谓的身边就是指消费半径，比如对于一座大厦里上班的白领，给他们推荐的商家最好是在大厦附近的，步行不超过两站，这样短距离能即时消费的商家。

在手机客户端无论是网速、流量都形成制约，所以并不是商家给用户优惠券越多越好，关键是要让用户快速能找到心动的那条信息。基于LBS首先可以将信息按照用户位置推荐，增加用户个性化定制功能，能够让用户一目了然地找到周边感兴趣的信息。而一旦用户觉得体验不错，就会很容易形成回头客，此时就带来口碑营销的附加价值，通过朋友的推荐，其他用户更容易接受、参与消费。

基于此，正在寻找盈利基点的LBS提供商们与团购网站一拍即合。

其实并不是任何商品都适合网购，火爆团购显示，生活服务业才是团购网站最主要的业务来源，而生活服务业最明显的特征就是地域性，只要将地域特性做深做透，就能增加消费者的消费体验，以及为商家带来目标客户。

目前很多团购网站做的都是一次性营销，吸引的是贪便宜的用户，绝大部分的消费者都不是其目标客户群。

LBS将成为团购网站的标配，团购网站做实物交易，没有任何意义，几乎等同于目前的B2C网购，一旦价格没有优势，此类团购网站也就没有任何存在的必要。相反，生活服务是随时随地的，哪个团购网站能将这种随时随地性做到最便利，就能在团购网站中脱颖而出。

8.1.2　大众点评：内容丰富、功能完善

团购是最经典的O2O模式代表，但很多来也匆匆去也匆匆。因为O2O的难点在线下。李开复曾在专栏公开发文说："99%的团购网站都要死，不过大众点评是个例外。"可见大众点评的地位是居高不下的，O2O的实质是将发展线下商户、在线支付、营销效果检测这三件事在互联网上有了一个很好的结合。

创新工厂CEO李开复去吃一家很好吃的香港鱼丸（鱼蛋），他说是大众点评推荐的；经纬创投合伙人张颖在北京去了家大众点评评论不错的日本拉面馆填肚子；SOHO中国董事长潘石屹也利用大众点评找餐馆，这些微博里人气极高的知名人士"晒"吃的同时，无疑为大众点评做了最好的广告。

大众点评做得早，大约凝聚了几百万点评活跃的核心用户群，以女性为主。然而，大众点评网点评数量近2 000万条，点评的真实性才是核心。

O2O是将线下商务的机会与PC端、智能手机端结合在一起，让互联网成为线下交易的前台。该模式最重要的特点是：推广效果可查，每笔交易可跟踪。

大众点评的商业模式在于以下两方面，如图8-1所示。

商家通过电子优惠券、团购等形式把线上用户导入线下，精准营销获得收益。

最初几年，大众点评不被业内看好，很多人认为这只是吃喝玩乐的东西，没有成长空间。2005年，大众点评借鉴了美国《查氏餐馆调查》的做法，用户在网上发

图8-1　大众点评的商业模式

表评论，网站根据用户评论加以整理汇集成册，每年发售一册餐馆指南书籍。从上海到北京、广州等20多个城市，大众点评开始每年出版一本当地餐馆指南。

后来，大众点评推出会员卡，可积分，在合作商户都安上了POS机。用户既能用积分在合作商户刷卡抵扣消费，也可兑换移动充值卡等礼品。问题却很快出现：后期的大众点评已从餐饮发展到吃喝玩乐各方面，美容美发、婚纱摄影、足疗等，每个行业的点评参考指数不同，点评卡只适合特定人群不具备普适性。

直到2006年，大众点评才找到明晰方向。这个明晰方向是做电子优惠券、关键词推广及后来的团购等精准营销。凭借精准营销，2008年底大众点评实现盈利。至今，这仍是主力商业模式。

O2O+LBS，给大众点评带来了出人意料的商机，O2O模式中一种是大众点评类的平台模式。尽管许多网站都为自己贴上O2O标签，但是不论用户还是商户，大众点评都积累了深厚资源，被视为做O2O最有平台潜力的网站。

O2O是把传统行业与互联网相结合，能让八竿子打不着的传统行业从信息传递效率、服务水准等方面提升。而按照O2O的关键词，线上用户、在线支付、线下商户，具体到大众点评，则是用户查找信息，通过团购、优惠券等在线支付，然后到线下消费。

对大众点评起到决定性作用的是手机的定位功能，能基于位置服务，即LBS，可激活大众点评此前聚集的用户、商户资源，并与O2O结合。在大众点评手机APP里就能够方便快捷地搜索到附近的美食团购，方法如下：

Step01 打开大众点评APP，点击"美食"按钮，如图8-2所示。

Step02 查看附近商户及闪惠团购，会显示商户的具体距离，如图8-3所示。

O2O加上LBS，绝对让大众点评如虎添翼。比如上海用户出差到广州，对广州不熟，只要拿出手机定位，周边有什么好吃的，立刻就找到了。而找餐馆，用的是碎片化时间，在地铁上三五分钟即可，移动互联网的发展，也大大提高了大众点评的使用率。

大众点评上汇聚了150多万家商户，是网站多年累积下的资源。尤其关键的是，大众点评不仅线上笼络商户，它本身还有很强的线下销售团队，他们与商户直接接触，掌握了商户的服务特色、环境、口碑及可承受的客流量等信息，这在落实O2O时格外重要，保证用户体验。

点击

图8-2 点击"美食"按钮

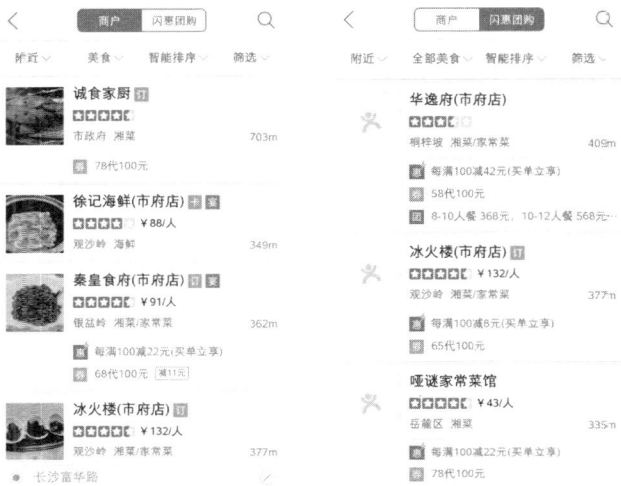

图8-3 查看团购商户

目前有很多商户在大众点评上建立了"网上客服"，看用户评价来改善服务。比如用户点评某餐馆的菜贵了，或者店内的空调效果不好等，商户的网上客服能迅速跟进并将改善后的服务反馈到网上，如图8-4所示。

大众点评由于其成立的时间长，目前大众点评上的内容是最丰富的，功能也是最完善的。语音搜索功能，提高人机交互体验，迷你地图标记商家具体位置。

其个人中心很好的将点评、用户签到、用户关注、签到活动等整合到一起，用户可以添加想要关注的人，可以看看附近签到的用户对商家的评价，还可以对这些签到评论，增加了用户之间的互动。还可以把用户觉得好的体验商家通过新浪微博、腾讯微博、短信、微信等分享给好友。

庶_9019

菜品总体来说比较贵，份量一般，不过团购的券比较便宜，性价比还算可以。味道还行。

评论 1

商家回应：亲，谢谢您的评价！为保证菜品的质量和口感，我们的原材料都是以江河湖鱼为主，所以售价较外面比起来稍贵点。

QQ_04490...

环境都挺好的，口味也挺好，臭鲑鱼太咸了一点点，店里面空调好像效果不怎么明显，服务员态度很好

评论 1

商家回应：亲，谢谢您的肯定。我们继续加油。

图8-4 大众点评的"网上客服"

8.1.3 肯德基：携手百度地图玩转国庆

国庆长假前夕，肯德基宣布与百度地图携手，推出O2O出行新模式。

2015年28日起，肯德基大手笔将全国4 800多家餐厅搬上百度地图，借助百度全景实现的"肯德基虚拟餐厅"遍布祖国大江南北。

消费者们不仅可以使用手机语音搜索随时随地"叫"出汉堡等美味，更可点评及票选心目中最具特色的肯德基餐厅，在长假期间迎来普降全国的甜蜜"蛋挞雨"，畅享一系列长假创新体验。

全国4 800多家"肯德基虚拟餐厅"集体上线，完整的旅行必定少不了美食，9月初，肯德基即联手百度地图，借助其语音搜索技术、全景地图技术及地图资源启动O2O战略合作，第一家百度官方认证的"肯德基虚拟餐厅"1.0版本随之诞生。

国庆前夕，肯德基再进一步，将遍布全国的4 800多家餐厅悉数搬上百度地图平台，打造为"肯德基虚拟餐厅"！打开百度地图移动端主页，附近肯德基的餐厅信息、特色活动，以及专为百度地图虚拟餐厅推出的定制套餐等一系列活动尽收眼底。在旅途的消费者无论身在何处，再也不用担心找不到美食。

人在旅途时如果想吃汉堡了，拿起手机，打开百度地图吼一声，即可查看附近肯德基餐厅和菜单信息，语音搜索技术的商业化应用，无疑是肯德基与百度地图合作的一大亮点。

数据显示，用户不仅倾向于使用移动端进行搜索，更在追求多元化的搜索形式。紧密把握年轻人独有的媒体接触习惯，或将成为肯德基的又一招妙棋。

现在，无论消费者身在何处，只要拿出手机，使用百度地图的语音搜索功能，冲着话筒大喊一声"我要吃汉堡"，身边最近的"肯德基虚拟餐厅"和丰富的团单选择就会跃然眼前，如图8-5所示。

肯德基新的餐厅呈现出多样的风格设计，在保持自身文化特质的同时，往往会融合当地文化，成为城市的另一道风景，肯德基邀请消费者们在长假期间，通过"肯德基虚拟餐厅"完成一次从指尖到舌尖上的旅行，票选出全国各地的肯德基餐厅之最。

图8-5　百度地图语音功能搜索肯德基菜单

10月1日～7日国庆长假期间，肯德基在全国范围内精选出了50家各具风情的餐厅，在百度地图平台上展开了"出发吧！寻找肯德基之最"活动，邀请消费者欣赏百度全景图片，共同评选出心目中最具特色的肯德基餐厅。

活动中，消费者不但可以随时随地发现身边不一样的肯德基餐厅，还可以心随意动，亲手点评、票选出心目中最为独特的肯德基餐厅，更有机会获得3 000元的旅游代金券、肯德基蛋挞及手机话费等礼品。

史上最甜蜜的"最后三公里"，是摆在包括肯德基与百度地图在内所有O2O巨头面前的又一挑战。与百度地图一起，通过在线上分发特别优惠吸引消费者，再将线上资源有效地引流到线下，进一步加快了肯德基在中国的数字化步伐。

国庆期间，肯德基在全国4 800多家餐厅周边施以人工"降雨"，备足了100万枚葡式蛋挞，期待与正在旅途中的消费者甜蜜相遇。国庆期间，所有"肯德基虚拟餐厅"的周边三公里以内，将不定时空降史上最甜蜜的"蛋挞雨"，如图8-6所示。

这是肯德基基于移动LBS定位服务，通过"最后三公里"的服务延展，引导从线上到线下消费者流量变现的又一实践。只要消费者身处于线下任何一家肯德基餐厅三公里范围内，打开百度地图搜索肯德基，根据提示移动即有机会获得这份雨露均沾的幸运。

图8-6　肯德基国庆派送蛋挞券

8.1.4　路趣网：打造浪漫的LBS+O2O模式

创新总在被创业者超越，而在在线旅游行业，创新更是此起彼伏。LBS和O2O相互结合，便是在线旅游行业内又新增一长点。旅游本身具有极强的位置属性，利用LBS定位信息进行旅程分享，利用O2O让游客在旅程中和商家服务实现对接，创造商机。

而随着移动互联网的发展，LBS和O2O之间的双向发酵，正在催生出令人垂涎的商业价值，这更是让创业者们跃跃欲试。路趣网，正是一家在LBS和O2O寻求商业"浪漫"的创业公司。

一群热爱旅游，青春活力的年轻人，因为对分享旅程的共同爱好走到一起，创立了路趣网。路趣网成立于2011年，而今已经拥有超过20万的注册用户。路趣网在致力于解决游客"不知道去哪玩"、"怎么去"、"怎么玩"、"优惠玩"的过程中，不断磨炼着自己的商业模式。

路趣网基于对在线旅游、LBS领域的广泛和深入分析，发现"休闲旅游是旅游行业趋势"、"在线旅游服务与位置（LBS）结合"、"旅途中的旅游商家服务（O2O）"等都是在线旅游发展的趋势。

路趣网的目标群体是热爱休闲和自助旅游的人们。自上线以来，路趣网有超过20万的注册会员；活跃用户占1%。日均浏览量23.4万，Alexa全球网站排名38 138。

在精准营销方面，路趣网主要通过SEO、SNS等自然、口碑的方式进行宣传，包括举办一些线上分享和线下户外旅游活动。路趣网扩大活跃用户的方式，主要是SNS和线下活动。

路趣网通过户外达人，得到一些有趣的信息；由旅游策划师带团队去踩点踩线后，推荐给爱玩爱旅游的网友，组织活动带领大家去那里玩。通过体验和口碑，发展和留下用户。

用户需求的差异，是旅游生命周期中不同阶段的差异。比如旅游之前的需求是发现好玩的地方，去之后是分享好玩的地方。而路趣网正是希求解决"去之前"、"行程中"、"去之后"的关键需求。

具体来说，包括去之前：发现好玩的地方，找到游玩攻略；行程中：景点搜索和导航，旅游商家服务；去之后：分享游记，景点点评和分享。

路趣网的景点，分为户外、休闲、度假、农家乐、客栈等大类。还细分为摄影、美食、溯溪、赏花等几十个多纬度的小类，就在更精准的帮助用户发现好玩的地方。路趣网的景点建设分深度和广度两个纬度。

深度方面，路趣网以创新的"旅游圈"概念，从深、细、全方面来建设POI，特别注意挖掘休闲去处。广度方面，路趣网已经覆盖全国，甚至包括部分境外景点。

路趣网在移动APP上拥有两大核心产品——趣旅游和路趣。

趣旅游是路趣网重点打造的核心APP，解决景点搜索导航、周边优惠等问题。这款应用是路趣网的核心产品，如图8-7所示。

图8-7　趣旅游APP界面

趣旅游通过LBS定位技术，提供周边游、主题游、趣旅游、城市导航、优惠等产品和服务。趣旅游的产品主要有发现的纬度：周边景点推送、主题分类、热点-专辑、分城市导航。攻略的纬度：玩法、指南和景点导航。服务的纬度：商家和优惠。分享的纬度：签到、点评和分享。

路趣APP，是基于位置的旅游分享社区。定位是路趣网社区的辅助工具，帮助用户随时随地分享，如图8-8所示。互联网和移动互动网渠道是公司的重要拓展渠道。行业网站、微博、SNS也将是核心渠道。

图8-8　路趣APP界面

为周边游旅客户提供服务时，会提供更细更多更全的休闲景点，更丰富和优惠的商家。让用户快速找到所需要的特色休闲景点、休闲和度假商家。

路趣的社会媒体策略包括微博、QQ群、社区网站、SNS网站等。路趣网现在已经形成了一套官方服务体系，如路趣网微博。路趣网也会定期把优质内容，通过各社会媒体，分享给忠实网友，并与之深度互动。

路趣网的定位是有价的信息和服务；不仅是纯虚的社区，更准确地说，路趣网是一个定位于休闲旅游LBS+O2O的网站。社区和分享，必须先帮助用户解决了具体的出游问题，才能进一步让用户进行分享和传播。路趣网的差异化竞争优势，体现在休闲景点的深、细、全三方面。

在实用性方面，路趣旅游围绕景点提供玩法、指南、交通导航等实用帮助。路趣的特色是，从休闲旅游的需求出发，提供全系商家优惠。解决用户玩好、玩实惠的问题。在客栈、农家乐、度假村、特色商家等方面，帮助用户发现、比较、获取优惠和联系方式。

LBS和O2O相互交融，伴以移动互联网社交推进精准营销。一切看似顺理成章，而4G网络在中国日趋普及的今天，这片领域看起来更是大有作为，但是摆着这类型公司面前的，依旧是一条不似平坦的路。

现在看来，这种商业模型还缺乏相对成熟的盈利模式。就如同路趣网一样，现在的盈利还是主要依靠和商家之间的合作，而且这种合作目前还未开始收费，企业的盈利模式还需拓宽。

8.2　在商业模式确立后，需拼什么

在移动互联网高速发展的当下，LBS+O2O的商业模式已经具备了清晰的盈利模式：平台上的广告、分销并通过差额交易获得营收、从团购商家获得分成及与团购网站分成等四大稳定的盈利途径。在拥有清晰盈利模式的商业模式确立后，这些公司的角逐又需要做些什么呢？社交！

有人会质疑，因为LBS一开始进入国内与SNS结合的模式，发展的并不好，为什么又提社交？其实，看一下现在那些火热的互联网公司，他们都有一个特色那就是更加社会化。

所以，社交是必不可少的因素，用户规模达到一定的量时，这些公司可以考虑再结合SNS，强化用户之间社交性，驱动商业价值。

8.2.1　兴趣社交

Pinterest的兴起归因于它的兴趣图谱。用户之所以高度的热衷，就是因为该网站是基于兴趣把用户吸引在一起，而有共同兴趣的人们会把一个信息一张图片进行无数次的转发，病毒营销得以实现。

那么这些O2O+LBS模式的公司，是否应该加入兴趣分享的因素，增强用户的黏性？比如可以建立一些消费系列："朋友聚餐"、"情侣烛光晚餐"、"同事健身活动"、"K歌Who怕Who"、"一起去远足"，等，可能是陌生人，可以是闺蜜，但贵在志趣相投，把相同兴趣的人们聚合到一起，拓展交际圈。

众多LBS+O2O模式的公司中，大众点评是实力最强的，其他公司可以先师夷长技再谋求超越。比如在整合用户方面，大众做得就比较好，让用户之间互相关注。

新型的社交网络（或称为社交网络2.0）将强调社交发现机制，以地理位置为基础，让用户与附近有着共同兴趣爱好的人交流，而不是和Facebook那样，与自己认识的好友交流。

目前智能手机的强大功能催生了一种新型的网络：社交发现服务，而不是之前的社交网络服务。发现服务的重点主要是突出用户附近的人群，并在用户和想认识的人之间建立联系。

Facebook的目标是让用户和已经认识的人建立联系。"发现"在Facebook上仅限于搜索名字或网络（例如学校和工作场所）。这些地方都相对固定，用户此前就知晓它们。

但用户每天也会参与短暂并不断变化的社交网络。其中一大部分Facebook都没有涉及：健身房、杂货店、篮球场、公园遛狗等。这些社交网用户每天都要进出，参与的人并不是他们的好友或Facebook朋友。他们只是在同一时刻，和用户有同一兴趣的人。

传统LBS应用主要是紧急呼叫、车辆导航、物流管理、人员定位等，其实LBS作为一种基本能力，可以扩展到各类业务应用中。

位置信息是移动运营商的大金矿，值得深耕细作。当今市面LBS的应用软件层出不穷，各式各样的软件让人眼花缭乱，这些软件大致分为LBS地图软件、LBS微博软件及LBS社交软件。

其中LBS地图市场已被谷歌、百度等几家大型知名企业占据；LBS微博刚刚兴起，市场前景甚好；而LBS社交软件则到了瓶颈期，其原因主要是由于许多传统互联网公司在移动互联网领域的布局心态开始变得谨慎及中国社会人与人之间的信任感及其微弱。

信任感是交友活动的前提保证，而在虚拟的网络中，面对着虚拟的对方，信任感从何而来呢？以往提到网络社交，人们的第一反应都是将人群分成两种——男人和女人。基于这样的想法，网络社交怎么会有信任感可言呢？所以，要解决这个问题的根本原因就是要想到途经建立人与人之间的信任感。

"定向兴趣交友"概念的诞生从根本上解决了这个问题，"定向兴趣交友"，即确定交友的具体目的，再进行交友。咔朴网旗下的咔朴·凑手系列应用软件就是本着这样的概念开发的，更是作为一款新兴的网络架构和服务的平台，致力于满足广大用户娱乐文化生活需求，提升用户生活质量，集聚、即时、便捷等特性为一体的高效服务类网站。

凑手广场中共有26个分类程序，例如凑手·麻将、凑手·三国杀、凑手·爬山等。这些以兴趣点命名的程序就是在为用户提供一个安全可靠的兴趣平台，在让信任感重回人心的同时，也让咔朴·凑手在LBS社交软件云集的今天杀出了一条血路，争取为中国运营商的LBS业务发展作出更大的贡献。

8.2.2　熟人社交

Facebook现在的规模是基于朋友的关系网，正是因为这样一张社交网，它才更具有商业价值。那么像上述公司，规模用户里肯定有熟人，或许就是微博好友，公司同事、闺蜜等，更好地挖掘这些朋友的价值就是这些公司下一个战略目标。

打个比方，某用户今天去吃了巫山烤全鱼，只需在大众点评上发表评论，让这个用户的好友、同事、闺蜜都可以看到，那么他们更愿意相信朋友的意见，更容易驱动消费。这些公司现在要做的就是，整合用户数据，发展社交功能。

在基于"好友"而进行的社交分发激发行业震荡、引领大批从业者跟进后，日前，360手机助手又马不停蹄地推出了"全民分发"理念及相关产品

——360应用圈，如图8-9所示。并邀请了百余家国内知名APP厂商及一线影视红星孙俪及当红名嘴汪涵"入圈"。而有业内人士认为，从熟人到陌生人，即全民分发的发展过程更符合"社交"的原始定义。

图8-9　360应用圈界面

自2014年360手机助手基于LBS和通讯录的熟人社交模式"3.0身边版"正式上线后，瞬间引爆了社交分发领域，为行业注入了一剂强心针。该产品包含位置分发、好友分发、当面分发及个性分发四大"社交"版块，改变了传统分发模式造成的活跃度、留存度低的问题。引发了行业竞品的快速跟进，甚至被冠以"破冰"称号，开启了"应用分发+"时代。

但无论是查看身边人应用还是好友应用甚至是面对面快传，大多都是利用"熟人"间社交的强关系来维系应用在社交链之间的互相传播。也就是将用户视为圆心，用户的熟人社交为半径画圆，而所有的应用在这一"圈"内互相传播，增加黏性与互动性。

虽然这一模式已经为传统社交分发打开了"通往新世界"的大门，但是360手机助手显然认为这种"狭义"社交分发不能完全满足低于社交的定义。于是，基于社区平台的全民社交模式就此诞生。

应用圈可以视为是一个将APP作为主体的社区论坛或者微博等自媒体平台，共包含"发现"和"话题"两大模块。在发现模块中，无论是普通用户、大V还是明星大咖都可以"肆意"发表自身对于某一款应用的看法，可以点赞支持博主，也可以回复不同的意见进行交流。所有的对话都可能发生在两个或多个陌生人之间，这种思想的碰撞与交会就是应用圈给用户带来的社交分发新乐趣。

如果在发现中没有找到心仪的应用或者心动的评论，那么还可以来"话题"里掺和一下，360应用圈中每天都会根据近期的热点推出不同的趣味话题，例如话题——"文艺青年的小应用"就在短时间内激发了数百人热议，虽然——陌生人，但以APP作为轴心而产生的社交活动所激发的能量与黏性将是无法想象的。

从基于LBS和通讯录的熟人社交模式到垂直社群的全民社交模式，这一华丽的蜕变完善了社交分发模式，同时也将分发行业领向一个新的方向。

8.3 校园LBS+O2O电商迎来大发展

近两年，校园O2O成为新的电商风口，众多创业公司正在其中搏命绝杀，十余家校园O2O企业获得资本注入，其中仅A轮融资的总金额就高达1亿多元人民币。在吸引资本市场关注、收获丰厚投资的同时，校园O2O也引起了行业的密切关注。

随着移动互联网电商的持续推进，高校学生对于校园电商的需求和接受程度将进一步提高。象牙塔内的电商市场将成为越来越多的电商企业竞争的焦点，可以预见，资本市场将越来越关注校园O2O领域。

校园LBS+O2O作为新晋的电商模式，改变的是高校校门之内的电商环境，未来它将推动全社会的电商进步。目前在高校中的学生可以称为"电商一代"，这些在校园中就享受优质电商服务的学生走上社会之后，他们将带来更为强大的电商活力。

能够在这一轮校园电商的争夺中生存下来的企业，未来的发展前景是很可观的，他们在校园内就培育了大批忠实的用户，制造了良好的行业口碑。待到这些学生毕业之后，会将企业优良的用户体验更加广泛的传播。可以说，做好校园LBS+O2O就是为企业创造了一条生生不息的财富之路。

8.3.1 俺来也：西游主题的校园电商

2015年3月，可以评为校园O2O领域的最佳融资月。例如，本地生活服务平台8天在线、59stroe、俺来也、宅米网等，这些企业凑巧有三大不容忽视的共同点：一是融资金额均在千万元人民币级别；二是服务领域均瞄准高校市场；三是公司总部所在地绝大多数在上海。

"俺来也"公司是一个西游记体系，整个团队约200人，分为6个运程官：A策划组6～7人，孙悟空带队；B分仓管理组100人，八戒带队；C供应链管理组20人，沙僧带队；D产品组IT技术30人，白龙马带队；E客服组20人，负责配送人员（筋斗云）和供应商，白骨精带队；F高校渠道20余人，哪吒带队。最重要的战略管理是唐僧带队。

通俗来讲，"俺来也"团队员工均以西游记内部角色命名，欲以"买"为切入点，逐渐延伸到"同学交易"、"校园互助"、"学生与社会交易"、"白领与社会交易"，打造一个富有娱乐性和趣味性的校园社区平台。

该平台也将顺其自然从"O2O+LBS"的商业模式延伸到"O2O、LBS、P2P、SNS"四位一体的整合模式发展，"俺来也"将会不断深入大学生日常生活成为必备APP，为校园学生提供便利，如图8-10所示。

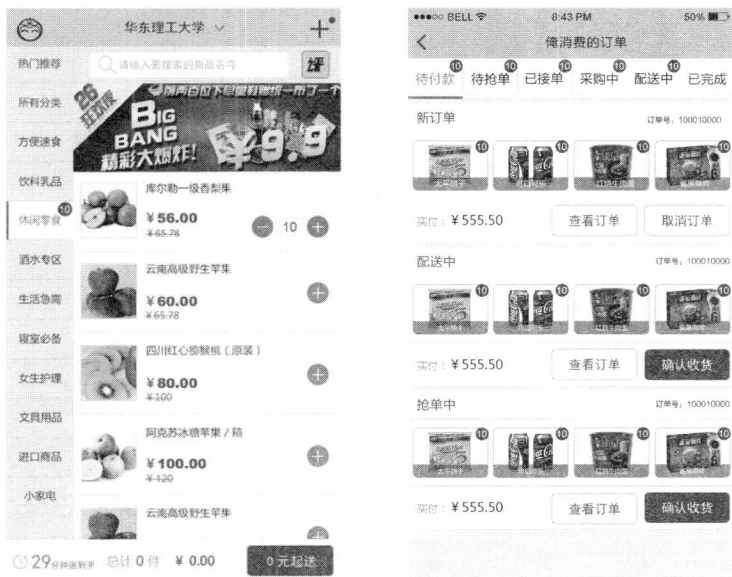

图8-10 "俺来也"APP界面

"俺来也"与现有校园O2O平台非竞品关系，其战略布局可以用两个公式总结：一是全链条互动：信息链+物流链+供应链+服务链=高校全方位服务；二是全业务延伸：俺来买+俺来帮+俺来卖+俺有才=大学生生态文化社区。

"俺来也"与现有的校园O2O平台模式不同，并非竞品关系，它的竞争对手是传统校园小店。他的目标是做中国绝对领先的大学生O2O平台，这样的格局源于"俺来也"的起点。

现阶段，国内多数高校学校的快消品消费场所多发生在学校的小型实体店或大学生超市，这些店铺经营商多与学校内部某领导关系较好，校园O2O平台打入内部多少会受排挤，这也是目前校园O2O企业进入校园的痛点之一。其二是学校宿舍楼及教学楼禁止发传单和外人入内，外来人员无法接触到宿舍三楼以上的学生。

针对这一系列的痛点，"俺来也"表示欲将其逐一击破。

一是"俺来也"与勤工俭学办合作，解决进不了学校、学校不支持、原有利益所得者排斥等问题。老孙透露，"俺来也"承接了他校园传媒10年的经验，与30个城市的800所高校已经有很好的战略合作关系。

当"俺来也"进入学校后，一般会成立筋斗云实践社团，这类社团分别挂靠在校团委、学院团委下面，以大社团下面的小社团分支存在。之后勤工俭学办会在校内网站上发布消息动员学生参加勤工俭学，另外每学期会有相关渠道发布面试、培训等消息。"俺来也"每个学校和学生的比例为100：1，即拥有10 000个学生的校园会有100个筋斗云。这些筋斗云在学长的帮助下，邀请督导班级同学纳新。而筋斗云也会像每年的学生毕业一样，一届接一届的存在。

二是延展式发展，防止校园入驻的O2O模式单一。校园小店的消费场景一直存在，且每年有580亿元的交易额。90后尤其是95后人群，相对较宅较懒，中午不愿排队买饭、也不愿穿梭大半个学校去趟超市，未来"俺来帮"会在5～29分钟满足学生需求。所有筋斗云均是学校学生，学生帮助学生，防止以外卖、优惠等入口进入校园的外来有安全隐患人员。

三是供应链大品牌总经销权是核心竞争力，可以解决学生求低价、全品类、免运费等问题。"俺来也"用三个中心来提高大学生进小店到打开手机的转化率，如图8-11所示。

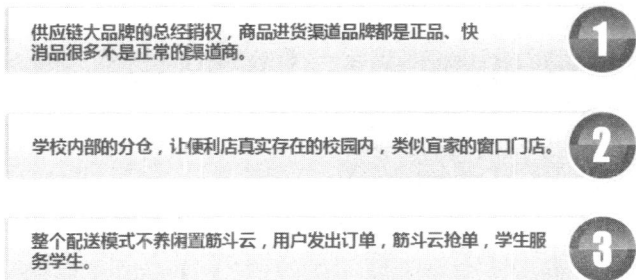

图8-11 "俺来也"提高转化率的三个中心

学生的配送费不叫配送费，叫"拯救费"，拯救学生吃不上饭、抢不上座位等问题。"俺来也"目前在全国近12座核心城市布局，已有36家高校实体门店，150个分仓，单日订单量峰值突破10 000单，"筋斗云"兼职学生超过3 500人。

除了学生，筋斗云本身也是"俺来也"的重度用户，当他们享受到10~15%的让利时会自己分享到朋友圈，每个学生就是一个自媒体人；同时，"俺来也"使学校1%的学生可以勤工俭学，学校也会大力支持。

每个筋斗云都可以摇到自己在《西游记》里面的花名，校园O2O是一个商业的代名词，校园渠道整合营销传播才是校园O2O平台的重点，而做O2O必须迎合校园文化。

实际上，校园O2O解决的是校园供应链问题，去除中间化，用手机代替排队买东西，以"俺来买"、"俺来卖"、"俺来帮"、"俺有才"逐渐增强学生对手机打开率以作未来校园社区社交的切入点，让这种趣味性的消费模式改变校园内传统的小店消费模式。

8.3.2 宅米网：宅男宅女的生活福利

宅米APP是一个区域化的生活服务平台，用户通过宅米APP选择地址后能够看到他所在地周边的便利店、水果店、快递、蛋糕鲜花等等服务，下完单即可由商家立即送货上门，如图8-12所示。

宅米是要做区域化生活服务平台，帮商户开网上便利店，想成为本地化消费服务的天猫。2014年12月9号上线的宅米目前定位在高校宅男、宅女的区域化生活服务平台，专注为高校师生提供早餐水果外卖、零食配送、免费代收快递等服务；基于LBS功能，用户可查询到所在地周边商铺信息，选择商品下单后，即可由商家送货上门或者预约送货上门。

图8-12　宅米APP界面

宅米采用众包+直营配送模式，集合本地生活生活服务商户，帮商户开线上便利店，将商户服务辐射到更多区域，给更多用户提供他们的商品，让商户取得更多的利益，目前宅米已和35家本地生活服务类商户达成合作，周边商户也可随时入住平台。宅米作为专业的网络订餐平台，致力于搭建一个一站式便民的服务平台，让网民充分体验到互联网技术蓬勃发展带来的高效与便捷。宅米提倡和坚持"人人建设、众人分享"的经营理念，为商家提供更好和更宽的市场机会，为需要更多优质生活质素选择的用户提供更多美好的产品和服务享受。

目前宅米已支持微信下单，安卓、iOS版客户端均已开发完成，在服务品类上除之前的水果、早餐、快递、干洗外，近期将上线鲜花、数码、租房、桶装水等品类。

宅米已支持上海闵行地区使用，覆盖上海交大和华东师范大学。宅米4月开始扩展到全上海地区，6月份覆盖松江大学城、临港大学城主要7个市场。今后会重点拓展北京和杭州市场，7月份拓展了白领市场。

商品配送方面，宅米自建物流配送团队"蜘蛛侠"，经严格培训上岗，驻扎在配送站点。用户下单后，配送员会身穿蜘蛛侠套装，送货上门（已成为交大的一道风景线），宣称30分钟送达，如图8-13所示。

图8-13 宅米的"蜘蛛侠"配送员

宅米会从商家配送的订单中抽成10%～20%。目前配送团队已有10人，占团队整体的50%，配送团队每人每天需配送100单，每天约有1 000单订单。

为方便商户管理订单，宅米已开发商家端管理后台，如图8-14所示。商户只需安装此系统再配备一个订单打印机即可管理用户订单和自主配送。

图8-14 宅米商家版APP

目前做本地生活服务校园市场的还有网上便利店59store（网上的全家Family Mart）、校园网上超市8天在线，不同的是，宅米想做区域化的生活服务平台，像区域化的天猫，将线下生活服务搬到线上，用户不需要出门，即可享受多样便捷的服务。宅米想培养更多59 store这样的企业，帮商户做线上便利店连锁。

8.3.3　口袋兼职：轻松找到附近兼职

口袋兼职于2015年1月上线，拥有附近兼职、附近人才、在线聊天三大功能。学生可通过内置LBS位置功能自动搜索附近兼职，也可以查询到附近兼职的伙伴，与商家、好友即时交流，如图8-15所示。

图8-15　口袋兼职APP界面

口袋兼职是属于学生招聘领域，学生招聘领域有500～1 000亿元人民币市场规模。兼职与电商购物类似，频次高、密度大、客单价高，所以非常容易盈利，但是竞争很激烈。

校园市场目前分为五类，其盈利模式不尽相同：一是社交平台，难以变现盈利；二是校园超市、校园O2O平台，盈利较难，但容易产生巨额流水；三是学生招聘平台，包括兼职、实习、校招等，该领域盈利相对简单，离钱近；四是学生餐饮，与校园超市相似盈利较难，容易做流水；五是校园传媒，包括新媒体、校园赞助等，该领域来钱快、容易盈利、门槛低、高流水。

此外，口袋兼职基于大数据分析给用户提供匹配的兼职岗位，用户使用时间越长，系统就能越精准地计算出用户感兴趣的岗位类型及薪酬范围，然后通过站内消息和手机短信的形式集结并推送给用户。

口袋兼职APP的具体功能有四大特点，如图8-16所示。

图8-16　口袋兼职APP的具体功能特点

（1）搜索附近兼职。采用LBS功能，可快速搜索以自身为中心的附近商家所发布的兼职信息，免去长途兼职的劳累与不安。

（2）一键投简历。自主编辑简历，遇到心仪的兼职即可一键投递简历，免去重复填写的麻烦，同时还可在投递简历时添加备注信息，以增加商家雇用率。

（3）搜索附近人才。突破传统兼职软件枯燥乏味的模式，采用GPS定位技术，为用户搜索附近的兼职达人及可能成为同事的小伙伴，分享经验的同时还可以聊天交友，拓展社交人际关系。

（4）用户与商家互动。对于兼职信息有疑问的用户，可以直接点击商家头像进行交谈，以确保兼职对用户的合适性，同时还可以与商家进行详细交流，明确商家下一次的兼职动态。

8.4　LBS+O2O电子商务案例

LBS+O2O平台营销就是企业借助互联网或无线网络，在固定用户或移动用户之间，完成定位和服务销售的一种营销方式。对于LBS服务的价值，它就像浏览器是接触Web互联网最重要的入口一样，LBS将成为移动互联网的入口。

LBS是个值得期待的领域，并且存在很多的机会。笔者认为，把消费者体验感作为LBS应用发展的方向，将成为未来互联网商家竞争的主要点。同时，LBS服务也将成为本地生活消费类O2O平台十分重要的一部分。

8.4.1 【案例】优衣库：多平台构筑O2O闭环

优衣库（UNIQLO）建立于1963年，当年是一家销售西服的小服装店，现已成为国际知名服装品牌。优衣库在中国品牌服装零售业率先推出网购业务，其网络旗舰店于2008年4月16日，优衣库的淘宝商城店铺和外部网店同时发布，开店后平均每天销售2 000件。

优衣库的线上线下融合是双向的，即线上为线下引流，同时线下也在积极为线上带去流量。优衣库实体店积极以促销、优惠等形式向到店消费者推荐其APP，优衣库有时甚至会用广播等有意思的形式提醒消费者使用其APP扫描指定产品二维码可享受打折优惠，以此增加优衣库APP用户量。

这些推广工作的关键执行点是与消费者直接接触的一线工作人员，据品途网了解，优衣库为了能让推广效果达到最好，对店内工作人员进行了大规模培训。

1. 本地生活应用

面对日渐兴盛的移动互联网大潮，营销战略一直走在时代前沿的优衣库也坐不住了，研制出一款名为"WAKE UP"的闹铃APP应用，如图8-17所示。据悉，"WAKE UP"APP由开发UNIQLOCK的团队进行企划，并邀请世界知名的音乐人为此创作背景音乐。原创背景音乐根据当天的天气情况有7种不同的变换方式，让下载这款APP的用户愉悦地迎来每一天的开始。

"WAKE UP"APP在闹钟的基础上，融合了"天气"、"音乐"与"社交"功能。"WAKE UP"APP具备LBS功能，用户可从列表中指定地域，显示当时当地的天气情况及气温，而闹铃音乐会随当时的天气情况而变化。

闹铃音乐中的语音播报有英文、中文两种选择，用户可在Facebook、Twitter、人人网、新浪微博上共享起床时的天气、时间、地点，共享的信息也会在APP内的原创地图"WORLD WAKE UP"中生成图像，如图8-18所示。这个功能也使得"WAKE UP"成为一款充满创新的具有社交功能的闹钟APP应用。

优衣库小清新闹铃APP的出现，势必会为品牌聚集一批乐于尝试新鲜事物、乐于分享生活的青年用户。但是服装品牌的营销仅"好玩"还是不够的，吸引眼球之外最重要的是促进整个企业生态系统的健康循环，打通销售渠道，从而实现企业利润最大化，APP营销便可助企业一臂之力。

"WAKE UP" APP的与众不同之处就在于，可以根据天气、时间和星期几的不同元素自动生成一段独特的闹钟音乐，摒弃传统闹铃刺耳尖锐的特点，音乐风格清新自然。

LBS 定位

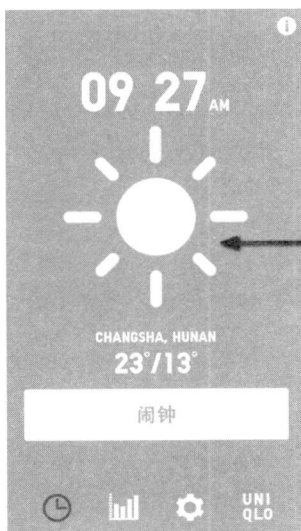

图8-17　"WAKE UP" APP界面

图8-18　"WAKE UP" 设置界面

2．线上营销平台

除了官网、旗舰店外，优衣库有自己的APP营销平台，如图8-19所示。"优衣库" APP具备如下功能。

Step01　查看促销单页了解最新促销及新品信息，如图8-20所示。

通过线上平台展示各种产品。

利用 APP 线上促销吸引广大的移动用户群体。

通过用户的社交网络使品牌实现口碑分享传播。

图8-19　"优衣库" APP主页

图8-20　促销单页

Step02　寻找附近门店，查看驾车、步行、公交路线，如图8-21所示。

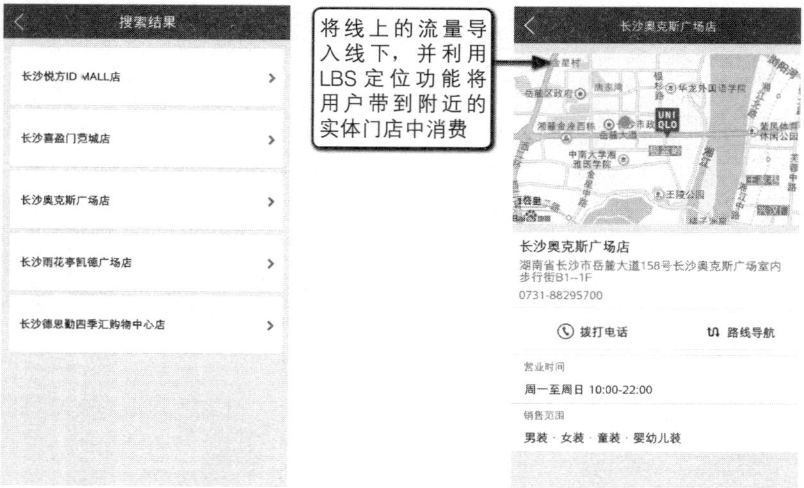

将线上的流量导入线下，并利用LBS定位功能将用户带到附近的实体门店中消费

图8-21 查看附近店铺

Step03 用户可以通过手机商城查看各类商品详情，收藏或购买喜欢的商品，如图8-22所示。

Step04 用户可以获得优衣库礼券，并可在门店直接使用，如图8-23所示。

在手机上屏幕大小有限，最重要的就是商品的图片，要求图片明亮、清晰，背景简单不杂乱。细节图突出，商品在图片中的占比大。

通过手机发放礼券，吸引用户到线下门店使用。

图8-22 商品简介

图8-23 优衣库礼券

Step05 门店"试衣间"功能，可以让线上购买服装的用户到附近的线下门店试穿，如图8-24所示。

Step06 提供意见和反馈给优衣库，帮助优衣库提高服务质量。

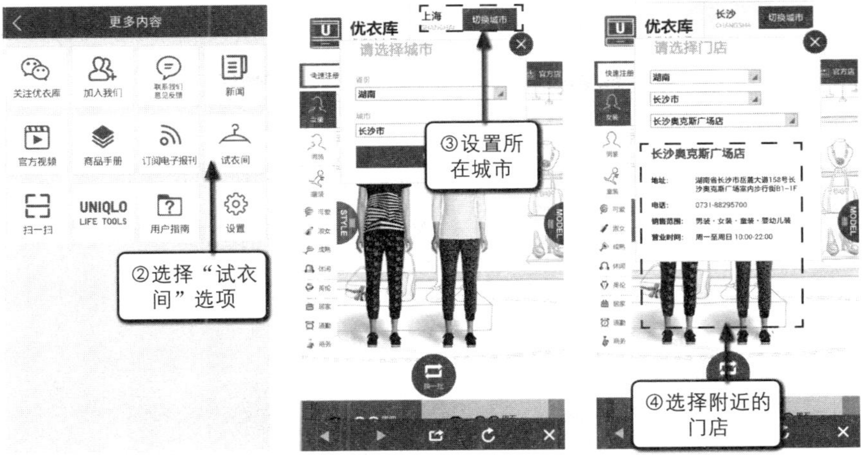

图8-24　门店"试衣间"功能

笔者认为，对于移动终端营销抱有较高期待的传统品牌商们来说，最关注并不是移动端的成交量，而是其对PC端和线下店客流量的影响。作为一种新媒体营销平台，APP风头正劲，为服装品牌带来的品牌效益和经济效益无疑是巨大的。就平台而言，与传统电子商务销售平台相比，手机移动互联网的普及程度更高、信息传播更快、覆盖领域更广、使用方法更便捷，因此APP更具营销天然优势基因。同时，LBS功能可以很好地实现服装品牌精准地域推广，对提升服装品牌传播具有巨大作用。

8.4.2　【案例】药给力：提供送药上门服务

国内首家"1小时送药上门"公司，"药给力"宣布完成数千万元的A轮融资，由同渡创投领投，平安创投、策源创投跟投。其中，策源创投为上轮投资方。本次融资是医药O2O领域宣布的首笔A轮融资。云岫资本担任独家财务顾问。

药给力公司于2015年1月，是一款基于LBS提供在线购药、用药咨询服务平台，主打1小时免费送药上门服务。同时，提供医师在线咨询、用药咨询推送、用药定时提醒等服务功能，如图8-25所示。上线至今的四个月时间，已有超过10万订单用户。

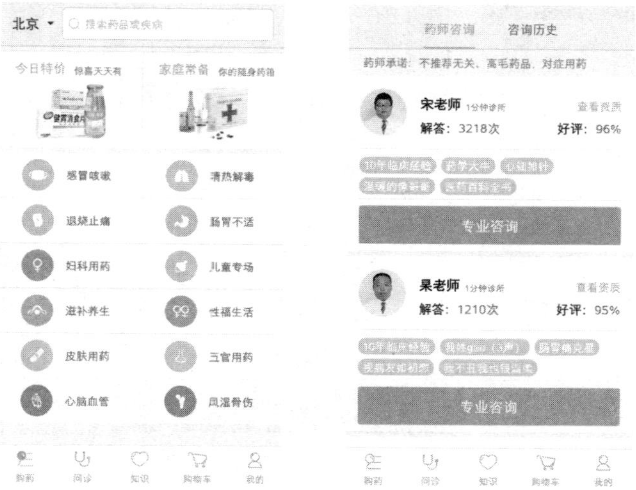

图8-25 "药给力"APP界面

目前，药给力有iOS和安卓两个版本。用户也可以通过微信公众号下单。6月中旬药给力实现了北京五环内全部覆盖，支持用户下单配送。

A轮融资成功得益于药给力的快速成长。A轮资金的主要用于两个方面：第一，扩大药给力覆盖区域；第二，做好药学服务，体现出药给力的愿景，将用户用药咨询服务做得更加专业。

药给力看重用户对于药品快速送上门服务及专业药学服务的高品质需求，也看好药给力团队的经验积累和执行能力。药给力希望能在医药电商这个充满机会又竞争激烈的领域中作出自己的特色，成为网上买药的首选。

平安创投合伙人张江表示："药给力团队的能力，愿景和执行力打动了我们，我们看到公司未来不仅在医药零售，同时在用户药事服务中的广阔发展空间。"

此次交易是云岫资本在医疗服务及O2O领域的重要案例。移动医药O2O服务有广阔的前景。融资服务过程中，药给力创业团队的较强的执行力及创新能力使A轮资本的注入实现质的飞跃。

8.4.3 【案例】够近：LBS+O2O生活电商平台

你是否有过这样的时刻？身边的超市满大街都是，就是自己懒得去逛；看着超市收银台排着常常的队伍，自己心急如焚；网购买东西，物流慢，等的时间太长，这些痛楚相信很多人都会遇到。

随着移动电商趋势的迅速蔓延，将本地的实体店电商化或许能更好地解决消费者的购物痛点。"够近"就是一款这样的产品，它的逻辑就是基于LBS从本地商超电商化思路切入，将线下实体店1对1的映射到线上，这样一来消费者即可利用移动终端整合碎片化时间，随时都能轻松逛超市。

够近在今年6月份由"拇指身边购"改名而来。线下实体店受到电商的冲击生存艰难，而社区便利店受到的冲击并没有那么严重，原因就在于便利店只提供基础的生活用品，购物迅速无须等待，而够近就是一个针对独立超市、便利店的O2O方案，对于用户来说，可以给人一种网购的感觉。

够近可以服务超市和消费者两个对象，但超市用户是第一位的。如果超市想要接入够近平台，需要将店内实际的库存表格配合商品名称、价格、库存导出，自行录入够近系统或由够近客服协助录入；

对于大型超市而言，够近会协同商超技术人员实现后台数据库实时对接即可。线上的图片也由够近进行提供，并且自动适配，而平台上商品的价格可以由商家自己随意调整，但够近会全程监控，以免出现恶意竞争现象。

对于消费者而言，打开够近APP能够寻找自己附近的便利店或超市，在超市内选购商品、查阅商品的评价、销量、价格等，并最终确定购买；消费者可直接在APP中下单购物，可选择自提或超市配送两种方式，完成交易后也可给超市评价，如图8-26所示。

图8-26　"够近"APP界面

在购物环节，够近的物流网络由够近低温物流团队、校园配送兼职团队、社区商超配送团队和第三方宅急送团队组成，这种物流组合可以实现同区域内订单2小时内送货上门，从而有效地实现了线下配送生活网络的全覆盖。

除此之外，够近还革新G码功能。G码可以理解成类团购的模式。消费者在够近购物成功后，即可获取二维码优惠券，该优惠券能够在够近的合作渠道进行折价、VIP等特殊差异化消费，如图8-27所示。

G码不是主营业务，仅仅是作为辅助增强黏性的考虑，所以允许消费者现金支付；但另外一个战略是，可以实现够近未来社区入口的雏形，如未来够近增加第二个电子商务一站式服务渠道时，可以利用G码统计并收集周边消费者习惯，然后进行拓展，很容易即可免费进入类似的合作店铺中。

目前G码的合作店铺，已超过500家。对于G码的革新，或许能给电商市场注入新鲜的血液。

图8-27 "我的G码"界面

与针对综合性大商场的O2O解决方案的猫酷不同，够近面向的是中小独立超市和便利店，以LBS为向导，主打身边的商超电商化。

具体看来，够近的价值在于结合了便利店的快速便捷和网购的品类丰富，价格低的优势点；平台为商超提供统一的线上平台，以实体店映射的方式，将店铺数量同步到线上，并整合线下消费者资源及精准统计消费行为数据。这样够近以联合营销为核心，降低超市独立运营、推广成本，为未来的商超客户的精准营销打下基础。

够近在贵阳地区的注册用户增至13万人，日均成功交易订单400左右。当前，够近的服务都是以免费为主，未来的盈利模式会在流量扣点、保证金、精准营销推广和增值服务等几个点切入。

现阶段，够近的商超O2O布局主要集中在贵阳地区，对于未来发展战略，刘育辰对猎云网说："够近正在对接A轮融资，下一步的战略布局会从二三线的蓝海城市切入，现正在布局重庆、成都等城市，未来够近会全面覆盖大西区市场，努力打造社区生活入口。"

8.4.4 【案例】QQ美食：提供随时随地服务

"QQ美食"是一款基于地理位置的本地生活信息APP，提供商家搜索、用户点评、美食社区等服务。

　　为消费者降低消费成本是QQ美食优惠券频道的宗旨，QQ美食不仅为用户提供海量优质商户优惠券，而且总体优惠低至5折起。拥有必胜客、肯德基、麦当劳、和合谷等热门商家，以及金钱豹、全聚德、东来顺等老字号或高端商户。

Step01　首次进入"QQ美食"APP时，软件会通过GPS定位用户所在的城市，如图8-28所示。

图8-28　通过GPS定位用户所在的城市

Step02　点击"查找附近美食"按钮，进入"附近"界面，显示用户附近的美食商家列表，如图8-29所示。

Step03　选择相应的商家，进入"商家详情"界面，可以查看商家的经营范围、具体地址、电话、营业时间等相关信息，如图8-30所示。

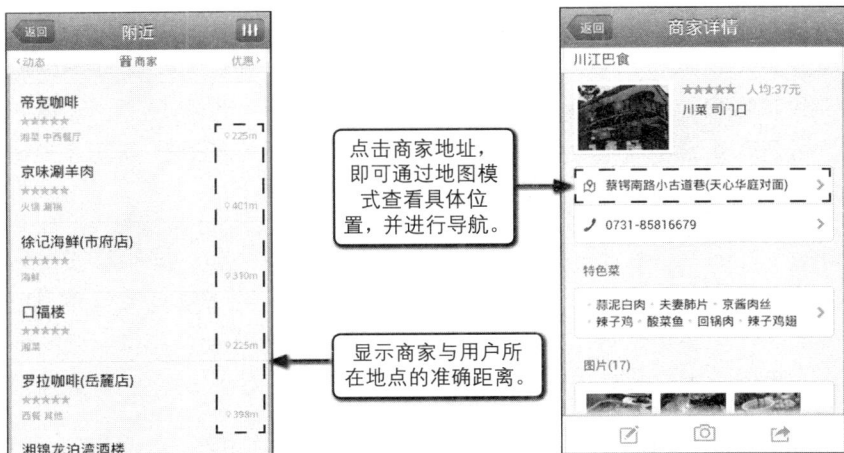

图8-29　"附近"界面

图8-30　"商家详情"界面

Step04 同时，也提供了该店的推荐菜品、商家特色、聚餐类型等商户信息，如图8-31所示。

Step05 另外，"QQ美食"APP还具有信息查询、优惠下载、分享点评（如图8-32所示）等功能。

图8-31 查看菜品

图8-32 点评分享

作为根植于手机平台的应用软件，"QQ美食"APP具备LBS地理定位、图文点评等结合手机特性的功能，使生活消费平台突破上网条件的限制，可以向用户提供随时随地的服务。

"QQ美食"APP的推出，更加确定了腾讯强化LBS功能并开始涉足O2O领域的信心。在过去，用户获取生活信息的方式比较简单，通过电视广告、街头广告会发现自己所需的东西，然后再去寻找途径购买。在某一种需求出现时，会根据自己的需求前往相应的地点获取满足（例如加油、就餐、购物等），这种方式是不会改变的，而LBS则是将获取信息的途径改变，主动在某一区域内寻找潜在的客户。

如今，用户可以通过手机等具备网络通信方式的产品，就能够搜索到相应的服务地点。在LBS应用中，几乎都用到"附近"这个关键词，这就是LBS为我们提供的一个服务范例。LBS会优先提供距离我们更近、更为便捷的地点，而不会让我们千里迢迢地去一个很远的地方买东西，这不仅是一个生活常识，也是LBS服务的核心内容。

第9章

社区营销：LBS+社区的营销实战

从BAT大佬到创业者，从传统相关行业到移动互联网各方相关势力，都在社区O2O抢滩。每个社区的资源整合和后期把控都是步步脚印去跑出来的。移动互联网时代，LBS+社区服务正在改变人们的生活方式。

9.1 LBS+社区O2O打造信息入口

社区就是个富矿，每一个角落都可以散发商业气息，很多社区相关商业活动并不一定需要直接触达所有业务，只需这个位置和享受集群效应。因此，商家们都在争抢成为社区O2O的信息入口。

社区O2O可以看作是电子商务运营模式的延伸，它将线上巨大的用户流量资源通过与线下社区实体商家的合作导入线下，用线下所收集的用户数据信息更好地指导线上用户流量的引导，实现行业体制内部的良性循环，实现线上流量的变现。

而LBS服务将会成为社区O2O的切入点，通过基于位置的服务，与强大的社区结合，打通最后一公里的连接。

9.1.1 【案例】小区管家：提供贴心的服务小区管理

小区管家是一款专为小区业主服务的手机应用，业主可以通过小区管家查看小区的通知和账单，在线给管理处投诉和提建议。便民功能可以通过LBS定位查看小区周边服务的电话，安全监控功能可以远程看到家里的情况。

小区管家团队致力于为小区物业和业主提供一流的服务，并以追求"合作、创新、共赢"为服务目标。通过小区管家全方位、及时周到的服务，让其成为物业公司及广大业主最实用的生活助手，真正为打造开放式智慧小区贡献力量。

1．业主版APP

小区管家诞生于2012年，中国首个无线智能小区APP，通过社区O2O模式，为小区业主提供更便捷，更安全，更舒适的生活体验。

通过小区管家的业主版APP（如图9-1所示），业主可以方便在线联系物业管理处、及时接受物业通知、查询物业水电费，智能开门，在线报修等；小区管家业主还能通过小区管家APP与其他业主沟通和分享，发起二手交易，社区活动等。同时小区管家提供小区周边商圈信息。

图9-1 业主版APP

2．微信服务号

小区管家是国内首家智慧生活服务提供商，通过为业主提供实时在线的物业服务，以及便捷的O2O服务，如今已成为覆盖全国，超过2 700家优质物业和百万业主的共同选择，获取更多智能家居，掌上物业及健康生活服务，体验社区精彩等活动。

业主可以用微信扫官网的二维码或搜索小区管家的微信公众号：qq管家，关注小区管家官方微信，如图9-2所示。

3．商家PC端

商家可免费入驻小区管家，开通微信服务号、微信支付，平台免费提供APP，微信/管理后台，管理高效便捷，同时免费提供产品更新及技术配套服务；小区管家还为商家提供三日闪电结算及一对一专属管家服务，免费开放用户订单，先抢先得，如图9-3所示。

图9-2 微信服务号

图9-3 商家PC端的主要功能

（1）小区通知：业主不会再错过小区管理处重要的通知，小区管家会及时把小区的图文通知发送给业主。

（2）投诉建议：业主可通过手机应用跟管理处交流，提投诉建议，积极参与小区互动。

（3）物业账单：业主将第一时间收到管理处每月的物业水费等账单，还可以查询到历史账单。

（4）安全监控：业主可以通过远程视频监控，随时随地看到家里的实时状态，更安全更放心。

（5）便民服务：每次都要去上网搜索维修师傅的电话？在这里业主可以找到周边服务的信息，更便捷。

（6）生活精选：回到家里，放松一下。小区管家可以给业主说说有趣的生活百科，精选吃喝玩乐的消费指南。

社区O2O生活电商指打开一个社区O2O入口，其提供的商品包括生鲜美食、进口商品、个人用品、智能家居等。另外还接入了蛋糕店、花店、餐厅、餐馆等商家及医院、学校、银行等周边配套。

对业主来说，他们可以实时查看物业信息、预约报修、操作智能家居、监控家庭安全、享受全方位便民服务。

对物业公司来说，他们可以改善服务模式，提高服务效率，节约服务成本，促进物业和业主间的和谐等。

对居家服务提供商来说，他们可以提高曝光率，拓宽渠道，增加收益。

当下社区O2O行业形成了百家争鸣之势，小区管家在快速发展壮大之中依旧保持着自己的优势。经过近几年的发展，这家公司如今已囊括了众多来自腾讯、华为、58同城、达晨的人才并且已获得三轮风险投资。团队披露在全国范围内，"小区管家"已在全国建立30多个运营中心，覆盖全国31个省份，2 700多个中高端物业小区，用户数达100万户，约300万人口。

9.1.2　【案例】小区无忧：生活黄页切入到线下服务

"小区无忧"是指弋（上海）网络技术有限公司自主研发的第一款基于移动O2O的小区生活信息服务平台，也是中国第一家小区生活服务应用，支持包括外卖、生鲜蔬菜、超市、水果等居家宅配，规范家政、开锁、维修、疏通、搬家等生活服务，提供快递、洗衣、教育、宠物等小区周边生活信息，如图9-4所示。

图9-4　"小区无忧"APP界面

"小区无忧"定位碎片化生活服务的社区移动平台，立足于向家庭用户提供餐饮宅配、家政服务、电器维修、教育培训等100多个服务类别，被认为是社区生活服务界"淘宝＋家庭宅配顺丰"的模式，其商业模式是主要为用户提供小区生活服务信息检索、匹配、支付和小区周边配送服务，向商家提供推广和展示的同时，"小区无忧"从商家订单流水中收费获取营收。

专家提醒

"小区无忧"创始人唐皓说："小区无忧定位于'小区生活服务平台'，期望在未来三年改变一百万手艺人的就业机会与再造小微服务的个人信用体系，让大众回归社区和提供更多个性化的本土服务。"另外，在提供服务的同时，"小区无忧"还将致力于提倡人们重新回归社区、重视社区，建立完善的社区环境和服务生态。

例如，2014年下半年，"小区无忧"发现上门推拿这个机会后，先是在小范围测试、调查，然后才决定把更多的资源和人才注入"熊猫拿拿"这个子项目，将上门推拿业务做大做强，如图9-5所示。同时，上门推拿是未来"泛健康"非常好的切入口，这是"小区无忧"在社区O2O推进摸索中发现巨大的机会，是未来的增长点。

图9-5　"熊猫拿拿"通过微信平台进行预约

"熊猫拿拿"于2015年3月8日正式上线。据"熊猫拿拿"官方披露的最新运营数据，正式上线仅一周时间，日订单量业内首先突破1 000。从2014年年底开始内测，2015年1月正式开始在上海运营，迄今为止已覆盖了上海、广州、深圳、杭州四个城市。

"小区无忧"APP的主要功能如下：

微信登录：支持微信账号一键登录，免去烦琐的注册流程。

- 精准定位：LBS定位用户所在小区，精确匹配用户小区周边直径3公里内的商家。

- 在线支付：支持手机付款，用户即使没有现金也能叫外卖。

- 订单跟踪：下单后，可查看订单进度，随时查看外卖配送情况。

- 小区广播：小区周边优惠、最新物业通知、热门活动实时推送。

- 常点功能：记住用户历史点过的外卖店，快速找到常用店铺。

- 实地认证：通过专人实地验证商家信息，确保商家真实可靠，以便用户放心使用。

- 电话热度：为用户提供商家电话被拨打的次数，帮助用户轻松找到周边热门的商家。

- 手机开店：用户用手机即可轻松开店，无须租金，在小区里就能做生意。

- 商家置顶：支持置顶商家，查看常用店铺更加方便。

据悉，"小区无忧"现已覆盖全国56个城市、28万个小区，为近100万服务商家和手艺人提供营销服务，生活服务需求日匹配量过万单，近一年来为社区连接和提供服务超过200万次。

2014年10月13日，"小区无忧"宣布完成A轮2 000万美元融资。据悉，这是"小区无忧"18个月内的第三次融资，在此之前已获得种子和天使投资，公司目前团队规模过百人，地推队伍近1 000人。

社区服务垂直领域的切入点数不胜数，洗衣、家政、快递、超市配送、物业、外卖等一系列的基础生活服务都有很多的尝试者，目标都锁定在成为未来社区服务O2O的入口。在笔者看来，"小区无忧"同样是社区服务O2O的探路者之一，与提供某种垂直服务不同，"小区无忧"选择了平台型的定位，换句话说，就是把所有社区相关服务都一并囊括了。

9.1.3 【案例】叮咚小区：从小区社交切入周边服务

"叮咚小区"从模仿美国的社交网站Nextdoor起家，主打邻里社交，邻居之间可以互换闲置物品、拼车，近似BBS；当然，"叮咚小区"也不会放过小区公告、号码通、二手市场、宠物、家政这些生活信息服务。

"叮咚小区"倾向于社交，社区论坛、社区通讯录等社区交友交流类栏目为其特色，另外辅以周边商家、物业信息等内容。打开APP应用页面，首先是注册登录，选择所在的小区，之后的主页面显示出针对该小区的具体服务项目，如服务站、号码通、拼车、宠物等，如图9-6所示。

图9-6 "叮咚小区"APP

　　2015年3月23日，"叮咚小区"APP更新了5.0版本，同时新增了联洋、九亭两个社区实体服务站。5.0版本是"叮咚小区"社区服务生态圈启动的标志，通过叮咚快送、生活社区、到家服务三大内容，构建线下与线上相结合的O2O社区服务生态圈。

　　作为小区生活服务专家，"叮咚小区"5.0新增了"到家服务"版块，帮用户代收快递、租借工具、干洗衣服……其中，租借工具是5.0版本的新亮点，五金工具、梯子、麻将等这些东西价格较高，平时用的时候也不多，很多家庭没有准备这类工具，需要的时候确实让人为难。"叮咚小区"的服务站里配备了各种工具，用户可以通过APP来服务站借用。

　　此外，"叮咚小区"与O2O洗衣行业的先锋——干洗客达成了战略合作。"叮咚小区"为用户取送衣物，干洗客提供专业的中央干洗服务，这种O2O模式除去了普通干洗的门店成本、物流成本，所以价格比干洗店便宜至少50%。

　　笔者认为，"叮咚小区"首先是一个"服务站"，一切活动的主题是"发现"，活动调性是"便捷，欢快"。它是一个以小区为单位的社区O2O平台，接近于58同城、赶集等商业模式，只是地域颗粒精度的不同。

☀️ **专家提醒**

社区服务类O2O项目的兴起成为社区商业发展的新引擎。虽然互联网公司与社区物业都无法单独做社区服务O2O，但双方可以通过合作来创造更大的市场价值。互联网公司整合某区域的众多社区负责提供技术与运营，每个社区物业负责其社区的服务与组织活动，这样发展的问题将不再是问题，并且又可以挖掘一块新领域的市场价值，起到"1+1＞2"的效果。

未来，电商与传统零售将会不断联手，促进传统产业以互联网思维转型升级，推动线上线下融合发展。

9.2 LBS+社区O2O提供商品配送

在电商物流领域，也就是传统物流领域，最大的一个挑战，是所谓的"最后的一公里"。从物流覆盖的一些一线城市来说，其实最后一公里又分成商业区、写字楼、学校、社区等。

如果换一个视角去看一家快递公司的末端——配送人员，相信最大的差异，不是写字楼，也不是学校，其实是社区。

因为在社区里面，快递员派送和服务方之间有一个时空对不上，导致快递在末端的配送效果非常低，其实物流公司花了非常多的精力去解决这个问题就是为了让末端的"最后一公里"得到比较好的提升。

一线城市的消费人群，其实已经获得的一个快的服务体验，那消费人群现在要什么？要的是"准"，这一个"准"背后代表的是一个非常高难度、个性化的需求。

什么是"准"？比如，今天上网买的东西，其实并不需要它很快送到，如果能够在晚上七点半送到家里面，或者早上8点一刻送过来，这个是我们需要的，或者在淘宝上买一个东西，希望能够预约三天以后送来。

所以在改变的是"准"的需求。从现有的服务体验，不一定能够送到，到谁送的快，然后到送的准，有没有人可以给我提供更个性化的服务。

网购增长的背后，很重要的就是一群有购买力人群的崛起。随着网购的增加，使用快递的人就会越来越多，就会带来一个非常大的体验问题。

在社区里面有很多活跃的用户，一个月使用物流的服务频次达到5～6次。比如，2014年"双十一"，一个女性消费者两个星期里面收了200多个包裹，可以想象一下，这200多个包裹，如果不透过一个第三方的代收货服务，可能她每天坐在家里面收都收不过来。

中国今天的快递，一天的包裹量，四月份大概是4 000万一天。但是目前，六月份差不多是5 000万。大家想象一下电商这个行业，每年的服务增长率将近40%，如果按照这个速度涨上去，差不多到2018年中国电商一天的快递包裹量，即可达到一天2亿单。

2亿单是什么概念？就是包裹量从现在的5千万一天，增长至1.5亿一天。如果今天是申通、韵达、顺丰加上邮政的规模不变，我们再出3倍这样的公司，才有可能把1.5亿包裹交付给消费者。

所以，2014年阿里和京东上市之后，电商集物流，物流集电商，因为无论电商的前端产生多少需求，如果没办法交付到用户手里，这个体验是没有办法得到闭环。

而且在过去3、4年里，电商一直在追求一件事情，就是快。但其实在2012年左右，一线城市已经能够实现非常快的物流配送服务了，二、三线的城市，还在往快的目标上追赶，但偏远的西部地区，要的并不是快，而是能够送得到。

9.2.1 【案例】人人快递：众包模式物流服务平台

人人快递成立于2013年1月，隶属于四川创物科技有限公司，创始人谢勤。

人人快递通过整合闲散社会资源来解决同城的随程捎带需求，运用移动互联网技术搭建的信息管理平台，采用P2P众包模式来运送快递，每个人既可以是收件人也可以是自由快递人，人人快递的APP如图9-7所示。

人人快递的宗旨在打造投递速度快，资料信息安全，发件便捷，节能环保的新型快递服务品牌；是立足服务于社会大众的生活快递。

图9-7　人人快递APP

人人快递通过新一代信息技术的综合应用，实现全程无纸化操作，GPS全程跟踪，数据信息服务后台自动加密保存及信用卡（银联卡）绑定，自由快递人诚信机制的严谨等独具特色的新型快递方式。

人人快递倡导将社会公众都发展成为自由快递人，利用自己的闲暇时间，根据自己的行程随程捎带快件，直送直达，有效解决快递不快，爆仓及舒缓快递企业成本过高的系列问题。

人人快递的自由快递人，经过实名认证、绑定银行卡、拍照存档等操作验证，但自由快递人不隶属于人人快递。

本质来说，众包快递的模式就是顺带帮别人带点东西，那这个价格上到底给多少比较合适呢？就是用次日到达的价格做当日到达的速度，平均下来客单价在20元左右。寄件人可通过提交送货距离、货物重量、货物价值等信息到自动计价系统算出报价。

对于快递人员来说，他们可以从每一单中提成80%。也就是说，送一次快递差不多能赚16元。这个价格不算吸引人，是通过宣传"送快递献爱心、快递人与寄件人的交友"等方式，为自由快递人挖掘额外价值。

人人快递相比于传统快递，人人快递具有发件快、取件快，送件快的特点，如图9-8所示。

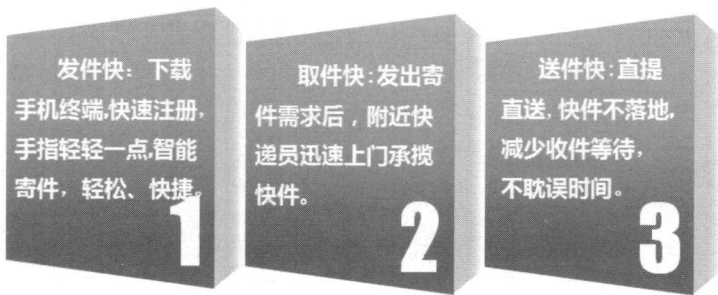

图9-8　人人快递的特点

在A轮融资后，人人快递宣布进军送餐领域，推出餐送APP。2014年11月，人人快递获得腾讯产业共赢基金、高榕资本1 500万美元A轮融资。

人人快递，不仅加入了P2P的概念，即需求用户和服务提供用户的身份可以无缝转换，在同一终端APP下进行操作，其主打"顺路顺带"的概念，通过鼓励用户体验互帮互助的行为，更加全面认识人人快递的服务和理念，传播"互相帮助"产品核心价值。

对于这样新型产品，除了商业模式和市场反响之外，它对于整个社会和人们生活有着积极的影响；除了财富价值之外，还能给大众创造一些社会价值层面的意义。

首先，人人通过顺路捎带，互帮互助，构建了社会化的诚信体系，让人与人之间不再陌生，相互之间变得更加信任。其次，其通过顺路捎带的众包模式，整合了社会资源，从而实现低碳、节能、环保。

众包模式的兴起，在中国制造向中国创造转型的过程中，至少将提供上千亿元的市场蛋糕。2008年北京奥运会火炬，就是采用公开征集创作和定向委托创作相结合的征集方式。

而更为重要的是，这种用互联网整合大量脑力劳动者进行群体创意的方式为企业研发提供了一种跨越时空的新模式。据艾瑞调查数据显示，在蔓延全球的经济危机中，2009年初国内有75%的中小企业选择在线外包来降低用工成本，有28%的外国中小企业选择在线外包雇佣中国的IT人才。

当众包模式应用到移动互联网上，像人人快递这样的新型模式突破中国小企业销售瓶颈，高效、快速、低廉的众包模式为其提供外卖和代购服务,实现产品直销全城。另外，还可以提高社会人群就业，提倡用户成为自由快递人，通过互帮互助提高社会就业率。

9.2.2　【案例】连咖啡：最后一公里的咖啡O2O

连咖啡做的是在约定时间，帮客户代买品牌咖啡，并送上门。咖啡原价，另收2元配送费。目前只能通过微信公众号"连咖啡微服务"进行预约。

连咖啡本身并不生产咖啡，它配送的完全是星巴克和Costa的产品，只是在送货上门后在咖啡的原价上加收2元的配送费。

这家通过微博提供配送服务的创业型公司，把目光瞄准了上海十几个高档写字楼区域。白领们只需在微博私信里留言，或通过手机APP发送订单，连咖啡的配送"小哥"就会在不久后将咖啡送到办公室。

1．订咖啡

"订咖啡"的流程如图9-9所示。

选择品牌 ➡ 选择咖啡 ➡ 确认信息 ➡ 填写地址 ➡ 选择时间 ➡ 支付下单

图9-9　"订咖啡"流程

（1）选择品牌

点击进入微信公众号，点击"订咖啡"按钮，进入咖啡品牌界面，如图9-10所示，有5个咖啡品牌可以选择：星巴克、Coffee Box、高乐雅、COSTA、太平洋咖啡。

专家提醒

其中Coffee Box是连咖啡自己推出的品牌。有些品牌不在配送范围之内，该条目会变灰，并且不可选。

（2）选择咖啡

选择"星巴克"，进入星巴克的咖啡选择界面，如图9-11所示。界面是一个简洁的二级分类目录，一级为六个品类（热咖啡、星冰乐等），二级为该品类下具体的品种。

以热咖啡为例，有拿铁、摩卡等6种可选，每个品种标出了中杯、大杯、超大杯及相应的价格。看中哪款，只需点击右边的加号选择份数即可，界面左下角会显示份数和总的价格。选择完毕，选择右下角"选好了"选项。

图9-10 选择品牌

图9-11 选择咖啡

（3）确认信息

进入"购物车"界面，如图9-12所示，核对点的咖啡信息，份数可以直接在该界面调整，如果要换品种，点击左下角的"修改商品"。核对完毕，点击右下角"确认商品"。可以再在"备注"的空格处填写备注。

（4）填写地址

在"新增地址"界面填写姓名、手机、城市、地址等信息，点击"保存"，即可将地址作为订单的收货地址，如图9-13所示。

图9-12 确认信息

图9-13 填写地址

（5）选择时间

在"订单详情"界面，点击"送达时间"，即可选择到达时间，可选择的时间范围使今明两天的9点到18点，每隔半小时一个选项，如图9-14所示。

需要注意的是，还有一个"尽快到达"的选项，概念比较模糊，可以推测指的是1小时，甚至半小时以内。另外因为下单到配送有时间差，所以当天最晚的下单时间在17：15左右。

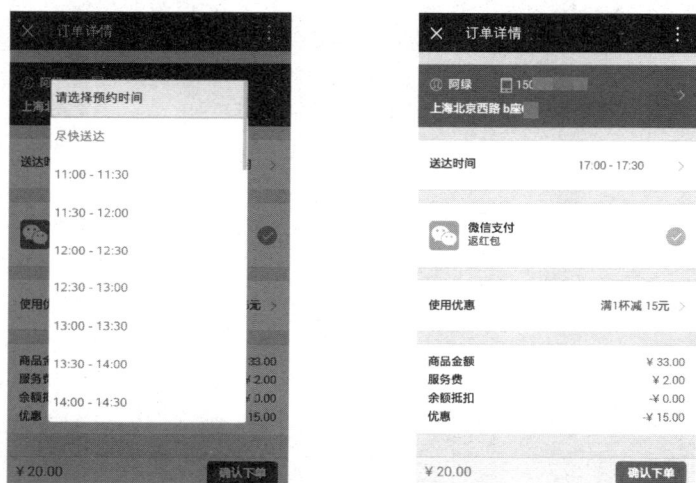

图9-14　选择时间

（6）支付下单

点击右下角"确认下单"按钮，即可完成支付。只能微信支付，可使用红包、兑换券，如果你的连咖啡账户有余额会直接抵扣。下单后，会跳出一个界面，显示"您的订单已收到"，同时下面还有些注意事项。

2．请人喝

"请人喝"的流程如图9-15所示。

图9-15　"请人喝"流程

（1）选择套餐

点击"请人喝"按钮，进入选择主题界面，如图9-16所示，主题有3种：请那个谁、请亲朋好友、请工作伙伴，每种主题下有固定的几种组合，由接受礼物朋友的选择，用户只能选择主题的份数。

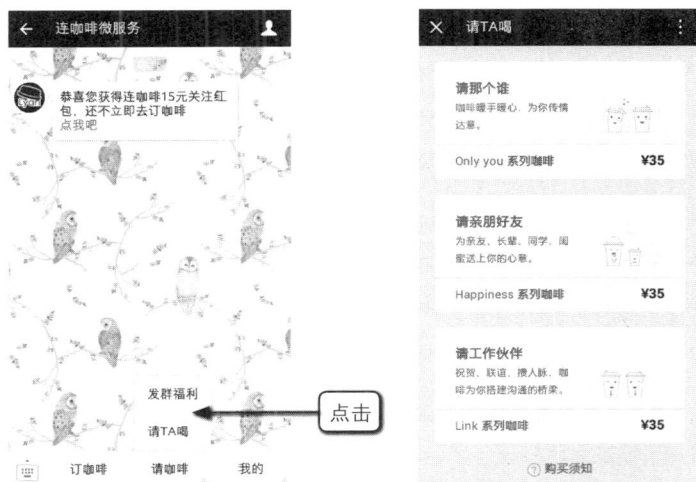

图9-16 选择套餐

（2）确认支付

选择套餐，点击"选好了"按钮，在"确认支付"界面使用"微信支付"，如图9-17所示。

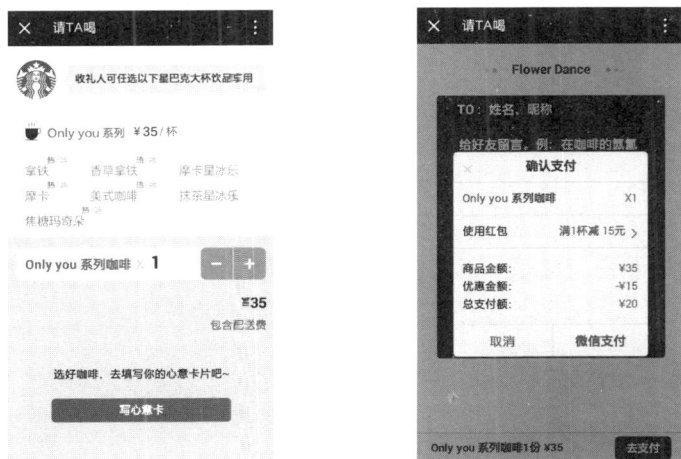

图9-17 确认支付

（3）发送朋友

把订单发送给朋友，具体套餐组合、地址时间等信息都由朋友选择填写。

9.3　LBS+社区O2O的线上便利店

LBS和传统零售超市的结合才刚刚起步。超市或便利店可以通过LBS，根据地理位置给用户不同的服务。每个超市都有自己的服务半径，可以通过LBS对附近区域的用户进行促销服务的推送。

例如便利店中有新产品（比如季节性强的食品）贩卖后，通过手机APP可以发送广告到消费者。也可以发布优惠券，试用券。消费者可以直接拿手机上的优惠券或试用券到实体店享受折扣消费和产品试用。市区和郊区的消费能力不一样，同样的便利店提供的商品会不一样，投放的广告也不一样。

京东也在LBS和O2O结合领域做了一些举措。通过京东平台上便利店的官网，消费者可借助LBS定位，在其旗下所有门店中寻找最近的店面进行购物，未来还可发展出预售模式，让商家按需进货和按需生产，实现"零库存"。

其次，京东O2O利用线下门店和其中央厨房、冷链、常温物流体系，改变以往消费者光临线下商店的消费模式，转为直接送货上门，消费者在家收货。

LBS+社区O2O的快捷便利店大大缩短了等待收货的时间，让生活更加的省心，本节将介绍几款实用的便利店APP。

9.3.1　【案例】千红便利：买卖交易好便利

"千红便利"APP是百陌千红（北京）科技有限公司开发的一款基于LBS的O2O社区便利店平台APP，千红便利于2014年底上线，上线不到一个月便完成了天使轮融资且估值高达5 000万元人民币，2015年2月便实现了北京主要城区全覆盖，现仅北京入驻社区便利店高达2 000多家。

社区便利店的经营模式多以个体经营为主，很多都是夫妻店，各自为战，议价能力弱，没有触及互联网的能力，服务质量参差不齐。便利店以满足用户即时性、便利性需求为最大生存亮点。

便利店里的商品标准化、认知度很高，而且为了加大竞争力，发挥地域优势很多便利店开始提供更多的服务如：上门配送、代收包裹、水电购买、话费充值等等，社区便利店成为最好的社区代言人。

在提供多样服务的同时，上门配送服务已经成为大多数社区便利店里的标配，商家大多通过电话来接订单，但电话订单需要店员及时核对商品、记录商品信息和配送信息，使得整个订单的完成效率非常低，之所以有这个现象出现说明由于电子商务的发展买家越来越多的习惯于送货上门的服务，但全网化的购物网站很难满足用户的即时需求。

而千红便利则专门为提供上门配送的商家打造了一个以便利店业务为核心的O2O移动端网络平台，带领社区个体便利店商家集体触网，不断增加自身的竞争能力，提高对用户的服务水平。

商家可以通过千红便利商家（商家端）进行新品发布、商品管理、订单管理及促销消息发布，下单信息一目了然，不需要用纸笔记录，大大提高了商家的工作效率，手机接单、拣货、配送即可，如图9-18所示。

图9-18 千红便利APP（商家端）

对于用户来讲，用户可以通过千红便利（买家端）自动定位出周边可提供配送的便利店，时刻了解到商家的商品信息、营业状态、促销信息，并完成下单、支付等，如图9-19所示。在家坐等10～30分钟的闪电送达服务即可，收到货后还可以对商家的服务进行评价为其他用户带来参考。

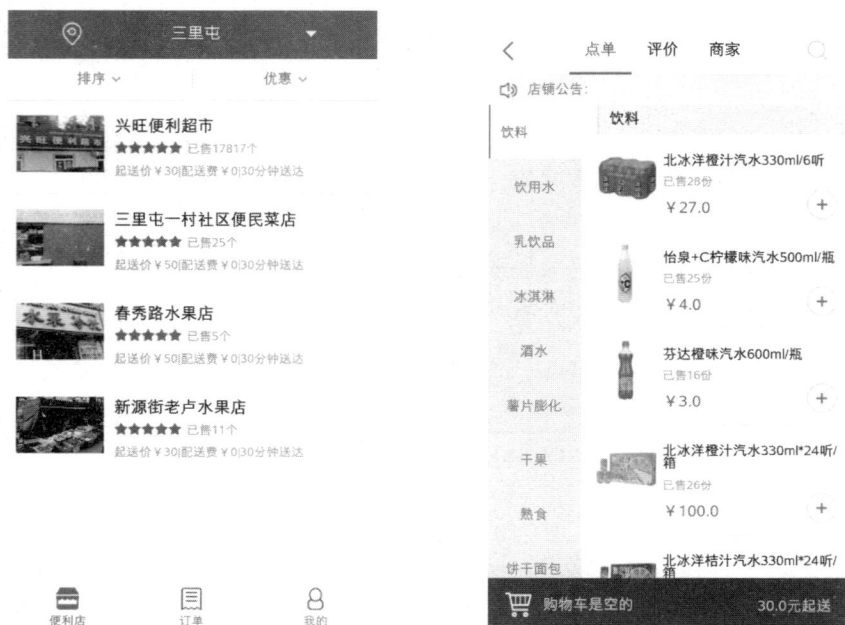

图9-19　千红便利APP（买家端）

对于品牌商来讲，线下渠道的拓展及品牌推广成本是非常高的，导致有很多优质商品无法流通。而千红便利上的用户和商家都是精准的消费者和渠道商。千红便利希望通过资源整合、数据积累及分析，为优质的商品打通线上、线下渠道，降低流通及推广成本，把更多的优质商品带给消费者。

千红便利的核心团队由曾就职于阿里巴巴、京东等知名互联网企业人员组成，具有多年的互联网经验，致力于打造以便利店业务为核心的供销一体化平台服务商，今年将会扩充到上海、广州、深圳等一、二线地区形成全国万家便利店的布局。

9.3.2　【案例】好邻居：便利生活服务平台

O2O大潮之下，连锁便利店好邻居在不断探索尝试，如今其"全渠道"的布局也顺利开展并不断完善，由好邻居线下门店、网上店铺和微信服务号、APP后台的云版企业资源计划系统和O2O营销系统构成一个较完整的全渠道销售服务平台。将业务在线化，选择第三方合作伙伴，好邻居为"全渠道"场景的实现做足了准备。

好邻居是一个整合数据、服务、移动端、智能化、物流等所有要素为一体，为业主、物业公司、社区、商家等共同构建全新的沟通服务平台。以小区为单位，通过微信公关平台，吸纳粉丝群体。

用户可在线实现缴纳物业费、物业保修、查快递、叫外卖、购物等多项服务。通过各个社区用户群体的规模化运营，在APP中将最软化的广告植入，获得商业价值，如图9-20所示。

好邻居连锁便利店全渠道ERP及全渠道营销系统，以及全新的微信服务号携带诸多服务功能于2014年12月正式上线。这是继与腾讯微信支付合作开通门店线下微信支付功能之后，在O2O领域的又一探索性尝试，一上线就取得了极大的成功，初步达到预期设计效果。与之配合的工具型APP也将很快发布。

好邻居的全渠道应用设计思路在于"以线下业务为基础，适应顾客在线化迁移的趋势，提升顾客全方位服务水平"。

就主要创新点来说，以微信为用户身份体

图9-20　好邻居APP界面

系和工具软件，一方面导入用户并数字化、会员化；另一方面，利用移动互联网的互动效果、随时随地和可支付特征，推广和实现围绕便利店的营销活动和本地O2O服务。应用微信的成熟功能和围绕微信进行一系列开发，实现门店营销和服务推广及运营实现。

上线之初，好邻居开展了微信支付发放满减代金券、微信支付你购物我送钱抢霸王单的活动，以完成初步的会员导入，获取首批种子用户，2个月内会员数增长3倍以上，达到近10万的用户数，其中90%为北京用户，75%用户到店访问。

用户通过门店内的微信支付活动可直接关注好邻居，成为微信服务号内的注册会员。顾客来好邻居门店消费，不再需要携带实体会员卡，仅需出示好邻居微信服务号应用中的绑定条码会员卡，即可享受优惠活动、积分等会员特权，并可查询身边的最近门店、获取商品现有库存等附加服务。

同时，在微信服务号内，利用新品和自有品牌产品，开展1元秒闪购、钻石荷兰式拍卖等活动，进行各种会员福利营销，以及顾客可持续参与的游戏。

一方面对商品起到了推广作用，另一方面培养了顾客的固定活跃度和互动习惯。顾客关注度极高，基本上秒杀商品上线后即销售一空。

上线两个月，已经初步达到效果，逐步实现四项预设的经营改善效果。

一是便捷。用户可通过微信服务号内的功能菜单查找周边门店，查询店内商品的库存、价格；在微信内的线上店直接预订商品，下单后到店提货或者选择送货上门；查询门店服务，如第三方合作电商自提点。

二是价格。顾客使用微信会员卡，可获得会员价格，购买会员专享商品，获得长期回馈。可以获取非店内商品的预订折扣（大包装、店内不经营），远期商品的预订折扣（年节和季节商品服务）。

三是选择性。通过电商合作，实现店内预订和手机预订服务，尤其是生鲜、数码、旅游、钻石、手工食品（手工现制、特色小吃）等，扩展店内商品和服务。

四是服务。如金融O2O服务，与云信金融（北京）互联网金融服务公司合作，小额取现、小额借款、储值宝（活期消费金理财）、定制理财产品销售，分期付款购买旅游和通讯产品。洗衣和快递业务的代收代发。

好邻居线下门店、网上店铺和微信服务号、APP及后台的云版ERP和O2O营销系统构成一个较完整的全渠道销售服务平台。无论是线上下单、线下提货，还是线上预定、线下支付，顾客都可依据自己的习惯和便捷性自行选择，购物可以从一个渠道开始，实现跨其他多个渠道完成。

好邻居便利店提供本地方便性生活服务的一站式分发渠道和运营载体。发现周边用户的长期价值，实现顾客和服务的长尾效应；顾客会员化和数字化以后，通过LBS与移动互联网技术手段配合门店物理优势和能力，实现多场景的本地服务推广和实现。

9.3.3 【案例】隔壁老王：你的社区便利店

隔壁老王APP，是一款基于LBS社区购物类型的手机APP软件，这款软件可以让用户轻轻松松即可下单订购想要的商品，然后半个小时之内就会送货到家，既省时又省力。

隔壁老王APP专门为社区便利店服务，为社区便利店便民超市等和住户搭建了APP购物平台，方便了社区购物，不再需要为了一瓶水一袋零食再下趟楼，可以在隔壁老王APP上全部实现，隔壁老王APP如图9-21所示。

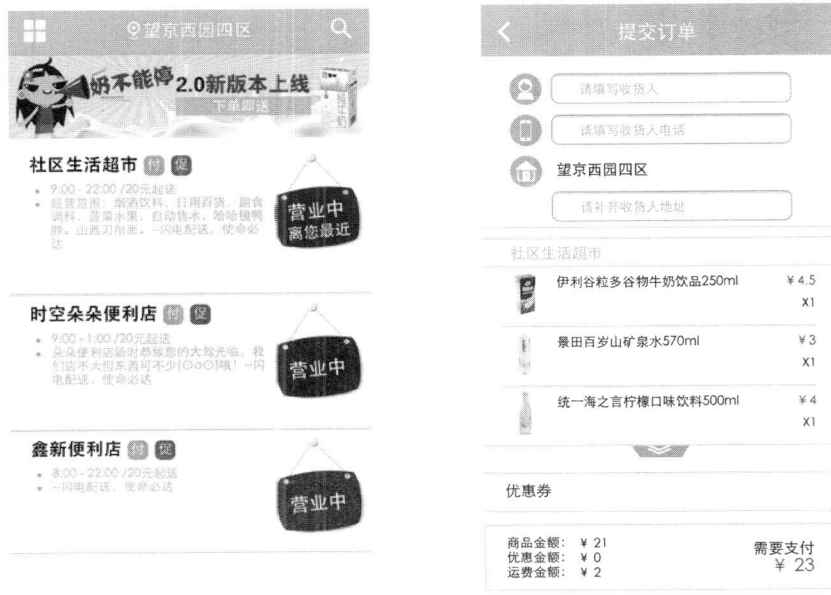

图9-21 隔壁老王APP界面

要把便利店搬到线上的不少，做得比较早的快书包是电商型重模式，如今已被创始人在微博上叫卖。后起之秀"爱鲜蜂"动的是小区夫妻店资源的脑子，借助夫妻店物流，完成最后一公里的配送。另外，还有借鉴了国外"Instacart"模式的社区001，自建物流体系，由超市提供商品。

"隔壁老王"的模式比前三者都要轻，完全基于便利店的商品及物流配送能力，用基于LBS的APP将便利店搬到线上，店内有的线上都可以下单，"1小时送达"也缩短到了"10～20分钟"。

需要说明的是，这里所说的便利店包括连锁式夫妻店类型，有1～3名专职配送员，库存规模一般大于500，也有大至京客隆那样拥有1万件库存的大型便利店，作为对比，7-Eleven大约有2 000件左右库存，超市的库存一般在3～5万件。就北京而言，有2万个社区，6万家便利店，其中可配送的店铺有5万家左右（除去7-Eleven这样生态较封闭的便利店）。每家便利店日均订单100单，客单价45元，毛利在25%左右，其中配送订单为20～30单，即商家本身的物流配送能力。

与爱鲜蜂做标准化品类、自建仓储自有部分商品、自建物流配送至商家，并且人工分单不同的是，隔壁老王完全借用了便利店的仓储及物流，随之改变的是用户的购物习惯。

之前，用户需要便利店配送时，可能是打电话，或者因为懒惰将这部分需求弱化了。隔壁老王则提供了犯懒应急的工具，用户确定自己所在位置后，基于LBS为用户提供周边商户信息，用户可以选择商家并实现在线购买（考虑到商户习惯，目前支付主要还是现金到付，之后会往线上支付引导）。

隔壁老王这样做差异化的原因在于，首先，Instacart这种模式在国内可能是行不通的，国外的生活区与工作区区分明显，从便利店买东西不像国内走几步路这样方便。所以，Instacart是重物流型的日杂配送服务。但另一方面，像爱鲜蜂这样的服务又太过于标准化。每家便利店卖的东西好像差不多，但其实其商品结构与区域消费特性相关，所以爱鲜蜂经营相对标准化品类商品，占用商家经营面积的模式对商家来说可能并不是最"自然"的合作。

相比之下，隔壁老王并不统一改变商家的商品结构，起送费、配送范围、时间上也允许商家作个性化选择。它带给商家的利益主要有两方面：一、扩大商家的配送范围。用户由于平常移动路线的固定化，在犯馋时并不知道离自己不远处、"小区一拐弯儿"就有想买的"湾仔码头玉米猪肉水饺"。

或者，离自己两站地距离的那个便利店里有喜欢吃的东北大板，但距离对于消费者来说太远。而LBS服务可以让用户清楚知道周边商品售卖情况，而配送范围也不会超过商家的配送能力。

由此带来的是第二点，即拓展商家的货架深度。尤其是小型便利店，不像连锁便利店那样有正规的企业资源计划系统，他们对自己的库存、销售情况其实是没有系统概念的，将部分销售转到线上将优化其商品结构和库存管理。

在盈利模式上，隔壁老王的定位是"社区电商"，流量变现将有多种方式，比如在达到一定规模后，利用议价能力整合供应链，帮助供应商做品牌推广，甚至是在了解清楚商户商品库的基础上帮助其做企业资源计划系统。

对于隔壁老王一是这样轻模式的APP来说，还需要加强它对服务的把控能力。社区O2O本质还是服务，当对消费者需求及商家服务衔接不恰当时，用户就会产生动摇的念头，另外，新玩法最大的敌手是用户的习惯。当淘宝、京东这样的电商巨头深入到O2O服务，便利性越来越好时，消费者对网上便利店这样形态的需求本身可能就会下降。

不过，商户可以对线上商品完成简单的管理，如及时调整商品状态，另外隔壁老王也会有运营人员对商户进行定期维护更新，而在合作商家的选择上，也会作出一定筛选，确保配送质量。

9.4 LBS+社区O2O完善上门服务

随着移动互联网的发展 以及基于LBS服务功能的完善，"上门服务"不再是一个带有暧昧色彩的词 反而被插上了"解放生产力"的翅膀。

越来越多的创业者在尝试到消费者家里去：家政O2O 成为热门创业趋势之后，美甲、按摩、美发甚至化妆这些以往需要消费者到店享受的服务先后被创业者改变成可以任意选择时间并在家进行的形式。

与以前电商和餐饮等行业的"送货上门"相比，这种新趋势鼓励的是"送人上门"，用代替消费者跑腿的方式来满足懒人和忙人的需求。一个个代表不同服务的APP正在尝试用更轻的方式聚拢行业资源，替代线下分散的中介，消费者和服务者可以摆脱线下门店的限制，消费的形式也变得更加自由。

还有一些并非以手艺人为核心的服务，如洗鞋、洗衣及用车，也因为采用了"上门"的方式而增加了商家的主动性，用户成为拥有主动权的中心。本节将介绍几款不同行业，基于LBS定位的"上门服务"APP。

9.4.1 【案例】爱大厨：不想做饭，请大厨到家

爱大厨是基于LBS位置预约厨师上门服务移动APP平台，可以直接在手机APP上预订大厨上门做饭，自主添加地址、选择预订时间、给大厨留言等，如图9-22所示。目前已完成数百万元A轮融资，平台上共有1 000名左右的厨师，另有50名全职厨师。

图9-22　爱大厨APP界面

2013年底，薛皎与另外两位伙伴创立了爱大厨，推出了基于地理位置预约厨师上门服务移动APP平台——爱大厨，只在根据用户提供的地址，匹配周围合适的厨师，在指定的时间由厨师上门为用户烹饪饭菜。在产品上线不到三个月的时间里，爱大厨先获得某一线VC天使轮投资，接着又成功完成了数百万美元的A轮融资。

用户可以通过400电话、爱大厨APP、爱大厨微博、爱大厨微信去预约厨师，且预约有两种方式：一是指定具体某个厨师;二是由爱大厨平台为用户推荐厨师。

目前，爱大厨提供四类烹饪服务：一种是69元四道菜，另一种是99元六道菜，还有129元八道菜。食材费用并不包含在内，厨师可以帮忙代买菜，具体的菜谱由用户和厨师之间的协调来完成。

此外，爱大厨在2014年底根据不同的使用场景，还推出了定制服务，如家宴、年夜饭、公司聚会、生日Party等。私人定制的服务较高端，爱大厨不仅派出厨师，另还有服务经理及美女服务员，甚至还会专门配备适宜特定的餐具、餐盘，为用户在家打造五星级饭店或私人会所的感受。当然，这部分定价是根据用户的需求来制定。

以前吃饭的三种方式是：自己在家做着吃、去餐厅吃、外卖。现在，爱大厨开辟了第四种方式：把厨师请到家，在家吃饭。虽然都是餐饮，但爱大厨是以新的路径切了整个餐饮行业25%的蛋糕。

为打造更加流畅及舒适的用户体验，爱大厨对厨师进行严格的把关：主要招收五星级酒店及私人会所的厨师，工作年龄需达5年及以上。爱大厨会对平台上"上架"的厨师的身份证、厨师资格认证、健康证、工作证等进行备案留底，并会对厨师进行面试、试菜。

另外，爱大厨还将不定期对平台上的厨师人员进行业务培训，宣布一些相关规则，也会将建议和想法与厨师进行交流。当然，如果评价太差及在流程中发现不适合的厨师，爱大厨也将会对其下架。

爱大厨重视线下服务体系，不能伤害用户。一旦伤害了用户，一是用户会吐槽你，二是不会再用你的产品或服务，即使你做得再好。为此，爱大厨对厨师的线下服务还做了一些规定，如厨师进门时穿上鞋套、穿着统一的厨师服饰；做好饭菜后，厨师将会收拾好厨房并带走垃圾；另外，因担心用户家里调料不齐，爱大厨还为厨师们打造了功能箱，内配一些基础的调料。

目前，爱大厨覆盖北京、上海、深圳三地，整个平台共有1 000名左右的厨师，另有50名全职厨师。爱大厨的厨师分为三种：兼职、全职和拿底薪的厨师，在平台较久且评价不错的厨师可以拿到爱大厨提供的底薪，这也是一种比较好的职业。

值得注意的是，爱大厨在北京世贸天阶开了爱大厨的体验馆，对于爱大厨的线下体验馆，它是集多功能于一体的中央厨房，会有菜品研发、招募厨师、举办活动、接受线下私人定制服务、产品展示等等功能，未来还可能做餐饮营业。

9.4.2　【案例】河狸家：上门美甲，生活美起来

于2014年3月正式上线的河狸家在国内第一家切入美业O2O领域，推出上门美甲服务，重新定义了移动互联时代美甲行业的产业模式。河狸家由阿芙精油、雕爷牛腩创始人雕爷一手打造，致力于解放天下手艺人，帮助他们打造值得一生守护的个人品牌，同时为消费者带来更高质、更低价、更便捷的服务。目前河狸家业务已拓展至北京、上海、深圳、杭州、成都、广州等国内一线城市。

河狸家目前在全国范围内拥有美甲师数量超过2 000人，化妆造型师数量近200人，日均客单量超过6 000单，客单价超过150元，远远超过其他竞争对

手。继IDG资本3 000万元人民币A轮投资之后，B轮融资估值已达10亿元人民币，C轮融资已经启动。

河狸家是一个从美甲服务切入的上门O2O项目，欲单点突破，横向挖掘女性这个特定人群的需求点，打造美业O2O平台。河狸家的商业模式极其简单：为美甲师提供平台，然后美甲师为顾客提供上门美甲服务。如图9-23所示，为"河狸家"手机APP。

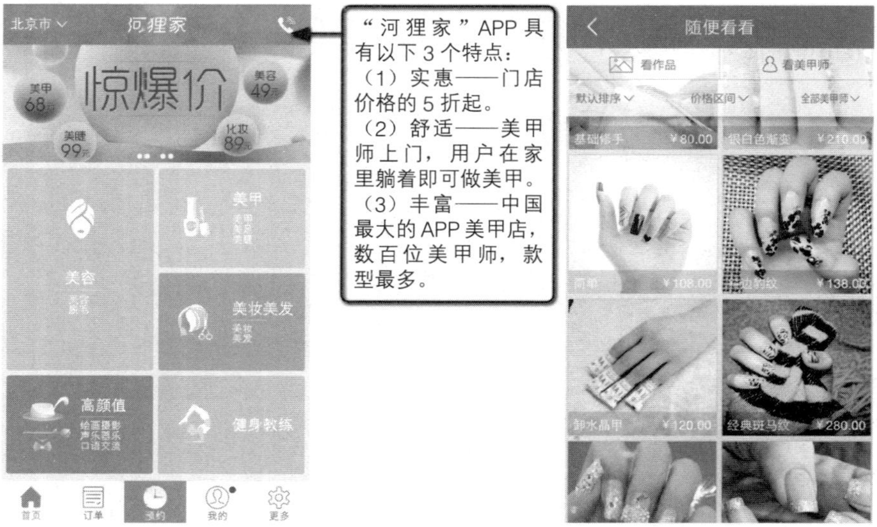

图9-23 "河狸家"APP

在互联网领域，"雕爷"的名号，远比本名孟醒更为人知。雕爷牛腩、阿芙精油、薛蟠烤串等项目，均属"雕爷"孟醒的成功项目。"线上接单，上门服务"，河狸家的商业模式就是一个美甲业的O2O。不同于传统的美甲店，河狸家与美甲师之间不存在雇佣关系。孟醒说："他们更像进驻我们平台的商家。"

不同于传统的美甲门面店，河狸家没有实体店面，美甲服务在用户指定地点进行，可以是用户的家中、单位附近、或者是现在推出的美甲车。免去了实体店的租金等费用，将优惠直接让渡给美甲师和用户。

河狸家推出两辆移动美甲车，顾客可以在车里直接美甲，如图9-24所示。美甲车主打可爱温馨牌，除了车身全部呈粉色外，车内还配备了舒适的沙发和靠枕；车内还装有电视，并提供进口饮料和甜点，顾客在美甲时也能享受轻松时光，如图9-25所示。据悉，顾客仅需向美甲师支付美甲服务的费用，"出动"美甲车的费用则由河狸家负责。

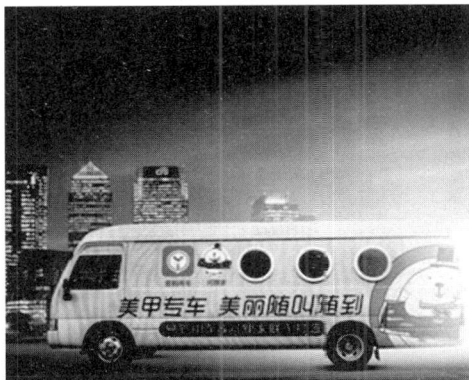

图9-24 移动美甲车

可爱的萌系设计让每个进入这辆车的人都有被宠爱的感觉，车里提供各种饮料，还提供有高端定制甜点，让用户在享受美甲的同时更享受美食。

图9-25 车内环境

河狸家上线不到一周年，已完成了三轮融资。2015年2月18日凌晨，河狸家创始人孟醒在个人微信公众号文章里宣布了河狸家完成C轮近5 000万美元的融资，此轮融资公司估值近3亿美元。

正是有了风投的资金做支持，河狸家可以有底气不向美甲师抽取佣金；同时，河狸家还为美甲师免费培训、发放补贴及缴纳部分社保。这些措施，都可以防止美甲师转投其他的应用和平台。

目前，河狸家已吸引近千位美甲师进驻，日接单量近2 000单。河狸家的渐火，有赖于其明确的目标客户定位和对服务细节的重视。中国目前有数量庞大且继续蓬勃增长的中产阶级人群，他们在生活品质上追求精致，在服务上要求挑剔但也不吝花钱。河狸家的用户定位也恰恰是针对这一点。

河狸家是行业内领先的"美业全平台"——处理上门美甲的单量已经是业内第二、三、四名的总和，上门美容也已成为行业龙头，在手机APP上即可预约美容的各种项目服务，包括补水、美白、脱毛等，同时可以选择美容手艺人，如图9-26所示。

服务项目还包括上门美发、美睫、手足护理、化妆造型、写真摄影、健身塑形、甚至绘画、音乐、口语教学等，让生活"美起来"的项目，如图9-27所示。未来，你手指动动，你能想到的所有"专业技能"服务，立即来到你身边。

图9-26 "河狸家"的"美容服务"

图9-27 丰富的"上门服务"项目

9.4.3 【案例】小牛帮：预约洗车，美车师上门

小牛帮是一个连接洗车技师与车主用户的 O2O 平台，主要是基于 LBS 和移动互联网结合的一个到家服务。小牛帮上门洗车解决了用户担心车洗不好的痛点。

洗车价格高源自于传统门店经营模式，传统门店最高成本是房租和人工，唯有通过采购低价耗材，压低工人芯子，延长劳动时间来降低成本，从汽车美容等项目赚取暴利。小牛帮的解决方案比较简单，用户在线下单，美车师获取订单，用户评价满意，如果满意，美车师马上获得报酬。如果 12 小时之内不评价也默认为满意。

小牛帮上门洗车，对于用户而言，是省时间，省钱，洗得好，有一个很好的用户体验，在整个洗车环节中，传统洗车对于每一个车主而言，它一定是没有任何用户体验的。

对于商家而言，可以轻松创业，现在店里的收入是 1 000～2 000元，而且工作时间特别长，那么在这里创业，自己当老板，赚钱更稳定，收益更大。

对于社会而言，小牛帮洗车服务的省水量在 80%，洗车标准用 20 升水，如果车子很脏可以用 30～40 升，传统门店是 100 升左右，洗车机大概一次是 250 升，如果小牛帮向全国推广，甚至推广更大，对于我们国家或者社会而言，可以节省巨量的水，这也是未来的洗车模式。

使用小牛帮APP上门洗车服务的方法如下：

Step01　进入小牛帮APP，首先在用户界面可以看到账户余额，以及订单信息等，如图9-28所示。

Step02　从右至左滑动可以看到周围地图，查看周围有哪些美车师，如图9-29所示。

图9-28　在界面"左滑"　　　　图9-29　查看美车师

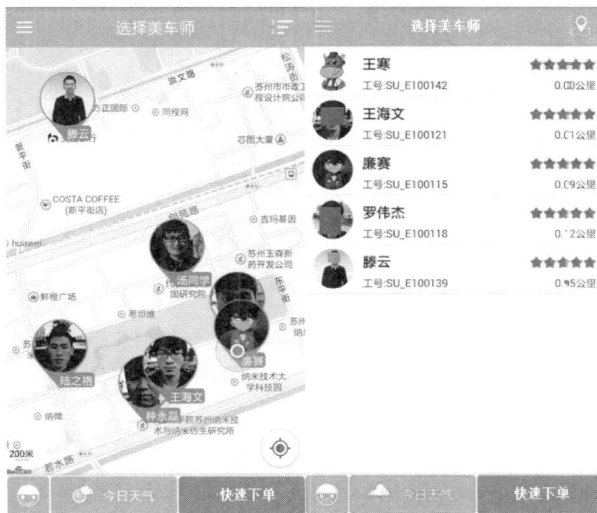

Step03 点击美车师的头像，即可查看美车师最近表现怎么样，如图9-30所示。

Step04 进入美车师的具体详情介绍，可以看到他离用户的距离、美车次数、星级状况、用户评价等，点击"就是TA了"按钮，如图9-31所示。

图9-30 点击"美车师"的头像　　图9-31 查看"美车师"的详情

Step05 进入预约洗车界面，选择时间段，点击"确定"按钮，如图9-32所示。

Step06 输入手机号、车牌号等，点击"确认下单"按钮即可，如图9-33所示。

图9-32 选择时间段　　图9-33 点击"确认下单"按钮

第10章

吃穿住行：LBS行业营销案例

随着移动互联网的普及，各类细分的生活服务市场正在被渗透和改造。快节奏的生活越来越离不开LBS服务，基于LBS的APP涵盖生活中的吃穿住行，本章将介绍几款实用的LBS应用的APP。

10.1 【案例】饿了么：校园的外卖神器

饿了么，是餐饮O2O平台，由拉扎斯网络科技（上海）有限公司（外资）开发运营。公司创立于2009年4月，起源于上海交通大学闵行校区。公司业务覆盖全国近200个城市，加盟餐厅数共计18万家，日均订单超过100万单，团队规模超过2 000人。

饿了么的口号是："饿了，别叫妈，叫饿了么"，幽默且深入人心，入驻饿了么的餐厅多种多样、菜品丰盛、优惠多多，用饿了么外卖APP点餐已经成为当下的流行趋势。

在应用商店里搜索"饿了么"软件进行下载，打开该软件后，系统提示饿了么需要访问位置信息，如图10-1所示。该软件是基于LBS位置服务的APP，也可以直接输入地址，如图10-2所示。用户可以凭借系统的GPS定位，选择离自己最近的商家进行消费。

图10-1 系统提示访问位置

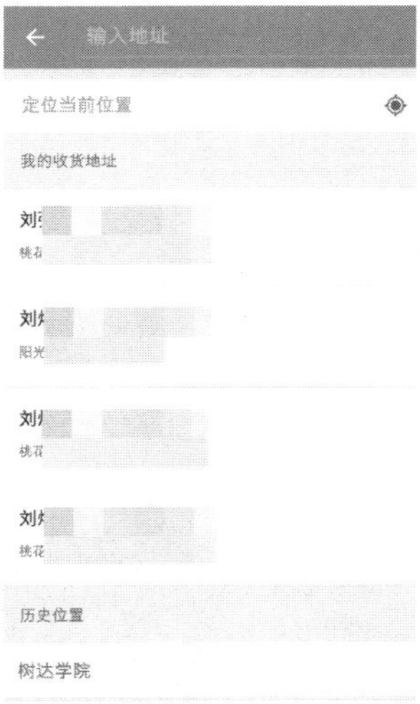

图10-2 输入地址

在该软件的主界面，最顶端的是位置信息，中间有7个选项，分别是品牌馆、预订早餐、新店优惠、下午茶、水果、鲜花蛋糕、便利店，其中"预订早餐"项目还在"敬请期待"中，还未投入商家，继续往下是外卖餐厅，如图10-3所示。

在界面上可以看到，除了基本的外卖商家外，还有分类、排序和筛选三个可以下拉的选项。在这个界面还能看到与商家相关的一些简单的信息，例如商家星级、月销量、起送价格、配送费、距离及送餐时间和优惠活动等，如图10-4所示。

图10-3 饿了么APP主界面

图10-4 饿了么APP界面的信息

打开第一个"分类"的下拉菜单，可以看到全部商家被细分不同的种类，包括品牌商家、快餐类、正餐类、小吃零食、甜品饮品、果蔬生鲜、鲜花蛋糕等，如图10-5所示。每个种类里又分为不同口味，如快餐类又包括中式炒菜、盖浇饭、烧烤等，划分非常的全面和具体，如图10-6所示。

图10-5 分类界面

图10-6 快餐类

下拉菜单还有"排序"和"筛选"项，在排序界面里能够看到智能排序、距离最近、销量最高等，其中距离最近选择就是LBS功能的最好体现，如图10-7所示。在筛选界面能够看到配送方式、超时赔付、在线支付、开发票等，如图10-8所示。

图10-7　排序界面

图10-8　筛选界面

点击主界面右上角的放大镜图标，如图10-9所示。可以直接输入自己想吃的食物，如'鱼香肉丝'，会出现配送这道菜的商家列表，其显示的信息也完整，比如距离、是否营业、店铺优惠活动等的信息，如图10-10所示。

图10-9　点击放大镜图标

图10-10　输入食物名称

　　总体来说，饿了么APP设计比较简洁，采用抽屉式导航，给了外卖订单列表更大的空间展示，外卖的品牌更纯粹更深入人心，来到主页你能做的几乎就是点外卖。

　　饿了么有一个很好的产品设计：小伙伴拼单。拼单可以让用户驱动用户，如果有拼单优惠，饿了么的用户甚至可以把美团外卖的用户抢过来和自己一起拼单，用户的个体行为通过拼单扩大到群体行为，为饿了么创造价值，用户得到的价值可以是优惠或者是拼单小伙伴的认同感。

　　拼单还可以提升店铺销量，卖家一次可以送2单甚至更多订单，均摊跑腿支出，节省了一定的人力配送成本，为商家创造价值。在点外卖比较多、集中的情况下，如果拼单的话，商家一次性就可以给用户送几个外卖，这样不仅增加销量，还节省配送成本，一举两得。

　　如果商家愿意，饿了么可以联合商家补贴拼单的用户，商家从拼单节省的配送成本中拿出一部分，鼓励用户拼单，共同构建一个良性循环的生态。

　　使用饿了么APP拼单的方法如下：

Step01　打开饿了么APP，选择外卖餐厅，如"好吃人家"餐厅，如图10-11所示。

Step02　进入餐厅界面，点击右上方的"拼"按钮，如图10-12所示。

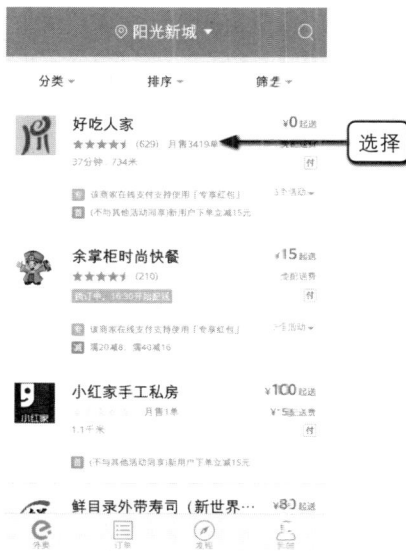

图10-11　选择餐厅　　　　　图10-12　点击"拼"按钮

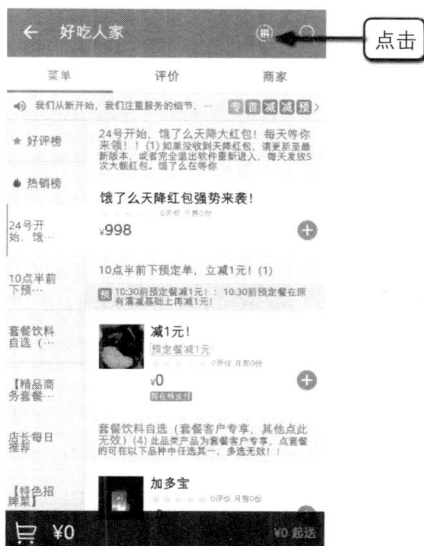

Step03 进入多人拼单界面，点击"发拼单"按钮，如图10-13所示。

Step04 进入微信分享界面，分享给好友，如图10-14所示。

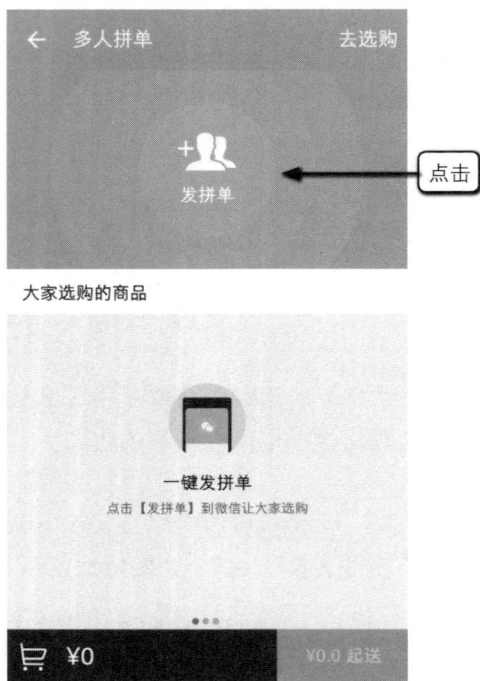

图10-13 点击"发拼单"按钮

图10-14 分享给好友

"饿了么"因其发迹于校园，长久以来一直以高校外卖市场为中心发展。相对于竞争激烈的白领订餐市场，学生订餐市场这块就轻松不少。首先，从竞争者的角度上讲，外卖的竞争对手是高校食堂——虽然价格低廉，但是口味单一，限定营业时间，无法提供送餐服务等——给外卖行业在校园内发展创造了可能。

此外，高校周围聚集了数多庞大的小餐馆，更需要一个低成本的信息发布方式和更有效率的宣传方法。而外卖网站恰恰是完美的解决方案。

另外，当今的大学生成长于一个"LBS+移动互联网+快餐"的时代，他们擅长于移动互联网的交流习惯，享受快餐文化的生活方式，饿了么的出现了迎合了年轻人的需要，同样地也能在最大程度上被接受。

10.2 【案例】美团外卖：外卖领跑者

美团外卖是一家专业提供外卖服务的网上订餐平台。目前覆盖全国两百余个城市。美团外卖为用户精心挑选众多优质外卖商家，为用户提供快速、便捷的线上订外卖服务。

使用美团外卖，让用户轻松实现网上订餐、手机APP订外卖，在线支付，超多优惠，美团订外卖，开启了吃货新时代。使用美团外卖APP订餐的方法如下：

Step01 打开美团外卖APP　会提示正在尝试使用GPS定位，点击"允许"按钮，如图10-15所示。

Step02 进入美团外卖APP主界面，如图10-16所示。

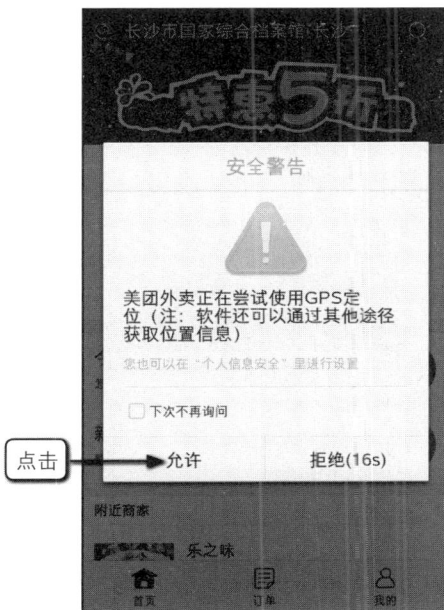

图10-15　点击"允许"按钮　　　图10-16　美团外卖APP主界面

Step03 继续往下翻界面，可以看到更多的外卖餐厅，选择一家，如"乌苏旦江饺子馆"，如图10-17所示。

Step04 进入餐厅的菜单界面，选择菜色，如图10-18所示。

图10-17　选择外卖餐厅

图10-18　选择菜色

Step05　进入"确认订单"界面，输入地址、手机号码、选择送餐时间等、点击"去下单"按钮，如图10-19所示。

Step06　进入"支付订单"界面，选择支付方式，点击"确认支付"按钮，如图10-20所示。

图10-19　确认订单

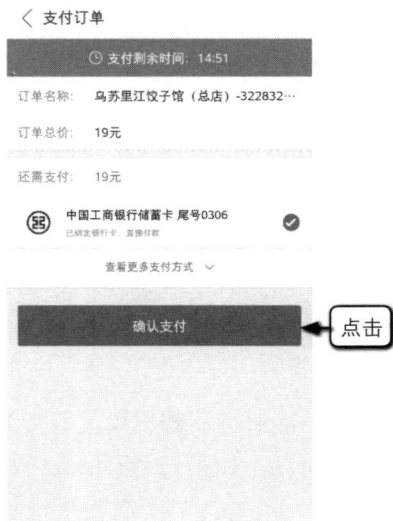

图10-20　确认支付

外卖的市场规模是不亚于团购市场的，美团外卖将快速扩张，未来三年投资10亿元，预计覆盖100个城市，并和各城市当地的外卖配送团队建立合作，实现以分钟为单位的即时配送。

2015年最新报告显示，美团外卖已成为国内最大的餐饮外卖平台，成功赶超饿了么，市场份额突破50%。凭借一年多的高速发展，后来者居上，在月度覆盖率、用户活跃度、运行次数、增长速度等关键指标上均领先于对手，稳居首席。

在外卖领域美团外卖以1.23%的月度覆盖率稳居行业第一，饿了么则以0.97%的月度覆盖率居次席。

可以看出，美团外卖快速领跑，在外卖O2O领域占据绝对领先的地位。据了解，外卖日订单量已超过220万单，覆盖全国超过270个城市。

美团外卖是在外卖业务上的延伸和发展，从起步发展到如今，除了美团对用户体验的一贯重视，团购时期积累起的线下团队经验对于其业绩发展也功不可没。

借助美团在团购领域打下的基础，拥有较高的品牌知名度和大量合作商户，积累了较大的用户量，形成了较好平台。美团外卖发力进攻白领市场并迅速成为白领市场老大，与团购的资源嫁接、流量引导有很大关联。

美团外卖的主要用户应该是：上班族；上课族；宅男宅女。上班族午餐，甚至晚餐和消夜都需要在单位吃饭，他们对外卖的需求很强烈。快速的工作节奏要求上班族压缩吃饭时间，所以为了省时间，叫外卖是最好的解决方式。

同样，对于上课族来说也需要尽可能的压缩等饭时间。这里的上课族不仅指中学，大学的学生，也包括各种培训班的学员。对于上班族，上课族来说，时间是最重要的，所以送餐的准时性，快速性是他们的核心需求。而对于宅男宅女而言，准时性，快速性的需求会相对弱一些。他们更多的会关注外卖的质量。

对于产品功能层面来说，应该体现在是否能满足用户的需求，能发现并提供用户的期望需求甚至是"爆点"。用户的基本需求就是"吃"，就其而言，美团外卖的功能已经满足了，但是是否满足用户吃好的需求，这还值得商榷。

　　美团外卖依托美团，不仅在推广方面有无形的广告，更可以利用美团在商家良好的口碑，优先抢占资源。美团外卖交互性及用户体验都做得很好，界面简洁实用。

　　最下方设立三个选项"外卖，订单，我的"进行功能选择，如图10-21所示，在外卖界面筛选功能做得很到位，可以从销量、速度、还有评分来进行筛选，如图10-22所示。

图10-21　最下方的三个选项　　　　　　图10-22　筛选界面

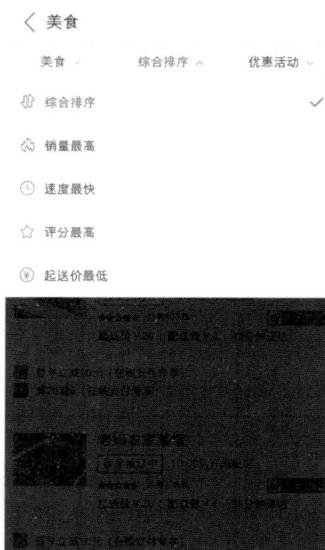

　　因为做团购，美团对于商家来说具有一定的影响力，外卖业务在商家端，跟团购是有协同效益的。团购和外卖，在商家上肯定有很大的重合，站在商家的角度，能给它带来客流、带来交易、消费者团购、到店交易、或订外卖送到消费者手里交易，虽然是两种不同的交易模式，但商家都不会排斥。

　　外卖它不占用餐厅门店面积，商家会把它视为一种额外收入，带一个算一个。外卖和团购很像，服务不经过美团，是由商家直接提供，为了保证用户体验，美团开始会选择一些比较优质的商家，例如肯德基、麦当劳、吉野家。

　　做团购，原先是按单来签的，比较麻烦，因为还要做出策划，保证效果，是促销行为，现在签一次外卖业务，就是整年或者是更长时间。外卖对商家来说是纯销售行为。比如吉野家，一签就是一年，这也是美团做外卖的核心原因之一，外卖消费更常态，提高美团网与商户和用户的黏性——与本地商家更频密的沟通，用户也会更高频地使用美团网，二者相得益彰。

总体来说，团购是让消费者出门消费，外卖是让宅男宅女足不出户；团购是满足消费者省钱的需求，外卖是满足消费者便利的需求；团购是解决商家短期营销需求，外卖是解决商家长期销售需求。外卖+团购的组合让美团在移动互联网下LBS+O2O的产业链布局更完整。

对于外卖，用户最关心的要素为："送餐速度快慢"、"起送价高低"、"外卖商户是否足够全"。就像针对送餐快慢这一点，美团外卖计划引导用户积累点评，其中有关商家送餐时长的点评，可以激励商家缩短送餐时间，带给消费者更好的体验。

在O2O的浪潮中，美团外卖将在消费者和商户之间搭起一座桥梁。

10.3 【案例】百度外卖：优惠多多

百度外卖是由百度打造的专业外卖服务平台，提供网络外卖订餐服务。于2014年5月20日正式推出，主打中高端白领市场，支持全国一、二线城市，午餐、晚餐、下午茶、消夜零食全覆盖。

背靠百度大山的百度外卖在外卖O2O领域，可谓具有天然的优势。通过自营加整合第三方的外卖平台、依托百度地图进行LBS定位和推荐，再利用第三方物流完成配送，可以说百度外卖依然是寄挂在百度搜索大平台和百度地图之下的O2O服务，试图在餐饮外卖这个刚需大品类中抢占一定的市场份额。

订餐可以通过PC端网站、独立手机APP、微信公共账号"百度外卖"及百度地图"附近"功能来进行操作。百度外卖极其在乎品质和用户体验，消费者可以基于地理位置搜索到附近的正餐、快餐、小吃甜点、咖啡蛋糕等外卖信息，可自由选择配送时间、支付方式，并添加备注和发票信息，随时随地下单，快速配送到手，完成一次足不出户的美味体验。

百度外卖具备得天独厚的定位优势和强大的搜索功能，消费者进入手机APP后，无须输入具体位置即可精准地搜索到附近餐饮商家，快速完成下单。使用百度外卖订餐的方法如下：

Step01 打开百度外卖APP，会显示当前的收货地址，提升"换个地址"或者"继续下单"，如需更换地址，点击"换个地址"按钮，如图10-23所示。

Step02 显示"请选择收货地址"界面，点击"重选地址"按钮，如图10-24所示。

Step03 输入收货地址，如图**10-25**所示。

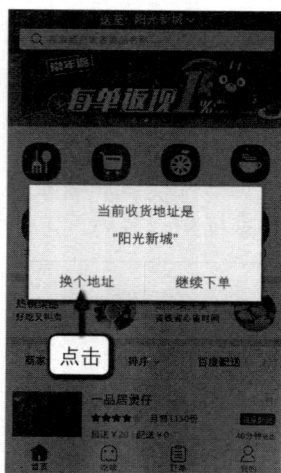

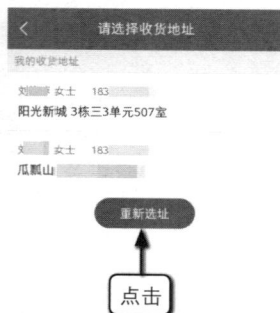

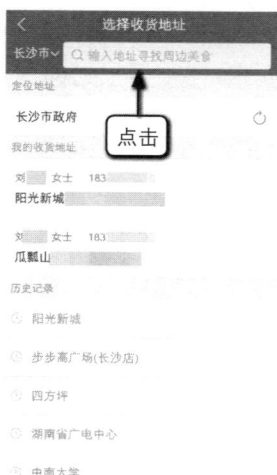

图10-23 点击"换个地址"按钮 图10-24 点击"重选"地址　图10-25 输入收货地址

Step04 返回主界面，进行外卖餐厅的选择，如图**10-26**所示。

Step05 选择菜品，如图**10-27**所示。

图10-26 选择外卖餐厅　　　 图10-27 选择外卖菜品

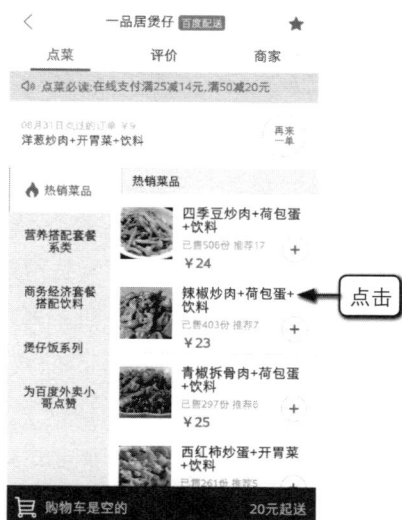

Step06 点击"选好了"按钮，如图**10-28**所示。

Step07 进入提交订单界面，选择支付方式，点击"确认下单"按钮，如图**10-29**所示。

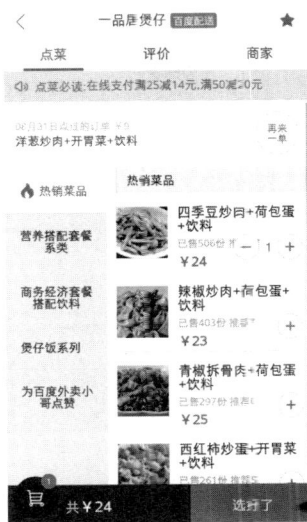

<table>
<tr><td>图10-28　点击"选好了"按钮</td><td>图10-29　点击"确认下单"按钮</td></tr>
</table>

当阿里和腾讯还在忙着为打车软件烧钱的时候，百度另辟蹊径专注发力订餐市场。为了推广百度外卖，百度宣布凡是通过百度外卖订餐的，每单直降6元，还免外送费。

而且百度外卖在同等类型的外卖中优惠是比较大的，"满20减10"或者提供"6元～10元"不等的代金券，使外卖消费非常的实惠，也聚集了不少用户的热情，如图10-30所示。

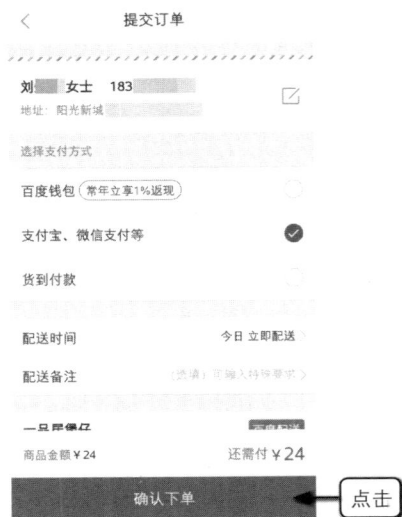

图10-30　百度外卖的优惠详情

百度的O2O策略核心是基于LBS服务，原因不难理解，一方面移动互联网的爆发催生了本地生活服务应用的崛起，而本地生活既垂直又十分依赖于位置，LBS即基于位置的服务。另一方面，百度O2O的核心部门为百度LBS事业部正是脱身于百度地图，位置基因明显。

10.4 【案例】零号线外卖：专注白领市场

零号线手机APP是零号线专为手机用户推出的订餐软件，具有商品浏览、商品搜索、购物车、订单查询等在线功能，基于用户的地理位置，为用户提供身边6公里范围内的美食、超市等商品，专业的物流人员将高效、便捷、快速的为用户提供即时配送服务。

使用零号线外卖APP订餐的方法如下：

Step01 打开零号线外卖APP，点击"中式餐厅"按钮，如图10-31所示。

Step02 进入商家列表界面，选择餐厅，如图10-32所示。

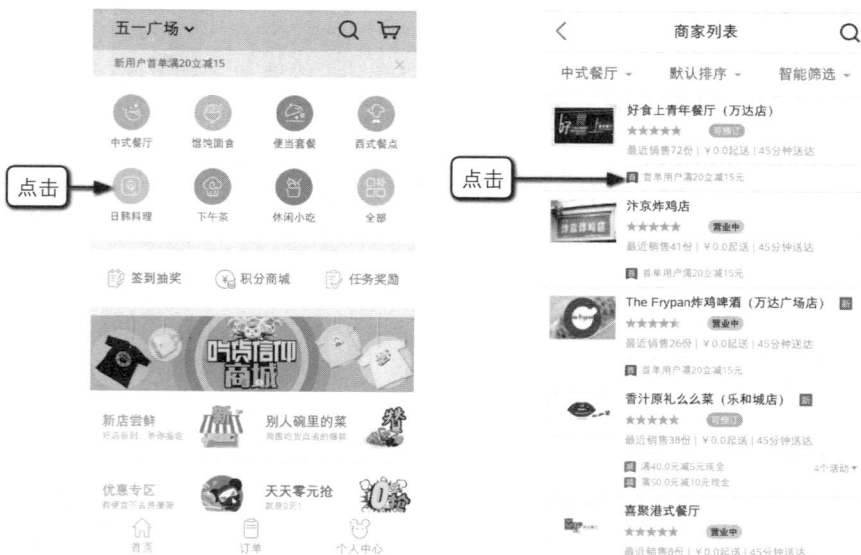

图10-31　点击"中式餐厅"按钮　　图10-32　选择餐厅

Step03 进入餐厅界面，选择菜品，如图10-33所示。

Step04 点击"选好了"按钮，如图10-34所示。

图10-33　选择菜品　　　　图10-34　点击"选好了"按钮

　　在零号线外卖APP中，还设有"下午茶"、"休闲小吃"等项目，非常的丰富多样，为用户提供了正餐之外的多种选择，如图10-35所示。

图10-35　零号线外卖提供丰富的选择

　　零号线的三位创始人均为有着海归背景的80后，零号线定位于中高端的白领外卖市场，所以服务位置多聚焦于城市商圈和办公区，饿了么、美团外卖等其他知名外卖O2O服务基本上面向所有用户。

此外，零号线从南京、苏州、武汉等二线城市发力扩展，避免了在一线城市与饿了么、美团、到家美食会等外卖O2O对手的正面竞争。

不同于"淘点点"、"饿了么"等外卖订餐网站，"零号线"一直在走一条"重模式"之路，自建物流配送团队。关于具体运营方式，大概包括四个方面内容，如图10-36所示。

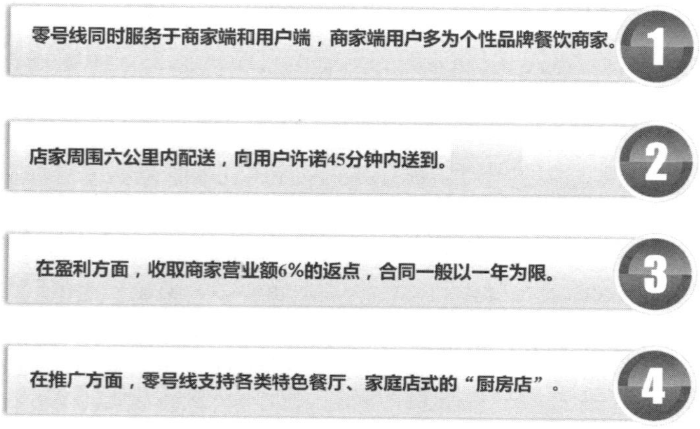

零号线同时服务于商家端和用户端，商家端用户多为个性品牌餐饮商家。 **1**

店家周围六公里内配送，向用户许诺45分钟内送到。 **2**

在盈利方面，收取商家营业额6%的返点，合同一般以一年为限。 **3**

在推广方面，零号线支持各类特色餐厅、家庭店式的"厨房店"。 **4**

图10-36　零号线的运营方式

众所周知，基于LBS的外卖O2O的厮杀已经非常激烈，竞争激烈的背后，归根结底是餐饮万亿级的刚需市场，消费的频次之高、消费群体之广，让电商、互联网巨头们纷纷抢滩其中。

10.5　【案例】李维斯：路我主导

作为牛仔裤的创始者，李维斯坚信用创新的精神和突破的信仰来探索生活，Roadwear系列牛仔的口号为——"路，我主导"，以号召新生代勇于探索生活，跳出框框，突破自我。

中国的新生代多数身处于钢筋混凝土的都市森林，每天面对繁忙的工作，然而在他们的内心始终梦想着跳出现有的生活框框，突破自我，并且成为自己及周围伙伴的引领者。

一是为了提升李维斯的品牌精神，引导中国消费者对李维斯品牌的深度认知和好感。二是为了李维斯店面人流量导流，提升店面销售量。李维斯打造了此次基于LBS服务的"路，我主导"活动。

出于为店铺导流的主要目的，本次活动集中投放在LBS上。利用现在LBS的热度，其与SNS的密切互动和使用人群与品牌的契合度，准确的在受众中迅速扩大影响力。LBS的签到属性有效地将受众带到门店参与促销活动；利用LBS进一步的分享属性，催助参与者进行再次传播。

利用LBS的热度和使用者的猎奇心，引导消费者前往LBS网站签到并获取品牌相关的徽章，达到品牌传播的目的，此外获得的徽章将结合品牌实体店铺的优惠活动，提高品牌销售量和到店率，李维斯结合街旁LBS策划了以下三个活动。

活动一：在上海指定李维斯门店（有惊喜字样）签到，如图10-37所示。并同步新浪微博，即可获得街旁李维斯"路，我主导"的虚拟徽章。

凭此徽章可在上海指定李维斯门店获得李维斯限量纽扣一枚。凭此徽章还可在上海指定李维斯门店享受购买正价商品满800元立减100元的优惠。

图10-37　李维斯与街旁签到

活动二：于上海指定李维斯门店签到并上传试穿照或者最吸引你的李维斯产品细节照。同步到新浪微博，与网友分享你的至in体验，即有机会获得由李维斯提供的小熊音箱1个。

活动三：新浪微博用户转发街旁官方微博发布的此李维斯活动公告，如图10-38所示。并@5位你的好友，街小螃将从转发的用户中每周抽取2位幸运儿获得由李维斯提供的潮流牛仔裤一条。

虽然是小成本的投入，却带来了很好的反馈。本次活动一个月期间共收到的签到次数为5 114次，一共发出了3 664个勋章；共有15 399条消息和181张照片同步到微博；上海港汇店、徐汇店和来福士店的签到人数最多，占总人数的65%；活动期间店铺销售额提高了3成。

通过利用LBS与微博间同步的特性，扩大活动的知晓度和活动的参与及宣传平台，促进消费者参与并关注活动。随后通过移动终端的促销及奖励手段，将对活动的兴趣直接转化为消费力，增加了点头的销售量。

图10-38　李维斯与新浪微博

10.6　【案例】安居客：轻松查找房源

安居客成立于2007年1月，是国内第一房地产租售服务平台，专注于房地产租售信息服务。安居客以"帮助人们实现家的梦想"为企业愿景，全面覆盖新房、二手房、租房、商业地产四大业务，同时为开发商与经纪人提供高效的网络推广平台。

作为"专业买房平台"，安居客的房源遍及全国各地，在线房源总数超过300万套，尤其是二手房源，覆盖了安居客所在城市中95%以上的在售房源。无论从深度还是广度而言，堪称拥有业内最全房源的专业买房网站。

安居客为用户开发出业内最先进且人性化的多维搜索功能，帮助用户快速、精准地在大量房源库中找到所需房源。除了菜单选项式的搜索，用户还可以通过安居客首创的"地图找房"功能来搜索房源。

安居客手机APP里包括了"新房"、"二手房"、"租房"的房源，并设有"帮你找房"、"帮你卖房"的功能，另外还可以查看小区的房价、房贷计算等，非常的丰富全面。下面将介绍如何使用安居客APP看新房，步骤如下：

Step01　打开安居客APP，点击"新房"按钮，如图10-39所示。

Step02　进入新房界面，可以看到新房房源，选择新房，如图10-40所示。

| 图10-39　点击"新房"按钮 | 图10-40　选择新房 |

Step03　进入新房详情界面，可以看到新房周边的全景图、住宅价格、户型面积、开盘时间、楼盘地址等，还可以进行收藏房源、拨打电话、获取优惠、报名看房操作等，如图10-41所示。

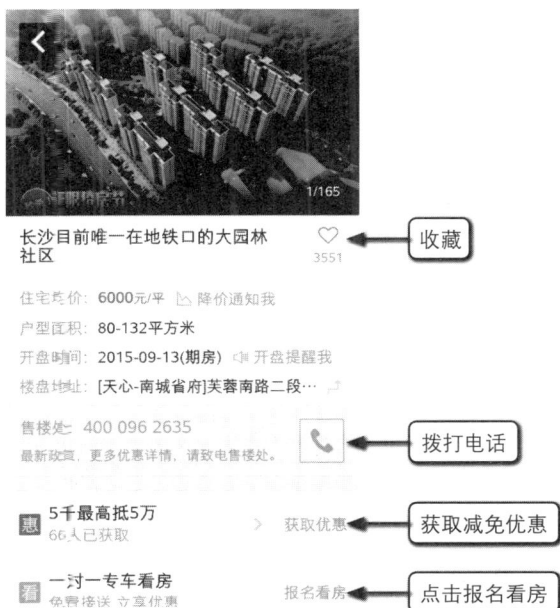

图10-41　新房详情界面

在安居客APP，能够获得独家优惠，点击"独家优惠"按钮，如图10-42所示。

进入"楼盘优惠"界面，输入手机号码即可获取优惠，如图10-43所示。

图10-42　点击"独家优惠"按钮　　　　图10-43　获取优惠

在租房界面，能够通过LBS定位服务查看最近的房源，如图10-44所示。

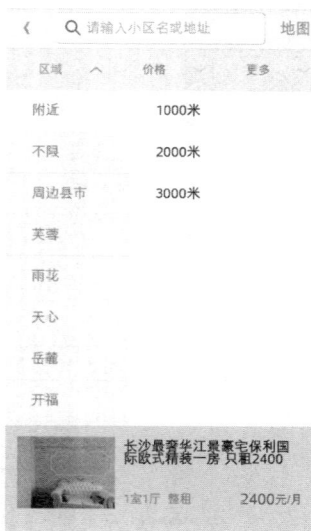

图10-44　租房界面

安居客APP的定位，不再是简单的信息链接，而是人与人的链接。与其将安居客APP，定义为一个租房、买房的广告平台，倒不如视为一个需求方与供给方（租房者与房屋中介）的沟通工具。

因为在PC时代，租房、买房这些本地服务网站有许多，譬如58同城、搜房、赶集，也有安居客。58同城、赶集网的模式，其实与阿里巴巴B2B模式一样，就是信息展示，所以，它们都是靠广告收费，再往后便是向链家这些中介公司收费。不过，始终绕不开买流量、卖流量的模式的逻辑限定。

安居客的逻辑起点与分类信息网站不同的是，它的业务模式是围绕交易的，二手房交易的核心，不是信息，是房屋中介。所以安居客的收入模式是佣金制，服务完成收取佣金。

不过PC时代，无论是搜房这样的房产门户，抑或是58同城这样的分类信息网站，其实都没有彻底解决好用户租房、买房时的流程痛点。即便是安居客也是如此。譬如说，用户发出需求后，要留下电话号码，总会收到许多的电话与短信，甚至房子找到后，用户还会时常受到电话咨询。

PC时代，这些网站的竞争核心，其实是流量转化效率。搜索引擎是个很核心的流量入口，也因此安居客也接受了百度的战略投资。

从PC互联网到移动互联网，最大的改变有三点：随时、随地，并且是从IP直接到ID。

这三点对于房屋租赁买卖交易来说，也就让它们从信息链接向人与人的链接转型，变得可实现了。找房子，其实是一个漫长的过程，PC时代，互联网只提供了具体的信息，而安居客的APP，能够覆盖到整个过程——基于地理位置的信息提供，中介的方案提供，上门看房，到最后签约履行合同，都能覆盖。

基于LBS的移动APP，是随时、随地，并且是需求方与中介的直接对接。

下载一个便能体会到，它是如何从信息链接变成人的链接。比如，它内置聊天工具，上门有许多房屋中介，用户发出需求后，他们会主动联系你，当然，你也不用担心手机号会被暴露出来。中介也可以将方案定制给需求方，点击房源界面中的"微聊按钮"，如图10-45所示。

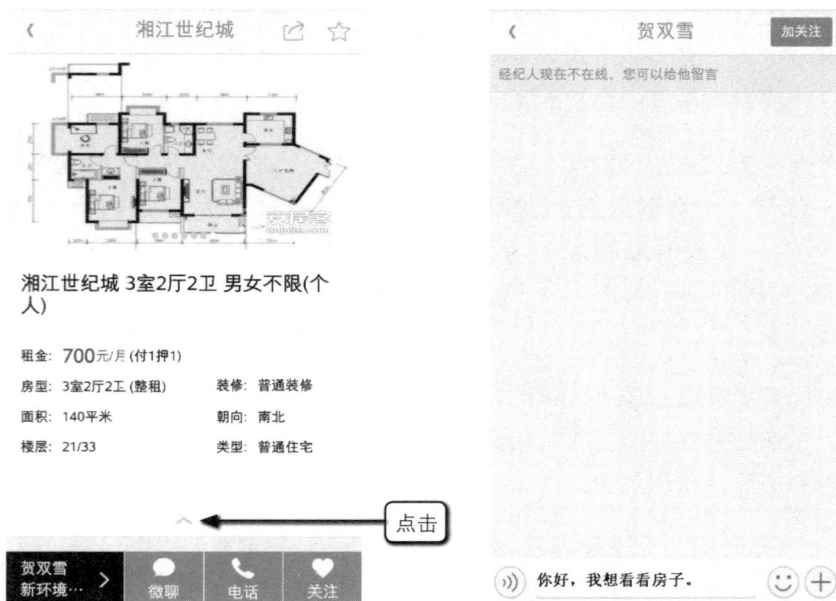

图10-45　"微聊"界面

PC互联网到移动APP，对于安居客这样的公司来说，市场打法其实也就变了。PC时代，竞争的核心是流量变现的效率，所以，讲究搜索引擎营销、关键词营销，而现在移动APP，更重要的则是品牌排名价值——如何让用户租房、买房时便能第一时间联想到安居客，并下载安装APP。

从流量分布来看，目前安居客APP的流量占全网20%，移动（手机+pad）网页版占了40%，剩下40%则是传统PC上。不过到了周末，安居客的移动互联网的流量会上升到65%甚至更高。从这类看，移动的确给安居客此类网站以新的机遇。

移动互联网，或许是互联网的延伸，但它又不是简单的业务迁移，基于LBS的安居客APP给人们找房子、租房子等带来了诸多的信息和便利。

10.7　【案例】一嗨租车：便捷租车服务

"一嗨租车"是中国最大的连锁租车服务提供商，在全国80多座城市开设了500多个服务网点，现拥有100多种车型的一万多台车，主要为个人和企业用户提供短租、长租，以及个性化定制等综合租车服务，支持网上预订、电话预订、手机终端预订、门后预订等多种预订方式，和现金支付、刷卡支付、线上支付、储值卡支付等多种支付方式。

从2006年发展至今，"一嗨租车"的业务已遍布全国73个城市，拥有500多个服务网点、13 000多辆汽车。随着个人自驾市场的迅速发展，"一嗨租车"又在全国范围内大力推广针对大众市场的个人自驾服务。

同时，也根据用户的实际需求，定制个性化租车服务。灵活的租车方式、送车上门服务，采用网络租车的战略让"一嗨租车"能够有效控制成本。

"一嗨租车"率先推出的WAP预订系统、手机客户端、手机触屏版等，无疑使得用户租车更为便捷。用户只需免费下载安装手机终端软件即可预订用车。"一嗨租车"APP推出之后就得到了很多好评，用户普遍表示它的设计非常人性化，大大提升了租车体验。

发扬"勇于创新、用心服务"的精神。"一嗨租车"根据国外先进经验，结合中国本土市场特点，自主研发出多套具有国际领先水平的汽车调度管理系统，辅以GPS全球定位、智能数据分析处理等技术，组建了一个强大的中央数据服务中心，力求将资源管理能力发挥到极致。

此外，"一嗨租车"还率先将移动互联网技术应用到租车中，推出多款智能手机客户端，用户只需下载安装，便可随时随地通过手机轻松享受租车服务。

提供"专业、高效、可靠"的服务。用户的满意是一嗨租车生存和发展的根基，一嗨租车通过不断开拓和完善的多元化租车服务，满足了用户日益增长的个性化用车需求。多种便捷的预订、支付方式，以及送车上门、地铁口取车、上门取车、异地还车等一系列行业创举的推出，让一嗨迅速成为租车行业的服务标杆。

"一嗨租车"也相继推出手机触屏版预订系统和Windows 8客户端系统，用户在不同的平台都能随时随地享受到租车服务。

"一嗨租车"APP的主界面美观大气又清爽明快，使得用户在浏览界面时感觉十分舒适，在设计上充分考虑到了用户感受，尽可能从便捷出发，小巧清晰的手机界面上，最上面是"新用户首日首租0租金"的广告，中间是"自驾短租"和"专车接送"服务，如图10-46所示。

"一嗨租车"APP还根据用户反馈意见和市场需求变化进行了数次升级，增加了车型查询的便捷功能，如图10-47所示。

图10-46 "一嗨租车"APP主界面

图10-47 车型查询

"一嗨"租车APP的便捷服务也是得益于LBS的定位服务，使用"一嗨租车"APP定位租车的方法如下：

Step01 打开"一嗨租车"APP，点击"地图"按钮，如图10-48所示。

Step02 进入"嗨速查"界面，可以以地图模式清楚的查看到附近的租车门店，选择较近的门店，如图10-49所示。

图10-48 点击"地图"按钮

图10-49 选择附近租车门店

Step03　进入"门店详情"界面，可以看到门店的营业时间、拥有车型、具体地址等，点击"预订车辆"按钮，如图10-50所示。

Step04　进入"自驾短租"界面，选择时间，如图10-51所示。

图10-50　点击"预订车辆"按钮　　　图10-51　选择车型

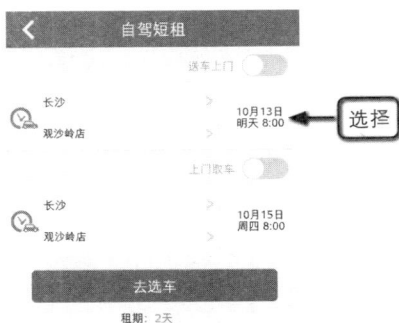

Step05　选择取车时间，如图10-52所示。

Step06　点击"去选车"界面，如图10-53所示。

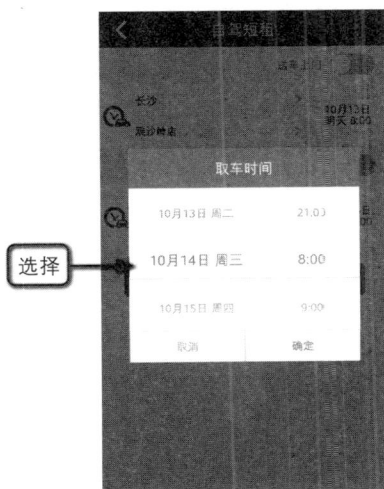

图10-52　选择取车时间　　　图10-53　点击"去选车"按钮

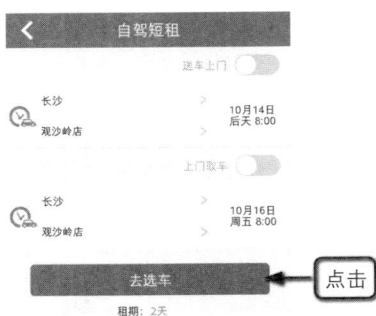

Step07 进入"选择车型"界面，挑选合适的车型，如图10-54所示。

图10-54　挑选车型

Step08　"一嗨租车"的"专车接送"功能也是非常的大气、便捷，打开"一嗨租车"界面，点击"专车接送"按钮，如图10-55所示。查看"接机"、"送机"、"马上用车"、"预约用车"等功能，如图10-56所示。

图10-55　点击"专车接送"按钮

图10-56　专车接送界面

　　"一嗨租车"的创始人章瑞平在美国开发汽车调度系统软件挖掘到第一桶金，回国创业时，他做的第一件事就是把"数据驱动"的理念注入这个新兴企业，着重建设"一嗨租车"的后台系统。

　　章瑞平根据国外先进经验，结合中国本土市场特点，自主研发出多套具有国际领先水平的汽车调度管理系统，辅以GPS全球定位、智能数据分析处理等技术，组建了一个强大的中央数据服务中心，力求将资源管理能力发挥到极致。这不仅成为"一嗨租车"的标签，也为"一嗨租车"实现复杂的车辆调度和出租率、周转率等关键数据统计提供了有力的技术支持。

　　"一嗨租车"APP营销的核心，首先是将车辆使用时段当作产品销售，提高出租效率和资产使用率；然后则是注入了"数据驱动"理念，车辆资源能得到有效的控制和合理的调度，从而节省成本和提高利润率。

第11章

家电家政：LBS行业营销案例

随着移动互联网的蓬勃发展，带动了O2O的经济发展，融资接连不断，新创企业粉墨登场。越来越多的行业开始涉足LBS+O2O，连家电家政O2O也在这领域里展露拳脚，市场的发展和商业趋势让LBS+O2O成为必然，本章将结合分析LBS在家电家政行业的营销案例。

11.1 【案例】照恒光电：微型位置服务器

上海照恒光电公司推出了LBSS All in One技术接口方案，推动LBS应用及商业模式的创新。据悉，该方案的首个核心产品为"微型物联网位置服务器"，如图11-1所示。

图11-1 微型物联网位置服务器

LBSS（Location Based Smart Service）是一种基于位置的智能化服务，是在传统LBS应用商所使用的技术接口上全新升级的解决方案。LBSS的出现，为LBS带来了复兴曙光，它提供一整套All in One的技术接口，同时整合了GPS定位技术方案、蜂窝网络基站定位算法方案、Wi-Fi网络定位技术及精度高达1米的蓝牙智能网络定位算法等多种定位方案。应用商只要使用统一接口，便可轻松实现用户的双向定位及信息传递服务。

拥有精致、小巧的外观，该微型物联网位置服务器可轻松实现快速部署。作为LBSS接口方案的核心，微型物联网位置服务器凝聚了LBSS接口方案在位置定位领域的开创性技术优势，突出表现为以下四大亮点，如图11-2所示。

据悉，照恒光电公司将向各合作伙伴提供丰富有效的技术接口，以帮助各类服务商和应用商进行开发和应用。所有用户的数据库和资料等，也将存储在各服务商自己的云端服务器上，以充分保证最终用户的隐私及数据安全。

同时，照恒光电公司还推出"VRtech"手机应用，致力于基础性的技术研发工作，努力提供一个安全、稳定、高效、的新型位置服务接口及商业平台，为应用商和终端用户创造更大的商业价值和社会价值而贡献。"VRtech"系统含一套免费的ERP可视化人员位置管理系统软件，可以完成全自动的办公室人员签到服务，如图11-3所示。

图11-2　LBSS接口方案的特点

精确定位	记录每一个进入商业地点的人，精确程度在一米范围内，并成功实现室内定位。
瞬间发现	自主专利的瞬间发现技术，能在0.03秒内发现用户。
实时互联	使用LBSS混合网络连接技术，并通过多种方案实时物联每个用户终端。
使用方便	无须用户添置任何设备，只需打开手机APP即可享受物联网的丰富应用服务。

图11-3　"VRtech"手机应用

目前，照恒光电已与多家应用商达成合作，涵盖商业银行、互联网应用、移动互联网、综合性医院、连锁超市、连锁餐饮服务业等行业。此次发布的"微型物联网位置服务器"也将在上述行业中相继展开部署。

正是LBS市场的瓶颈让LBSS应运而生，又因为LBSS的诞生，或让这场LBS危机发现契机变为转机。"国内外LBS应用商之所以遭遇发展瓶颈，不是因为LBS模式不好，也不是LBS应用商们不够创新，更不是LBS行业没有商业前途，而是因为目前LBS所使用的技术暂时无法满足现代商业和生活的需求所致。"

照恒光电CEO柏强先生表示："LBS应用商们若想冲出瓶颈，首先必须升级现有的定位技术，从根本上做到精准、高效、双向信息传递，而非仅依赖'用户签到'。"

11.2 【案例】优频科技：室内Wi-Fi定位技术

过去的几年里，实时定位系统发展迅速，越来越引起全球人们的重大关注。日前，美国一家调查公司KLAS Research发布了一份实时定位系统（RTLS）在美国使用现状的调查报告。报告显示美国实时定位系统市场形势喜人。那么，现今实时定位系统在我国发展情况如何呢？

苏州优频科技在多年Wi-Fi实时定位的背景下，自主研发了智能手机室内Wi-Fi定位系统。优频科技成立于2008年，曾获中新创投800万元A轮投资，之前的主营业务是为监狱、煤矿、养老院等专门领域提供工业Wi-Fi定位。优频科技无线局域网实时定位系统构架如图11-4所示。

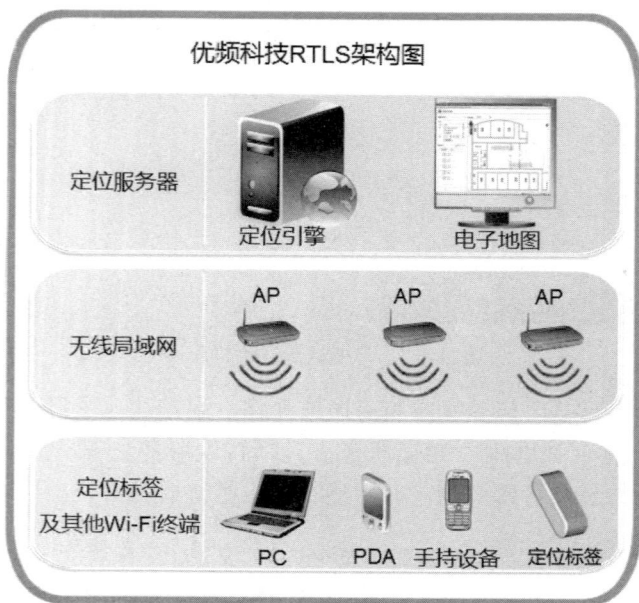

图11-4 优频科技无线局域网实时定位系统构架

优频科技的定位系统以智能移动手机为终端，通过Wi-Fi网络进行定位，弥补GPS在室内应用的不足，扩大了定位服务的应用行业和范围，手机室内定位的高精度和低部署成本，也极具商业吸引力。

优频科技的无线局域网实时定位监控系统（Wi-Fi RTLS）主要由定位卡或腕带（Wi-Fi Tag）、无线局域网接入点（AP：Access Point）和后端监控管理中心（Locating Server定位服务器）3部分组成。无线局域网接入点可以使用任何支持802.11b的产品。

（1）定位服务器：定位卡或腕带作为无线数据采集模块佩戴在人员身上或物品上，系统通过对标签的跟踪实现对人员和资产的跟踪定位，可以根据需要设计不同的外形，腕带、胸卡等以适应不同需求。

（2）无线局域网：AP采用2.4GHz频段，支持802.11b/g模式，及时采集卡或腕带的信息，传输到后端的监控中心，对定位卡或腕带进行控制管理。

专家提醒

无线局域网（WLAN，又称为Wi-Fi）是在不采用传统电缆线的同时，提供传统有线局域网的所有功能，网络所需的基础设施不再埋在地下或隐藏在墙里，网络却能够随着你的需要移动或变化。WLAN最主要的优势在于不需布线，不受布线条件的限制，因此非常适合移动办公用户的需要。

（3）定位标签极其他Wi-Fi终端：安装了定位服务器软件系统的监控管理中心，主要实现实时数据分析处理。分析管理定位卡或腕带数据，通过控制中心的电子地图监视并及时显示各现场定位卡或腕带的位置，数据可同时存入存储数据库，监控人员可以通过计算机访问存储服务器查询人员或物品的实时位置信息、报警信息、及某段时间内的移动轨迹等。

随着Wi-Fi技术的不断发展，智能移动终端的广泛应用，Wi-Fi室内定位技术已经应用于各个行业。利用广泛存在的Wi-Fi网络，成为对室内目标进行定位的最佳技术选择。手机室内定位技术的广泛应用，同时也增强了应对突发事件的救援能力，具有重要的社会意义和广阔的市场前景。

例如，当用户进入某陌生的大型室内建筑时，如购物中心、机场、展馆等，由于面积较大室内布局复杂，常常会迷路。用户此时只需打开手机，连接环境Wi-Fi打开浏览器即可在地图上看到自己在购物中心或展馆的位置，非常方便。

在上述的场所中，用户还可以进行手机购物、商铺签到积分、周边优惠信息查询、消费行为分析、精准广告投放、公共安全、保安室内巡检、寻找走失的伙伴或宠物、停车场车辆管理、实时人员统计等操作。

随着物联网技术的发展，利用Wi-Fi网络对智能手机进行定位的现实条件已经逐步趋于成熟。凭借可靠的高精度室内位置信息，在不久的将来，优频科技的智能手机的定位技术一定能在商业上得到大规模的推广应用，在社会生活各个领域也必将发挥越来越重要的作用。

11.3 【案例】e家洁：LBS+家政生活好帮手

e家洁APP可以基于LBS查找附近的保洁小时工阿姨，阿姨会准时上门提供专业的家庭保洁服务。新居开荒、油烟机清洗、擦玻璃、厨卫保养等家政服务都可以在e家洁APP快速预约。

在创始人云涛眼里，家政行业是一片蓝海，因其不像出租车行业一样受到很多政府管制，相反是得到国家鼓励并有相应补贴的。要不是结婚，e家洁创始人之一、1984年出生的云涛恐怕还不会如此关注家政市场，他笑称婚后家务成了自己的痛点，妻子要求干家务，使他一筹莫展。城市里很多年轻人也会遇到干家务的烦恼，为什么没有一款应用方便大家找阿姨呢？

传统的家政服务是这样的：街边开一个门脸房，一个本子记录所有客户需求，阿姨们排队等活，中介也很少筛选阿姨。这种方式持续了几十年，已经不能满足客户和阿姨的需求。

要改变低效的中介模式，就是要改变客户和保洁工之间信息严重不对称、价格也不透明的局面。作为一个面向消费者的家政O2O平台，e家洁的保洁工信息是一目了然的，消费者可以自由选择。

在用户端，用户可以直接在手机上通过e家洁LBS定位服务查找附近的保洁工信息，预约合适的人上门打扫卫生，如图11-5所示。

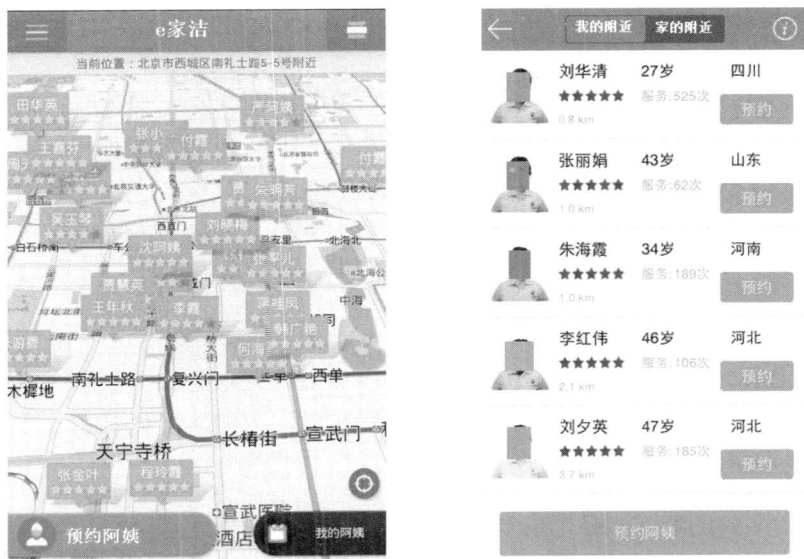

图11-5 e家洁APP

e家洁定位经济型保洁市场，从相对简单又具有广泛需求的钟点工入手，统一定价每小时20～25元，而北京市面上的传统家政中介一般收费为30元/小时，其中一部分为机构抽成。无疑，e家洁号称"全市最低"的价格更能吸引客户，零提成又让雇主支付的费用全部到了阿姨口袋。

为了提高用户黏性，e家洁从一开始就设立了评价机制，每完成一单，客户都可以在APP上留下对阿姨的评价，好评率高的阿姨更易被用户点击预约。e家洁会通过会员积分制来吸引消费者，增加用户黏性；好评多的阿姨，也会得到奖励，连续接单满60单且好评率达标就能从普通阿姨升级为银牌阿姨，时薪从20元涨到25元。

打车和家政两项O2O应用的相同之处在于都是整合线下的人，但不同点更多：司机们都有智能手机，而阿姨们习惯于电话接活；打车是标准化的，而保洁服务缺乏标准，因此运营方案是不一样的。

e家洁为两个陌生人缔结劳动关系，加之是上门服务，如何保证安全性？另外，保洁过程复杂，其中的变数也不少，阿姨又不属于任何一家公司，出了问题谁来负责？因此，在家政领域，光开发一个APP、建立一个网络平台是不能马上看到市场反应的，线下的拓展和服务才是重中之重。

保洁阿姨中鲜少有使用智能手机的，为了解决这一问题，e家洁团队在起初招阿姨的时候甚至还推出过免费送智能手机的活动，手把手教会她们使用e家洁APP。

要成为e家洁的保洁员，需要满足50岁以下、熟练使用普通话、有两年以上工作经验这三项基本条件。e家洁还会对报名人员进行简单的业务考试，合格者才能入选。作为一个创业型公司，e家洁尚无实力直接雇佣保洁工，再加上保洁工多为外来务工人员，流动性非常强，双方之间达成的更像是一种合作关系。

在安全性方面，e家洁会尽力核准阿姨信息，包括身份证号、籍贯、是否有犯罪记录。为了减少阿姨们的后顾之忧，e家洁为她们上了集体保险，工作期间发生人身意外伤害和雇主财物损害，都由保险公司来负责赔偿。

市场上大概有90%的家政机构属于中介型，其他10%属于连锁家政公司，提供比较高端的家政服务。前者会随着互联网的影响而逐渐消亡，而后者会长期存在下去，像找月嫂、保姆等都需要落地进行精准匹配。

以后，e家洁将拓展服务内容，纳入保姆、维修、开锁、管道疏通等项目，满足消费者不同的需求。相比高频低额的钟点工，这些服务大多是低频高额的，到时候e家洁会有一定比例的抽成。对目前尚未盈利的e家洁而言，这样的拓展实有必要。

而要拓深拓宽服务领域，e家洁得吸引到足够多的专业家政人员，组建一支专业队伍。今后与政府、培训学校合作，一方面加强从业人员的身份认证，保证信息安全，一方面为他们提供专业的家政培训，提高人员素质。

移动互联网时代的LBS服务给了e家洁这个机会，用手机把线下的供需双方连接起来。而APP只是一个工具，做家政O2O最关键的不是线上产品，而是线下服务，优质的家政服务才能换来好口碑。

11.4　【案例】e袋洗：LBS+O2O新型洗衣

2014年，一款叫作"e袋洗"的洗衣O2O产品异军突起，迅速抢占市场。一年时间里，日单量突破3 000单，用户突破50万。继7月份拿到腾讯2 000万元的天使投资后，e袋洗又获得来自经纬和SIG共2 000多万美元的A轮投资。

大家或多或少去洗衣店洗过衣服，比较高频的每周一两次，低频一点的每年几次，每到换季的时候是洗衣的旺季。大家在洗衣的时候会遇到一些问题：

（1）从产品经理的角度来看，洗衣的需求是"我的衣服要干净，所以我要把衣服洗干净"，而并非"我要洗衣服，所以要去一家洗衣店"。最终的目的是衣服干净，所以没必要去洗衣店。那么我们为什么不上门取衣？

（2）洗衣店大部分都很小，没有停车位，很不方便。

（3）洗衣店营业时间一般是早八晚八，大部分人都是下了班后才有时间取送，经常赶不上这个时间。

（4）还有其他诸如安全、卫生等等问题。

而e袋洗是非常典型的移动互联网行业和传统行业相拥抱，很有力地在改善这些用户痛点，荣昌e袋洗是荣昌服务推出的一个基于移动互联网的LBS+O2O（online to offline）洗衣服务产品，如图11-6所示。

区别于传统洗衣按件计费的洗衣模式，顾客只需将待洗衣物装进指定洗衣袋里，预约上门取件时间，通过LBS定位服务，获得用户所在精准位置，完成订单后，将由专人上门取件。

取件时，取件人员当着顾客面对装好衣物的e袋进行铅封，现场不做衣物检查，待送回清洗中心后，在高清监控条件下去掉铅封，对衣物进行洗前检查和分类，全程视频监控。

图11-6 e袋洗APP界面

e袋洗创造出99元一袋的"e袋洗"概念。以前，买的衣服刚穿过一两次，送到洗衣店，会标上衣服有磨损、容易掉色、洗后效果。这样做本身就有问题，是一种为了自己的利益防备用户的心理，用户体验非常不好，当面检查又浪费时间。

e袋洗理解用户的心理，不愿意自己洗衣服的人一定是非常珍惜时间，喜欢自由的人。e袋洗就开发出"e袋洗"这个比较有意思的产品，就是一个帆布袋子装满，99元洗一袋，当面不检查直接拿走。当面服务人员会封铅，保证用户的衣服没有被打开过，节省了当面检查的时间。

洗衣行业的毛利高达80%，20多年来整个价格体系没有特别大的变化，e袋洗希望通过这款产品改变、颠覆传统行业，让大部分的人都能享受到更好、更便宜、更高性价比的服务，取消这种暴利行为，把洗衣变成平民化的东西。

总之，e袋洗可以做到99元一袋，直接手机下单，一分钟交接，整个洗衣流程可以在"订单详情"里追踪到，如图11-7所示。

整个的服务背后其实是比较传统、本质的东西，把衣服洗好这件事情是非常重要的，e袋洗有稳定的供应商支撑和完善的供应商管控体系。完善的供应商体系指的是高标准、高效的管控体系，e袋洗分了很多非常细的条款，包括先进的外包开发系统，这个系统不是一蹴而就的，已经经过很长一段时间的打磨，如图11-8所示。

图11-7　e袋洗订单详情

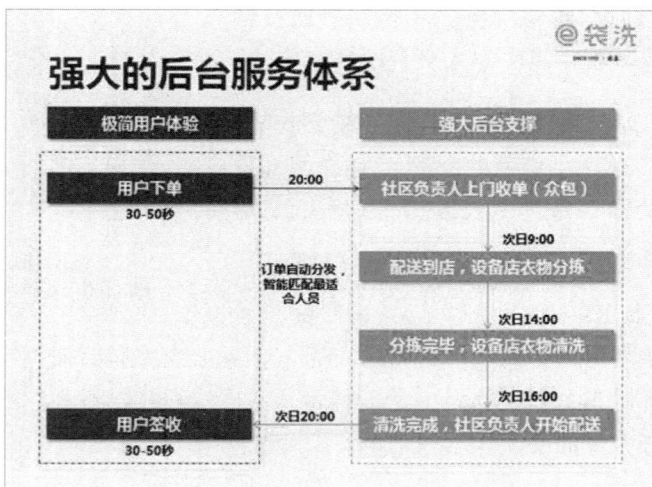

图11-8　e袋洗强大的后台服务系统

荣昌e袋洗解决了顾客到干洗店洗衣停车难、送洗衣物交接时间烦琐、店面营业时间不能满足顾客取送时间等系列洗衣痛点，是移动互联网下LBS+O2O的结合物。

11.5 【案例】阿姨帮：寻找附近保洁阿姨

阿姨帮是一款预约日常保洁、大扫除、新居开荒、衣物干洗、鞋具洗护服务的手机软件，由北京智诚永拓信息技术有限公司开发并运营。预约后，客服将为客户安排阿姨上门服务，服务完毕后还可以对服务进行打分和评价，帮助公司不断改进阿姨的服务质量。

传统的家政服务，在移动互联网的冲击下开始产生新的运营形态。2013年，万勇创建了阿姨帮，开始基于互联网特别是移动做家政服务的尝试。

阿姨帮是一款基于LBS的家政O2O平台，为用户提供日常保洁、洗护服务、家电清洗及家居保养等服务，如图11-9所示。不同于其他公司的做法，阿姨帮于去年年底提出了阿姨员工化和年轻化的思路，并对她们进行专业培训。阿姨一旦达到上岗要求，公司还将对服务流程、服装等方面进行统一管理。

图11-9 阿姨帮APP界面

使用阿姨帮APP预约保洁上门服务的方法如下：

Step01 打开阿姨帮APP，选择"家庭保洁"项目，如图11-10所示。

Step02 进入"家庭保洁"界面，然后选择"请选择服务时间"项目，如图11-11所示。

图11-10　选择"家庭保洁"项目

图11-11　选择服务时间

Step03　选择服务时间，点击"完成"按钮，如图11-12所示。

Step04　选择"请输入服务地址"项目，如图11-13所示。

图11-12　点击"完成"按钮

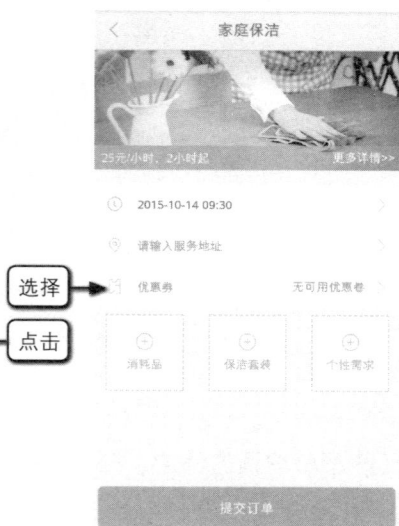

图11-13　选择输入服务地址

Step05　添加服务地址，点击"确认添加"按钮，如图11-14所示。

Step06　选择距离近的"周边阿姨"，如图11-15所示。

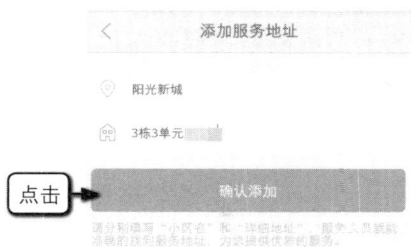

图11-14　点击"确认添加"按钮　　　　图11-15　选择"周边阿姨"

Step07 进入"阿姨详情"界面，查看阿姨排班表，点击"优先安排此阿姨"按钮，如图11-16所示。

Step08 各项选择均完成后，点击"提交订单"按钮即可，如图11-17所示。

图11-16　点击"优先安排此阿姨"按钮　　　图11-17　点击"提交订单"按钮

阿姨帮的初衷源于生活中的两大现象：第一是用户身边很难找到满意的阿姨，即用户需求难以得到满足；第二是外来务工人员很难找到合适的工作。传统家政行业存在信息不对、服务不规范、不专业等问题。只要能够解决传统家政行业存在的痛点，给用户带来更好的服务体验，就能捕捉到家政行业的新机遇。

相关数据显示了家政行业潜在价值和规模：2012年全国家政服务行业总值为8 366.73亿元；2013年则逼近万亿元市场规模。其中，保洁服务占682.64亿元。

针对传统行业中的种种劣势和不规范现象，阿姨帮给出了去中介化的解决方案。阿姨帮通过移动互联网建立了阿姨与用户的对接平台，阿姨和用户可以通过该平台进行直接预约、查看、评价。打掉中介环节后，阿姨和用户之间消息更为对称流通。

对于家政O2O企业而言，其核心就在于提供家政服务的阿姨。阿姨的服务质量、对公司忠诚与否直接决定了企业的发展。阿姨帮在家政人员中间有着很不错的口碑。阿姨帮的阿姨均是由公司通过线上、线下的方式招聘而来。和其他企业不同，阿姨帮并不对阿姨的服务收入进行抽成。

具体来说，目前小时工市场价格是每小时30～40元，在传统公司这部分收入阿姨仅能拿到一些；而在阿姨帮，小时工价格为25元，而这部分服务费全部归阿姨所有。这么做有两方面的原因：第一是帮助阿姨赚到更多的收入，第二是使阿姨帮在价格上更有优势。

为了保证用户体验，阿姨帮对服务质量也有非常严格的要求，主要措施有"培训"和"质检"。首先，阿姨帮聘请经验丰富的家政培训师对新上岗保洁阿姨进行培训，培训合格后才能上岗。培训内容从接单、联系用户开始，贯穿服务。其次，阿姨帮还通过用户评价系统和回访制度来保障、提升用户质量。

阿姨帮还为用户提供了整套筛选机制和标准，以便更好满足用户的挑选需求。在内部，阿姨帮建立了阿姨的数据库，将她们的年龄、擅长技能及接单状态、评价等详细数据呈现给用户，由用户自己选择。

在家政O2O行业掀起一阵融资热潮，多家公司先后获得A轮融资。目前，阿姨帮宣布获得数千万美元的B轮融资，是国内家政O2O中首家完成B轮的企业。

阿姨帮的优势在于两个方面，第一，产品体验上，团队对于用户反馈给予了高度重视；第二，专业服务，阿姨帮提出了拓展产品线、阿姨员工化和年轻化、服务标准化及走品牌发展的路线。在和大平台的PK上，阿姨帮的竞争壁垒在于更加接地气和业务更加精细。

目前，阿姨帮已经拥有3 400余名阿姨，服务范围包括北京、上及成都，仅北京一地日订单量达1 600余单。

11.6　【案例】58到家：轻松预约保洁服务

58到家是58同城在2014年低调上线的新业务，也是58同城内部酝酿出来的一个项目。它基于LBS服务，可以在手机端就近寻找阿姨、搬家师傅、维修师傅、美甲师等各个服务门类的服务人员来提供优质到家服务，是典型的上门类O2O服务。

使用58到家APP预约家政服务的方法如下：

Step01 打开58到家APP，选择"日常保洁"项目，如图11-18所示。

Step02 进入"日常保洁"界面，点击"立即预约"按钮，如图11-19所示。

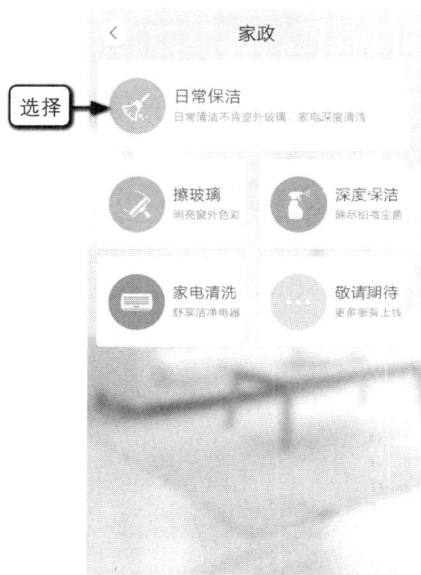

图11-18　选择"日常保洁"项目

图11-19　点击"立即预约"按钮

Step03 进入预约界面，选择填写地址，如图11-20所示。

Step04 进入"新增服务地址"界面，选择填写具体地址，如图11-21所示。

图11-20　选择填写地址　　　　　图11-.21　选择填写小区具体地址

Step05 LBS定位会显示到当前的地址，选择地址，如图11-22所示。

Step06 回到新增服务地址界面，输入单元号、手机号，点击"确定"按钮，如图11-23所示。

图11-22　选择当前地址　　　　　图11-23　点击"确定"按钮

Step07 返回预约界面，选择服务时间，如图11-24所示。

Step08 选择服务时长，点击"确定"按钮，如图11-25所示。

图11-24 选择服务时间

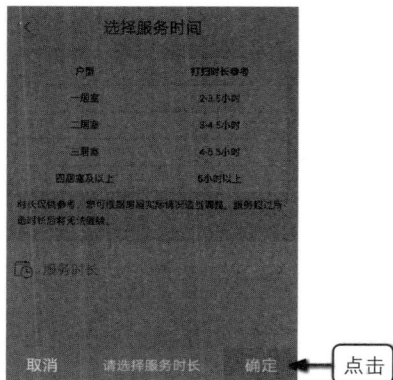

图11-25 点击"确定"按钮

Step09 返回预约界面，选择到家推荐保洁师，如图11-26所示。

Step10 LBS服务会推荐附近保洁师，选择保洁师，如图11-27所示。

图11-26 选择到家推荐保洁师

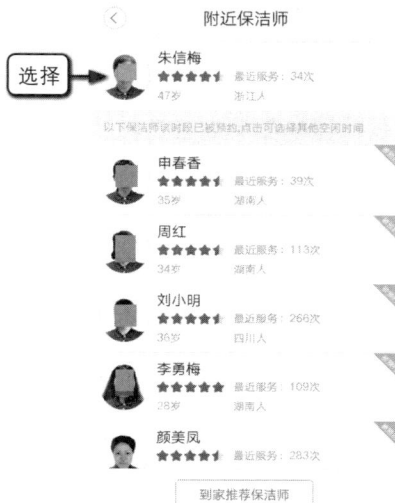

图11-27 选择附近保洁师

Step11 预约项目全部填完以后，点击"下一步"按钮，如图11-28所示。

Step12 进入"支付订单"界面，确认好各项信息，点击"提交订单"按钮，如图11-29所示。

图11-28　点击"下一步"按钮　　　图11-29　点击"提交订单"按钮

众所周知，58同城是一个分类信息提供商，服务范围非常广。可以说58同城的模式是横向的：一方面只要是与本地生活服务相关的类目，其各种五花八门的信息都可以放在这上面；另一方面58同城的业务扩张几乎不受地域的限制，可以快速的复制到各个城市中去，扩张的成本基本就是各地部署的销售人员。因此，58同城模式的关键在于"广度"。

虽然也可以算是一个O2O服务提供商，但58同城一直提供的都是半闭环的信息服务，广度有余，深度不足。在寻求纵深化、垂直化发展的过程中，58同城也尝试过将线下的传统服务中介改造成信息化公司，但效果不理想。

而58到家则是跳出了"信息化"的框架，向前迈了一大步：不再致力于连接人与信息，而是连接人与服务、人与人，实现闭环。姚劲波认为，因为连接的方式更深入，58到家未来的成长空间会比58同城更大。

　　具体来看，58到家是一个以居家场景为核心的上门服务体系，由58到家的平台直接连接劳动者和用户，并定义服务流程和价格。它越过了中介这一环，以提供兼职的方式聚集了大批劳者，做的是去中介化的P2P服务。

　　目前，58到家在北京地区已经开通了8个品类的服务，包括家庭保洁、清洗/养护、家庭做饭、上门美甲、车内空气净化、搬家、维修、开锁/换锁。而在其他12个城市中只开通了部分服务。

第12章

其他行业：LBS+O2O的营销案例

当前的移动电子商务,体现更多的是互联网上电子商务业务的移动化。将LBS技术和O2O模式应用于移动电子商务的业务模式中,用户通过在线支付,然后到线下实体商家享受服务。本章将重点分析LBS与O2O结合的营销案例。

12.1 【案例】亿律：查找附近的律师

亿律，是一款基于LBS的律师服务平台，针对青年律师和案源不多的律师，设计了法务110和在线咨询的产品。其主推的"法务110"功能，类似于优步所提供的服务，用户可以一键下单发起需求，填写时间、所在地、案件类型、案件描述（文字+语言），亿律将会根据距离远近向附近的律师派单，而律师可以根据案件类型决定是否接单，亿律将为律师垫付交通费110元，用户则无须支付费用，如果现场服务让用户满意，可能形成后续法律事务委托。

打开亿律手机APP主界面，如图12-1所示。可以看到，首页上方是基于LBS的地图显示，往下是用户咨询发表的一些问题。可以点击"问"字按钮，发表想咨询的问题，如图12-2所示。

图12-1 点击"问"按钮   图12-2 发表问题

亿律APP是一款基于LBS的律师服务平台，能够通过LBS服务查找自己附近的律师，方便咨询法律问题，如图12-3所示。

还可以按照分类和地区查找律师，或者搜索律师姓名，如图12-4所示。

图12-3　查看附近的律师

图12-4　找律师界面

在"律师晒场"界面，能够看到律师们发表的动态，基本上都是法律热点和一些与法律相关的案件情况，值得多学习了解，如图12-5所示。

亿律APP还设有强大的社交版块，在"社群"界面就能够看到很多法律相关的交流咨询群，通过交流咨询，能够解决心中的疑惑，提高法律知识水平，如图12-6所示。

图12-5　"律师晒场"界面

图12-6　"社群"界面

在"咨询发布台"上，律师则可通过回答质量得到的好评和点赞数，获得平台积分奖励，逐步晋级成为铜牌、银牌、金牌律师。

中国法律服务市场的根本痛点是"二八"问题：只有20%的名律师创造了整个行业80%的收入，另有80%，尤其是刚出道的年轻律师缺乏案源，生存艰难。

目前中国仅有约20%的诉讼案件聘请了律师，这并不仅是因为中国百姓缺乏通过法律渠道解决问题的意识，更多的是人们倾向于寻找大律所、名律师，而对于许多普通案件来说，具备资格证的青年律师其实同样可以解决。

亿律的三位创始人均来自北大法学院，资源优势比较明显，未来的活动展开将会主要依托于北大。自上线后通过硬广和媒体宣传、以及与社会组织合作，目前已有来自以北上广深为主的超一线城市的近千名律师入驻，初期发展目标是吸引和累计用户，后期才会考虑向希望打造自己平台的律师收取推广费用，比如"上线律师可以设立微网店、微律师行，亿律会收取网店建设和年度维护费"。

12.2 【案例】好狗狗身边：附近的宠物服务

"好狗狗身边"是一款基于LBS的宠物服务APP，向狗主人推荐附近的宠物美容、医疗、摄影等商家服务，并为每一位主人提供了时尚资讯和晒出自己狗狗靓照的开放式平台，如图12-7所示。

图12-7 "好狗狗身边"APP界面

做好"好狗狗身边"这款产品，一定要具有两个特征，一是把狗狗服务这一垂直行业做深做精，二是要基于O2O的地理区域性特征，通过价值信息的传播向用户推荐周边服务，做出产品竞争力。

基于LBS服务的"好狗狗在身边"就能够查看关于狗狗的"身边用品"，包括医院、美容等用品，如图12-8所示。还能够查看"身边活动"，带着心爱的狗狗一起愉快的参加活动，如图12-9所示。

图12-8 "身边用品"界面

图12-9 "身边活动"界面

还能够在"好狗狗身边"APP上查看用户都在吃哪些狗粮，或者查看"同类狗狗在吃啥"、"其他用户在吃啥"，来选择给自己的狗狗哪种狗粮，如图12-10所示。

"好狗狗身边"已经在全国范围内的35座城市发展了5 000多家商户，像北京、上海等一线城市则更加专注于中高端宠物消费，并在这些城市具体展开O2O模式。

宠物经济实际上就是一种情感经济，这在国内外都是相通的。但通过前期对国内养犬市场的大量调研，中国市场与美国市场存在差异，美国养犬以大型犬为主，狗的主人

图12-10 选择狗粮

更加关注犬类的健康，而在国内，则主要是以中小型犬为主，它们的主人同时关注宠物潮流装扮及健康。

发现了这样的本质需求后，"好狗狗身边"就专注解决两个问题：一个是宠物时尚，另一个是宠物健康。这两块国内做的都不多，是非常大的机会。

从商业模式上看，"好狗狗身边"这款产品实际上就是在做LBS+O2O，O2O在线上的体现就是服务的电子商务化，所以目前全国5 000多家商户也要走同样的历程，但要比之前像京东那种用品电商化更容易经历，特别是对宠物服务这种中高端市场来说，已经拥有信息化的基础，并且不单单是把狗粮、狗用品这种单纯的商品放出来，将美容、健康这种成熟的服务产品摆出来才是主业，也是产品的主流。

所以，如今的O2O电商，要做的已经不仅仅是打价格战，特别是移动互联网有了地理位置的概念，它能够拓展并为人们创造出更加贴心的服务。举一个最简单的例子，多年前，可能因为某个地方的服务和产品有了特价，从很远的地方坐车去购买，但LBS的出现后，从价格优先转变为体验优先，而这些附近商户如果能继续完善服务为客户创造惊喜，就能促成更加长久的合作。这种通过地理位置找到附近最合适每一个人需求的结果，是O2O所要实现的最终价值。

目前，"好狗狗身边"和北京、上海的30余家中高端宠物美容商家合作，采用引导性消费的模式：线上，用户可以看到商家展示的宠物美容产品的照片，选择适合自己狗狗的美容形象；线下用户首次到店消费即可享受半价优惠。

现在很多做O2O服务的公司都在闭环上推出各种各样的解决办法，一些公司还推出了特定的硬件设备来收集回流的数据。O2O闭环是需要的，但绝对不会是通过一款硬件设备导致商务流程中被强加了一个环节，这种累赘不一定让双方觉得都好。

基于国内的用户习惯，当用户为自己的狗狗做了美容之后，他们更加愿意将宠物的新形象分享出来，从而与其他网友形成互动，将这些服务推广给其他人。"好狗狗身边"将这些用户提供的信息收集回来，这样就形成了信息回流的闭环。

另外，为了把闭环做得更好，"好狗狗身边"今后会推出在线支付的功能，以线上移动商城的形式，让商家把自己的产品和服务放到线上，使支付在体验服务前就能完成。

"好狗狗身边"已经推出了后台管理平台"宠物商通宝"，让商家自己注册并录入和撤销店铺信息，并在这个平台中实现资讯的发布和会员管理，从而形成一个有机的服务生态系统。

在针对狗狗时尚和健康两项业务之外，"狗狗在身边"还将在科技领域方面推出面向宠物的可穿戴设备，设备既能涵盖时尚元素，同时更关注宠物监控，通过可穿戴设备，用户将可以监控狗狗的各项体能数据，从而帮助狗主人制定宠物健康决策，给狗狗们更加健康的生活。

"好狗狗身边"抓住了市场的关键点并摸清了人们在养宠物中的一些心态：人们乐于为自己的爱犬投资并且勤于分享。而在商家端设置了"宠物商通宝"则表达了产品进军电商的决心。笔者认为，"好狗狗身边"或将成为宠物界的"大众点评"和"淘宝网"，专注狗狗身边服务将是他们的最大优势。

随着LBS应用对O2O模式的实践，价格战已经不再是产品竞相追逐的重点，取而代之的是O2O能否为用户创造出最佳的用户体验，只有真正懂得客户的需求的商家才能在市场竞争中脱颖而出，而好狗狗身边，正在通过自己的平台培育商家形成这样的意识，这也正是O2O发展到现在，对市场形成的最大影响。

12.3 【案例】优步：新型打车软件

优步（Uber）是一个按需要服务的O2O软件。网站以最简单最优雅的方式，使豪华轿车司机网络化。每一个有需求的用户通过iPhone、Android、SMS向Uber发送请求，找到自己的搭乘服务。"uber"是美国的一家出租车服务公司。比普通出租车公司更高级。

如今，越来越多的人选择优步出行，优步出行区别于普通出租车，有几个特点，如图12-11所示。

1　车型一般比出租车高档一些。

2　优步提供的是无拒载服务。

3　优步是通过手机下载APP，在APP上预订几分钟内车就能到位。

4　优步是在海外起步，目前已覆盖北上广深武汉、长沙、杭州、成都、天津等城市。

5　目前支持支付宝付款。

图12-11　优步出行的特点

使用优步出行方便、快捷，使用的方法如下：

Step01 打开优步APP，会提示用户使用GPS定位，点击"允许"按钮，如图12-12所示。

Step02 进入"注册"界面，输入全名、电子邮箱、手机号码、密码，如图12-13所示。

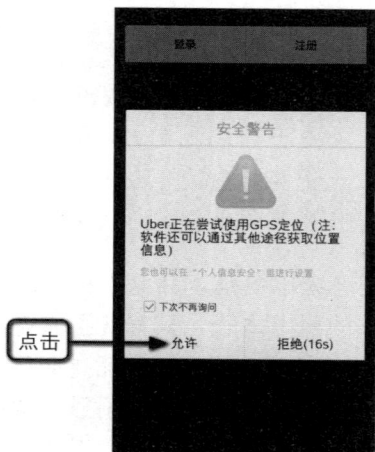

图12-12 点击"允许"按钮

图12-13 点击"下一步"按钮

Step03 选择支付方式，如选择'支付宝'，如图12-14所示。

Step04 进入"支付宝"界面，输入账号和电话，如图12-15所示。

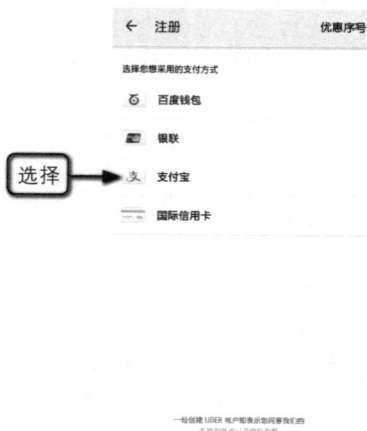

图12-14 选择支付方式

图12-15 输入账号和电话

Step05 显示"确认手机"界面，正在验证中，如图12-16所示。

Step06 进入"优步"主界面，点击"立即用车"按钮，如图12-17所示。

图12-16 显示"确认手机"界面　　　图12-17 点击"立即用车"按钮

Step07 进入"确认"界面，点击"预约人民优步"按钮，如图12-18所示。

Step08 显示正在预约车辆界面，如图12-19所示。

图12-18 点击"预约人民优步"按钮　　图12-19 正在预约车辆界面

Step09 手机会立即收到优步预约成功短信，如图12-20所示。

Step10 还能在优步里面查看自己的历史行程，如图12-21所示。

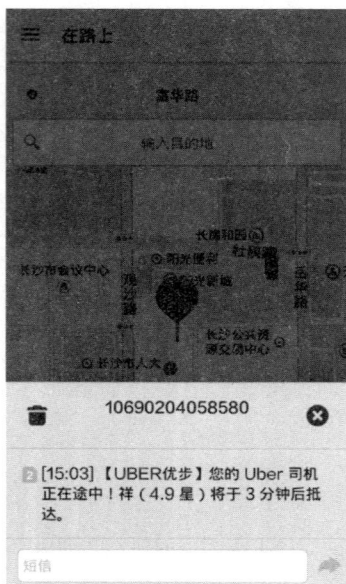

图12-20　收到短信

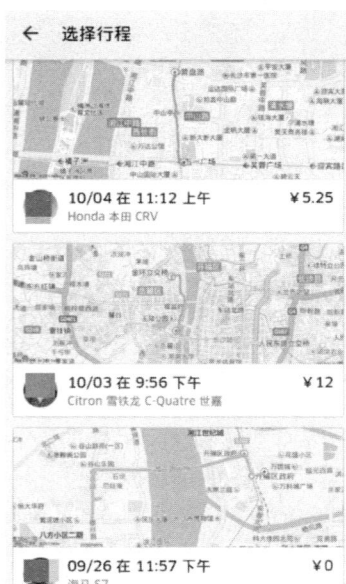

图12-21　查看历史行程

优步让任何人都可能成为出租车的提供者和使用者，这也许会颠覆我们的交通方式。这在没有移动互联网的时代是难以想象的，优步们改变生活方式的同时，也与监管部门、线下企业、甚至消费者一直在磨合。

优步之所以势如破竹地劈开出租车市场并占据主导地位，就是因为它填补了市场的一部分空白、满足运输市场多样化的需求，打破了出租车垄断性经营权，包括数量管控、价格管制、特许经营。

12.4　【案例】麦当劳：樱花甜筒0元抢

樱花甜筒跑酷0元抢，是麦当劳在中国开始O2O模式探索的新尝试。2014年9月24日，百度地图上的麦当劳标志旁，出现了一支粉色冰激凌，这是麦当劳为新推出的樱花口味圆筒冰激凌量身定制的活动，如图12-22所示。

图12-22　樱花甜筒活动界面

从麦当劳提供的数据看，这个在十一假期开展了10天的活动获得了超过2 000万的页面访问量，50多万次分享，在社交媒体上，它获得了近7 000万的阅读量，并登上了新浪微博的搜索热门排行榜。

这次营销基于LBS技术强大支持，LBS（Location Based Services，定位服务）是一种互联网的基本功能，它被认为是营销利器：通过用户饮食、消费的个人偏好数据收集，广告主不仅能准确知道消费者是谁，并能精准定位他们在哪儿，汹涌的流量背后有着巨大的商业价值。

这并不是一次简单的新品上市促销，樱花甜筒作为麦当劳新品的独特性，LBS精准的推送与定位技术，新奇有趣的活动创意，三者结合独具"引爆点"，完成了一次基于LBS的O2O精准营销。这次创新营销实验证明，商家是时候要在多种移动端平台上建立与消费者的联系了。

O2O是个大市场，酒店、商铺、餐饮、影院各种传统商家纷纷置身其中。麦当劳是传统企业中快餐店的代表，快餐店代表着便利，在移动互联网时代如何利用自身的便利条件，用更加便利的新技术来提升品牌形象、加强与消费者的沟通和市场认知、促进产品的销售。

麦当劳推出限时新品樱花甜筒，主要是利用地图APP里的智能定位和推送技术创造出O2O交互体验，让这个"线下"的产品有更多"线上"和可以移动的接触点。在O2O市场中，品牌应该利用技术来去理解消费者的需要，个性化是整合营销的核心与关键，要全面地观察、理解、洞察消费者，然后进行个性化选择。

麦当劳通过LBS数据来洞察、分析、发现、捕捉消费者的潜在需求，进行基于消费者潜在需求的"量体裁衣"。

樱花圆筒在庞大的麦当劳产品体系中可能只是非常规的单品，所以在整个营销推广中并不适合大覆盖的商业电视广告。而快速轻便的移动端活动更适用于此类产品。地图产品的定位和推送技术带来了明显效果，主要体现在两点，如图12-23所示。

一是触发点精准：当消费者身处距离麦当劳甜品站3公里的范围内时，会根据用户特征选择部分推送活动信息。对推送人群的选择是关键，通过分析这些人群对于趣味性、便利性活动的参与程度，来确定他们对于新奇活动的热衷度

二是趣味性：消费者对于小食、甜品、饮料等产品的购买源于突发性需求，比较有游戏趣味性的推荐，会比单纯宣传更能引发消费者的兴趣，宣传新品效果显著

图12-23　定位和推送带来的效果

移动营销是利用技术来为顾客带来综合生活便利与趣味性的全新体验。移动端的出现，给消费者多了一个具有活动性的媒介接触点。对于广告主而言，这个接触点的产生能够帮助广告主实现更多的营销手段，但是营销的初始是站在消费者的角度先出发的，通过给到消费者一个新鲜、好玩的感受，来更快更多的实现消费。

麦当劳需要吸引尽可能多的年轻一代的关注，需要通过新奇有趣的方式吸引年轻用户参与到麦当劳的活动中来。以往快餐企业促销，仅仅凭借优惠券，很难和消费者引发情感沟通，这次活动，结合了跑酷——这一年轻人所追求的城市街头运动，与消费者有了情感沟通，把消费者从线上引流到线下，这种以地图平台连接用户与商户的O2O营销策略，巧妙且高效地做到了把消费者带入新奇体验中。

　　LBS技术的地理定位数据是一笔巨大的财富，和麦当劳这样的连锁餐厅结合，找到为消费者带来附加值的激活点，具有无限的想象和拓展空间。"跑酷"这样主题和产品的"樱花"特质，也就能够以极高的便利性和趣味性增加消费者对品牌和产品的好感度。

　　作为全球快餐巨头，便利与快捷就是麦当劳品牌的魅力所在，而移动互联网时代的到来，拥有强大LBS技术能力和O2O连接能力的地图生活服务平台的崛起，为麦当劳这种餐饮巨头的"便利营销"提供了创新解决方案。

　　不仅是参与活动这135家甜品站周边的消费者，麦当劳推出的这一活动，将对移动端用户形成直接的认知影响，通过这一宣传，用户对麦当劳甜品站消费者的距离远近有所了解，体会麦当劳品牌的方便快捷性。

　　显然，麦当劳推出的樱花甜筒跑酷活动，只是一个开始。可以看到传统企业逐渐拥抱移动互联网时代，开启新模式，而移动互联网技术也为精准营销提供了多种的可能性。

12.5　【案例】易快递：基于LBS的快递管家

　　互联网信息时代使得大众对快递的依赖更加密切，快递行业自身也不得不做出改变和创新，以面对互联网对传统行业的冲击。

　　易快递是国内第一家支持基于LBS下单的快递应用服务平台。易快递具备"附近"、"寻找钟意的快递员"、"比价"、"服务评价"四大功能。用户可以通过易快递手机应用下单，并寻找离收件点最近的快递员上门接收，免去当面手写快递单的麻烦，如图12-24所示。

　　易快递会根据用户上传的实际快递单发生数据构建快递员、快递公司评价体系，并在用户下单时提供快递价格和根据数据平均值给出的预估用时。通过APP下单后会立刻生成订单信息，其收件用时亦会对快递评价发生影响，相比传统电话预约的口头约定，快递公司和快递员会更重视这些信息。

图12-24　易快递APP下单

随着新兴快递服务方式的普及，易快递身负的曝光平台角色能够帮助二、三线优秀企业增加曝光率，并以直观的价格、速度信息加入比对体系；而LBS下单直接帮助企业避免了行业内传统的高额人工呼叫体系成本。

易快递的商业模式是快递行业的去哪儿网（比价）＋滴滴打车（LBS下单）。易快递希望把自己打造成快递行业的第三方大数据平台，对接快递公司、快递员与最终用户，其最终发展方向是大物流行业的去哪儿网。

在移动互联网信息时代，科技高速发展，传统产业已经意识到移动互联网对快递行业的冲击，各大快递公司已陆续推出手机APP下单平台及微信电商平台，但一些中小型快递公司需要像易快递这样的产品帮助他们"改革"，而不是被动改变，甚至被淘汰。

12.6　【案例】约运动：基于LBS的运动APP

约运动是一款基于LBS的运动社交APP，在线可以看到全国各地的运动友人；想约球、用户也可以在自己所在地发布"心声"，找到附近条件匹配的其他用户来一起运动。除此之外，约运动团队时不时会在线下组织一些活动，吸引线上用户参加。

约运动能够随时随地的查看用户发起的邀约，和更多人组成伙伴一起运动，如图12-25所示。也能自己发起活动，邀请别人加入自己，如图12-26所示。

图12-25 查看用户邀约

图12-26 发起活动·

约运动是基于LBS的软件，能够通过在手机上看到附近发起活动的用户，并显示具体的距离，呈现出清晰的地理位置，如图12-27所示。

图12-27 附近发起的活动用户

约运动还能在"发现"界面查看群组活动，参加更多更好玩的运动，如图12-28所示。

图12-28　查看群组活动

都市人往往面临着生活节奏快、没有时间锻炼的问题；或而人们有运动的想法却找不到球友、跑友，想坚持健身这件事也很难结合移动互联网的运动社交产品就因此应时而生了。

中国的体育产业潜力巨大，在移动互联网的助力下更是蓄势待发。根据每经网的资料，体育产业占美国GDP的3%，在中国目前则只占0.5%；2014年中国GDP达10万亿美元，体育产业有1 000亿～3 000亿美元的市场估值。

就在今年，虎扑体育拿到了2.4亿元的融资。潜在用户上：一方面，中国一二线城市里每周参与运动的人数有3 000万；另一方面，网友们习惯于通过网络来"约"——在贴吧和QQ群上约人活动、在微博上发起约人话题。

基于以上市场背景下，约运动主要面向亚健康上班白领一族，以及热爱运动的其他社会人群，要做一种体育O2O垂直闭环社交平台。单个用户质量高，用户黏性强，因此相应的付费转化率就高，垂直人群的社交是个不可逆转的大趋势。约运动从用户切入O2O，线上导向线下，目标清晰地做用户端。

关于商业模式，约运动团队将从体育电商、信息综合服务、教练平台、帮助体育商家推广等方面来精准营销。

笔者认为，垂直细分的运动社交人群实际上很看重线下的运动体验，约运动作为一个线上LBS社交切入的平台来吸引人们"马上约"，才只是浅表层的第一步。想要持久地黏住用户，接下来深入要挖掘的必然还有很多，包括提供优质的服务内容、营造热情的运动氛围及引导单个的约运动者向社区化发展等。

12.7　【案例】附近快搜：吃穿住行百事通

"附近快搜"是一款基于LBS的搜索软件，是出门必备神器。它有简洁的界面，最全的分类；"附近快搜"包含40多种内置搜索条件；"附近快搜"轻轻松松地帮你找到用户周边的银行、ATM、美食、酒吧、KTV、医院、电影院等并提供最专业的导航路线和含有语音导航。

"附近快搜"的界面十分的简洁并且结构清楚，主要包括"休闲娱乐"、"交通运行"、"便捷生活"、"自定义"四个版块，如图12-29所示。

图12-29　"附近快搜"主界面

对于出行用户来说，最重要的应该是属交通工具，"附近快搜"能够方便地搜索"我附近的公交站"，不用担心找不到地方坐车了，如图12-30所示。还能通过地图模式，清楚地看到每个站点的具体位置，如图12-31所示。

图12-30 "我附近的公交站"界面

图12-31 地图模式界面

在"我附近的公交站"界面，点击"选择自定义位置"按钮，如图12-32所示。然后输入自定义位置，可以查找到路线，如"汽车西站"，如图12-33所示。

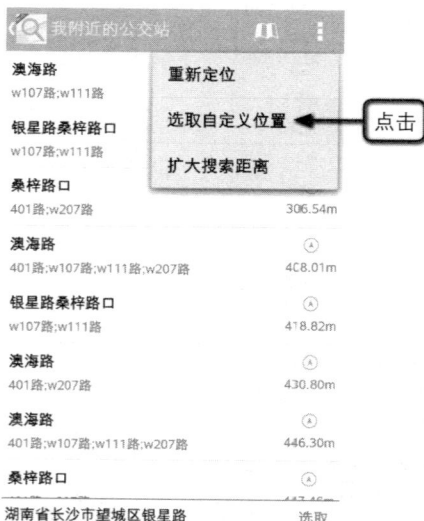

图12-32 点击"自定义位置"按钮

图12-33 输入自定义位置

显示地图后，继续点击"显示详细步骤"按钮，如图12-34所示。最后会显示去往该输入位置的具体乘车路线，如图12-35所示。

图12-34 点击"显示详细步骤"按钮　　图12-35 显示具体的乘车路线

12.8 【案例】在外：随时随地约伴出行

我们处在一个信息时代，移动互联网每天热点不断，一天没带手机你就有可能错过很多新鲜的事情，智能手机迅速普及，五花八门的手机APP应运而生，在用户手机中爆发了碎片时间的"争夺战"。

旅行类APP更是层出不穷，写攻略、组路线、定酒店应有尽有。资深的玩客也许会发现，本领域似乎缺少一款立足社交分享性质的细分APP。到户外旅行不分享实在憋屈，到微信、微博分享又无法引起共鸣。

"在外"这款户外旅行交友手机APP为户外运动者、旅行爱好者提供了专属社交圈。APP得用户者得天下，凭借准确的LBS定位，在外APP上线仅两个月，注册用户已达30万，每日互动数据高达50万，广大旅行爱好者直呼"终于等到你"。

"在外"可以查看用户动态，感受美景美文分享，如图12-36所示。用户也可以随时随地分享你的旅程，文字、图片任你搭配，碎片化的分享模式更附合现代人记录生活的方式。

图12-36　查看分享

用户也可以浏览帖子点赞、发表评论，如图12-37所示。共同的爱好更容易引发精神共鸣，相比于微信，在外的互动性更佳，素不相识也可以一同探讨旅行的快乐。

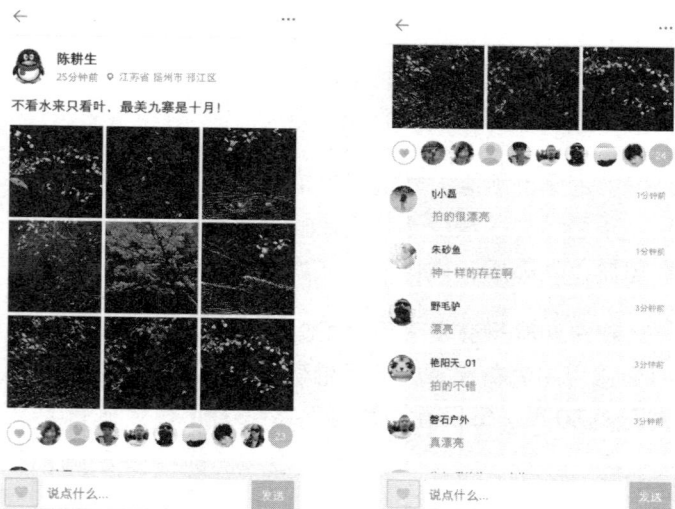

图12-37　对用户的帖子进行点赞和评论

用户可以定位约伴、记录足迹，如图12-38所示。用户可以根据地理位置信息查询附近的人，发现自己周围驴友和全国各地有相同兴趣爱好的人，更加方便特定人群进行约伴及偶遇相助。组队出门只需查查附近的人，再也

312

不用担心自己掉队了。更有约伴板块，每天上百条出行信息，总有适合的能够结伴而行。

图12-38 约伴出游的帖子详情

另外，在外APP的足迹功能也是一大亮点，就是基于LBS为旅行户外人群提供精准定位功能，每当用户到达一个地方，打开手机定位，即可发帖进行定位插旗，你的旅行足迹一目了然，非常有纪念意义，如图12-39所示。

图12-39 发帖进行定位插旗

这样的功能不仅从某些方面代替了传统社交软件，还方便了户外旅行特定人群的外出组队、活动沟通等需求。

还能查看美图达人游记，刷刷"在外"APP最直观的感受是户外旅行牛人随处可见，户外大神、摄影达人、运动健将就在身边，内容丰富多彩，可谓边刷帖边长知识。有户外旅行问题，发个帖子全国各地的旅友瞬间就能解决，如图12-40所示。

图12-40　查看美图达人游记

读 者 意 见 反 馈 表

亲爱的读者：

感谢您对中国铁道出版社的支持，您的建议是我们不断改进工作的信息来源，您的需求是我们不断开拓创新的基础。为了更好地服务读者，出版更多的精品图书，希望您能在百忙之中抽出时间填写这份意见反馈表发给我们。随书纸制表格请在填好后剪下寄到：北京市西城区右安门西街8号中国铁道出版社综合编辑部 张亚慧 收（邮编：100054）。或者采用传真（010-63549458）方式发送。此外，读者也可以直接通过电子邮件把意见反馈给我们，E-mail地址是：lampard@vip.163.com。我们将选出意见中肯的热心读者，赠送本社的其他图书作为奖励。同时，我们将充分考虑您的意见和建议，并尽可能地给您满意的答复。谢谢！

- -

所购书名：_____

个人资料：

姓名：_____ 性别：_____ 年龄：_____ 文化程度：_____

职业：_____ 电话：_____ E-mail：_____

通信地址：_____ 邮编：_____

- -

您是如何得知本书的：

□书店宣传 □网络宣传 □展会促销 □出版社图书目录 □老师指定 □杂志、报纸等的介绍 □别人推荐
□其他（请指明）_____

您从何处得到本书的：

□书店 □邮购 □商场、超市等卖场 □图书销售的网站 □培训学校 □其他

影响您购买本书的因素（可多选）：

□内容实用 □价格合理 □装帧设计精美 □优惠促销 □书评广告 □出版社知名度
□作者名气 □工作、生活和学习的需要 □其他

您对本书封面设计的满意程度：

□很满意 □比较满意 □一般 □不满意 □改进建议

您对本书的总体满意程度：

从文字的角度 □很满意 □比较满意 □一般 □不满意
从技术的角度 □很满意 □比较满意 □一般 □不满意

您希望书中图的比例是多少：

□少量的图片辅以大量的文字 □图文比例相当 □大量的图片辅以少量的文字

您希望本书的定价是多少：

本书最令您满意的是：

1.
2.

您在使用本书时遇到哪些困难：

1.
2.

您希望本书在哪些方面进行改进：

1.
2.

您需要购买哪些方面的图书？对我社现有图书有什么好的建议？

您更喜欢阅读哪些类型和层次的经管类书籍（可多选）？

□入门类 □精通类 □综合类 □问答类 □图解类 □查询手册类

您在学习计算机的过程中有什么困难？

您的其他要求：